改变历史的
科学家

英国DK出版社 编著
刘伊纯 译
李大光 审订

科学普及出版社
·北京·

DK

DK | Penguin Random House

Original title: Scientists Who Changed History

著作权合同登记号：01-2021-2272

图书在版编目（CIP）数据

改变历史的科学家 / 英国DK出版社编著 ； 刘伊纯译. -- 北京 ： 科学普及出版社， 2021.11（2025.7重印）

书名原文：Scientists Who Changed History
ISBN 978-7-110-10237-4

Ⅰ. ①改… Ⅱ. ①英… ②刘… Ⅲ. ①科学家－传记－世界 Ⅳ. ①K816.1

中国版本图书馆CIP数据核字（2020）第265913号

总 策 划 秦德继
策划编辑 张敬一
责任编辑 符晓静 李 洁
封面设计 金彩恒通
责任校对 焦 宁
责任印制 李晓霖

科学普及出版社
http://www.cspbooks.com.cn
北京市海淀区中关村南大街16号
邮政编码：100081
电话：010-63582180 传真：010-62179148
中国科学技术出版社有限公司发行部发行
惠州市金宣发智能包装科技有限公司印刷
开本：787mm×1092mm 1/16
印张：19.75 字数：340千字
2021年11月第1版 2025年7月第3次印刷
定价：128.00元
ISBN 978-7-110-10237-4/K・180

目录

顾问：克里斯·伍德福德

克里斯·伍德福德毕业于剑桥大学，获得自然科学学位，并与多林·金德思利一起编写和编辑了许多书籍，包括畅销的《酷东西》（*Cool Stuff*）系列。他的最新著作《地板下的原子》（*Atoms Under The Floorboards*）赢得了2016年美国物理科学学会写作奖。

4

科学和工业

1800—1895年

5

范式转移

1895—1925年

6

战争与现代科学

1925—1950年

7

万物理论

1950至今

内容简介

科学是人类试图理解宇宙如何运作的不断尝试。无论是通过细致的研究、巧妙的洞察，还是意外的发现等，寻找真理的过程一直充满挑战，常常导致问题多于答案。

纵观整个历史，人类一直被驱使着去了解世界到底是怎样运作的。在探索的过程中，古希腊哲学家曾尝试去解释所观察到的事物。但是，由于他们的哲学方法缺乏实验依据，因此许多想法都不准确。例如，前6世纪，米利都的泰勒斯提出，水是宇宙的主要物质，因为他意识到水对于生命至关重要，并且存在于陆地、海洋和空气中。两个世纪后，亚里士多德对物理学、生物学和天文学这些科学主题进行了广泛著述，为随后的许多著作奠定了基础。但是，他也犯了一些根本性的错误，如认为较重的物体比较轻的物体掉落更快，因为他依靠的是思想和论据，而不是实验证明。

提出假设，系统检验，并根据结果的强度进行评估——尽管这种是并非可靠的科学方法，但早期的思想家还是取得了重要发现。前240年，飞临中国的哈雷彗星即被观测到；大约300年后，张衡解释了日食并绘制了种类繁多的恒星表。

科学的曙光

尽管中世纪欧洲的科学进展停滞不前，但科学知识向伊斯兰世界的传播却激发了科学思维的飞速发展。8世纪，大多数重要著作从希腊和印度迁至巴格达阿拔斯王朝哈里发图书馆的智慧之屋，培养了很多学者，如阿拉伯数学家穆罕默德·本·穆萨·阿尔·花剌子模，其著作包括三角、代数和天文学，以及光学领域的创新者阿尔哈曾，其对解剖牛眼的研究是最早意义上的科学实验。

思想的进步

真正的科学家能够评估并修改之前公认的真理。如今，科学家知道科学永无止境，他们的研究可能会被后人取代。1590年，伽利略·伽利莱推翻了亚里士多德的坠落理论，并进行了重大修正，断言无论质量如何，物体均以相同的有限速度坠落。伽利略支持哥白尼提出的日心说的宇宙思想，即地球围绕太阳转，导致伽利略在当时被宣布为异教徒，但这也为后来人类理解宇宙铺平了道路。

科学时代的到来

17 世纪，艾萨克·牛顿以其运动定律和万有引力定律引发了近代早期的科学革命，从根本上改变了人类理解世界的方式。18 世纪，各个领域的进步都在加快，比如，地质学领域有詹姆斯·赫顿的地球古代理论；化学领域有约翰·道尔顿发现的原子本质；亚历山德罗·伏特发明的电池让社会受益，并为科学家提供了一种新工具；迈克尔·法拉第在电磁学方面的研究促成了电动机这一功利性和划时代装置的发明。

寻找真理

20 世纪，科学日益改变着人们的日常生活。亚历山大·弗莱明于 1928 年发现的青霉素在第二次世界大战期间挽救了至少 2 亿人的生命，而玛丽·居里在放射性领域的研究工作对医学和科学研究产生了深远影响。同时，爱因斯坦的相对论重写了经典物理学的规则，并为研究宇宙的本质和起源引入了全新的概念。

最重要的是——不要停止质疑。

阿尔伯特·爱因斯坦，1955年

艾伦·图灵提出了计算机的概念。蒂姆·伯纳斯-李开发的万维网使其功能更加完善；越来越强大的计算机，帮助科学家在追求真理的路上更加快速、深入。弗雷德里克·桑格揭开了 DNA 化学序列的面纱，而史蒂芬·霍金使用相对论和量子论来预测黑洞。

从探索人类染色体的构成到探秘时空最深处的秘密，科学家将永远为真理而奋斗。他们将以先前的研究和理论为基础，继续创造历史，并寻求回答有关宇宙的最基本问题。

1

科学的黎明

前650—1450年

泰勒斯

米利都的泰勒斯（Thales of Miletus）是一位天文学家和数学家，他是欧洲第一个摆脱神话、借助观察来了解自然世界的科学家。他提出了实证科学，从此成为西方哲学的奠基人。

大事记

激进的思想家
他建立了新的科学方法来解释现象；开创米利都哲学学派。

基础物质
归结宇宙中的一切都源自一种单一物质，即水。

浮动的地球
提出地球是被水包围的圆盘，水凝固形成陆地。

应用几何
使用几何原理计算其中一座埃及金字塔的高度。

泰勒斯出生于前 7 世纪，土耳其海岸的富裕城市——米利都。他的经历鲜为人知，我们只能从数世纪后的古希腊学者的著作中有所溯源，如亚里士多德（见 14—17 页）、历史学家希罗多德，以及希腊哲学家第欧根尼·拉尔修关于 3 世纪的传记。虽然没有关于泰勒斯本人作品或著作的幸存记录，但据现有资料可以推测，泰勒斯是新一代首位思想家，建立了一套理性、科学的方法来解释自然世界。

开拓新路

在泰勒斯生活的年代，迷信和对神灵的恐惧主导着西方文明——灾难性事件被归因于神灵的愤怒，必须平息。然而，泰勒斯前无古人地打破惯例，寻求对自然现象的理性而非宗教性解释。他认为，每个事件，如农作物歉收或水灾，都是由自然原因造成的，可以通过观察和推理来确定。此外，他认为，如果这些事件可以被理性解释和理解，那么也可

水是万物之源。

泰勒斯，前7—前6世纪

***泰勒斯**被誉为古代的七位智者（前7—前6世纪的一群知识分子和演说家，因其智慧而备受推崇）之一。*

以被预测。这种探究生命的方法标志着人类思维方式的重大转变。

泰勒斯通过观察和推理，提出作物减产、洪水等现象是自然原因导致的。而且，他认为如果能够合理地解释和理解这些事件，就可以对其进行预测。这种探索生活的方法，标志着人类思考方式的一个重大转变。

宇宙的本质

泰勒斯的另一根本性突破是质疑宇宙的本质和物质的构成。他认为，一定存在某种单一物质，衍生出宇宙中的一切。泰勒斯推断，水是最有可能的候选者，因为水对所有形式的生命都至关重要，能够运动且以不同形态（固态，液态，气态）存在。他归结，问题的实质一定是水。

他还质疑地球在宇宙中的位置，并提出宇宙论的主张，即地球一定以浮动在水面上的圆盘形式存在。他的理论基于逻辑，即每块陆地都被水（海洋）环绕，动植物和地球本身都吸收水。这两个定理的意义并不在于泰勒斯的错误结论，而在于他对世界质疑并进行理性解释的愿望。

将科学应用于生活

泰勒斯因其对数学和几何的掌握而备受赞誉。在希罗多德引用的一个示例中，他通过测量一天中同一时间自身影子及金字塔影子的长度，然后将他发现的自身影子长度和高度之间的比率应用

白昼变成黑夜，而这种更替……泰勒斯曾预言过。

——希罗多德，前5世纪

到金字塔影子长高比中，从而计算埃及金字塔的高度。泰勒斯还运用几何原理确定了船只离岸的距离。如希罗多德所称，泰勒斯令人印象深刻但又引发争议的壮举之一是正确预测了发生在前 585 年 3 月 28 日的日全食。而这一预测要求泰勒斯确定太阳和月球运动的 18 年周期（萨洛斯周期），很多人对希罗多德的说法质疑。

遗产

泰勒斯被记载为西方社会最早从事理性和科学思想活动的人，他的质疑思维和演绎推理应用激发其他人纷纷效仿他的方法。他引发了新的思想浪潮；他的教学引发了辩论和反定理，并形成了现代科学思想的起源。

观察

通过观察和推理对自然世界进行质疑，泰勒斯推翻了数百年来的传统观点，并为实证科学奠定了基础。

毕达哥拉斯

著名的古希腊人毕达哥拉斯是一位数学家和哲学家。

毕达哥拉斯（约前570—前500）就是受泰勒斯的启发，认为世界本质上是数学的。他在30岁时成立了一个致力于数学研究和神秘主义的社团。虽然只能通过门徒了解其著作，但他对西方思想做出了重要贡献，包括提出地球和行星围绕一个中心“壁炉”运行。他的思想对柏拉图和亚里士多德都产生了深远的影响。

发现5个几何定理

正确预测了日食，结束了长达15年的战争

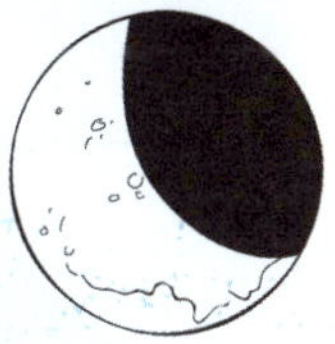

被认为是古希腊的七位智者之一

作为著名的哲学家和科学家，亚里士多德（Aristotle）引进了“逻辑”的概念，为科学方法论奠定了基础。他运用推理去解释自然现象，其著作几乎涵盖了科学的各个领域。亚里士多德的思想影响了几个世纪，并且对西方和阿拉伯世界也产生了深远的影响。

大事记

柏拉图的学生
他在前367年加入柏拉图学园，然后一直在那里求学，直到20年后导师去世。

生物学研究
前348年开始撰写《动物之构造》《动物之生殖》，对500个物种进行了命名。

皇家任命
前342年，他受命成为年仅13岁的马其顿王子亚历山大（即后来的亚历山大大帝）的老师。

大量的著作
前335年，他创办了吕克昂学园，开始研究和撰写专著。

亚里士多德出生于希腊东北部的马其顿王国，17岁时来到雅典，开始在柏拉图学园学习。柏拉图学园是当时希腊世界的学习中心。当亚里士多德离开学园后，他运用其所学探索出一条以观察而不是理论为基础的研究方法。对于亚里士多德来说，自然世界的现象和原因一样有趣。从这个意义上来说，他被认为是第一位科学家和哲学家。

亚里士多德认识到理性的思考是科学的基本原则。他发现了一个有序的方法来进行逻辑推理。除此之外，他知道科学需要实际数据，而这些数据需要通过观察来获取。亚里士多德知道，这些信息来自假设，而这些关于世界的设想可以通过推理得出结论。

亚里士多德的著作涉及的范围十分广泛。他撰写了至少200部专著，为物理学、化学、生物学、天文学、逻辑学和数学等学科奠定了基本框架。他的现

*亚里士多德所创办的**吕克昂学园**被认为是“逍遥学派”。希腊语意为散步，因为亚里士多德经常一边散步，一边讲学。*

自然是有序的。

亚里士多德

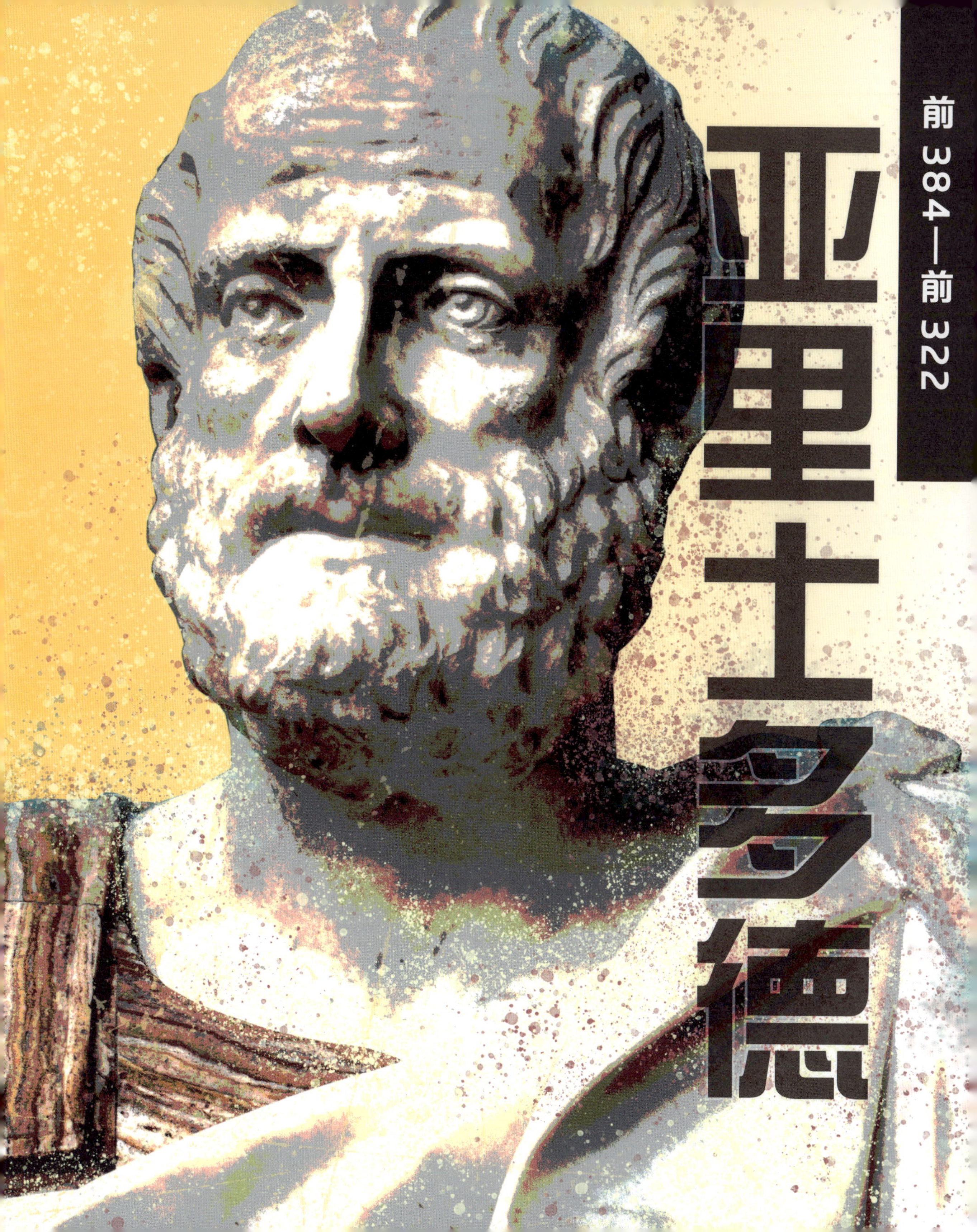
前384—前322
亚里士多德

他相信
5个元素
（地、水、火、风、空）包括一个天体
元素

他确定了
500个
植物物种和
11种
动物

亚里士多德
200
多部著作，完整保存
31部

泰奥弗拉斯托斯

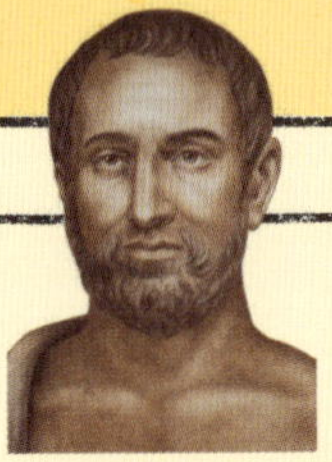

他是亚里士多德的学生和最亲密的同事，同时也是吕克昂学园的继承者。

像亚里士多德一样，泰奥弗拉斯托斯（前371—前287）拥有广泛的知识。但是，他的兴趣主要在植物学。他对500多种植物进行了介绍，鉴定出叶子在植物营养学中的作用。他是第一个给植物命名的人。当亚历山大大帝从入侵地带回植物样本后，泰奥弗拉斯托斯便对这些植物进行记录，并且种植其枝条。因此，希腊在此时期引进了稻米、棉花等物种。

存完整的非常重要的著作之一——《物理学》，直到中世纪都是没有受到挑战的。他认为，物理学可以解释和涵盖整个世界。亚里士多德高度重视物理学，以及动物学等其他科学学科，认为它们和道德、形而上学这些哲学主题一样重要。然而，那时候这些学科之间有一定的重叠，直到17世纪，哲学和科学才有了清晰的区分。

科学的鼻祖

根据亚里士多德的理论，所有的研究发现都应该建立在观察和推理的基础上。他本人在很多领域取得了重大的发现。例如，在天文学领域，他不认同长久以来“地球是平的”的论述。通过观察月食，他注意到地球的阴影使得月亮看起来经常是弯的。这一现象使他进而推理出：“地球表面是圆的，因此，当月亮、地球处在同一水平线上时，地球的介入，产生了月食现象”。

在物理学领域，亚里士多德为后来伽利略和牛顿的发展奠定了基础。尽管伽利略不赞同亚里士多德的许多理论（如月亮和天体表面是平滑而且不变的），但是亚里士多德的很多著作都成为伽利略物理学和天文学研究的起点。伽利略在亚里士多德“力对于恒定运动是必要的”的理论基础上，发展出：力能够改

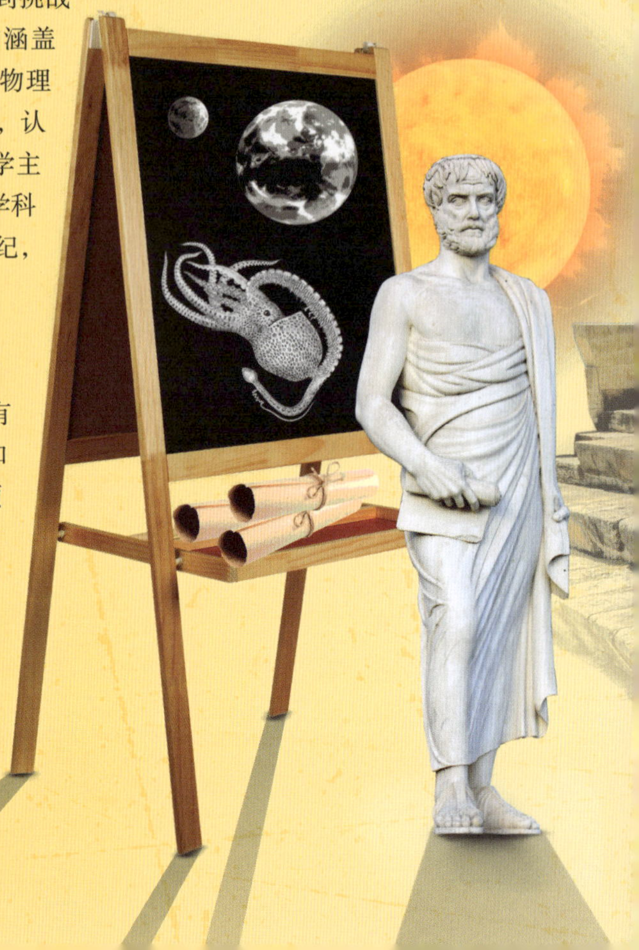

亚里士多德的遗产延续至今。他对追求真理的系统的和分析的方法是当前科学形式的起点，他认为学习是为了自己。

变运动状态，但是维持运动状态不一定需要力，也就是惯性的概念。牛顿在此基础上，发展出了“牛顿第一定律”。他也采纳了亚里士多德“时间是统一的和流动的”的观点。

亚里士多德还是植物学和动物学研究的先驱者。他十分着迷于对生物进行分类，并且运用实证调查总结出了关于动物世界的理论。例如，在《动物繁殖》这本书中，他提出动物在母亲的子宫或者蛋里进行发育。亚里士多德幸存的著作中有约三分之一都是关于动物学的。

和他的老师柏拉图一样，亚里士多德还致力于教育事业。他在雅典建立了吕克昂学园，这是第一个提供各学科全面教育的机构，包括物理、政治、戏剧、诗歌等，教授范围和现代意义上的大学类似。

通过观察星星，很显然，**地球是圆的。**

亚里士多德

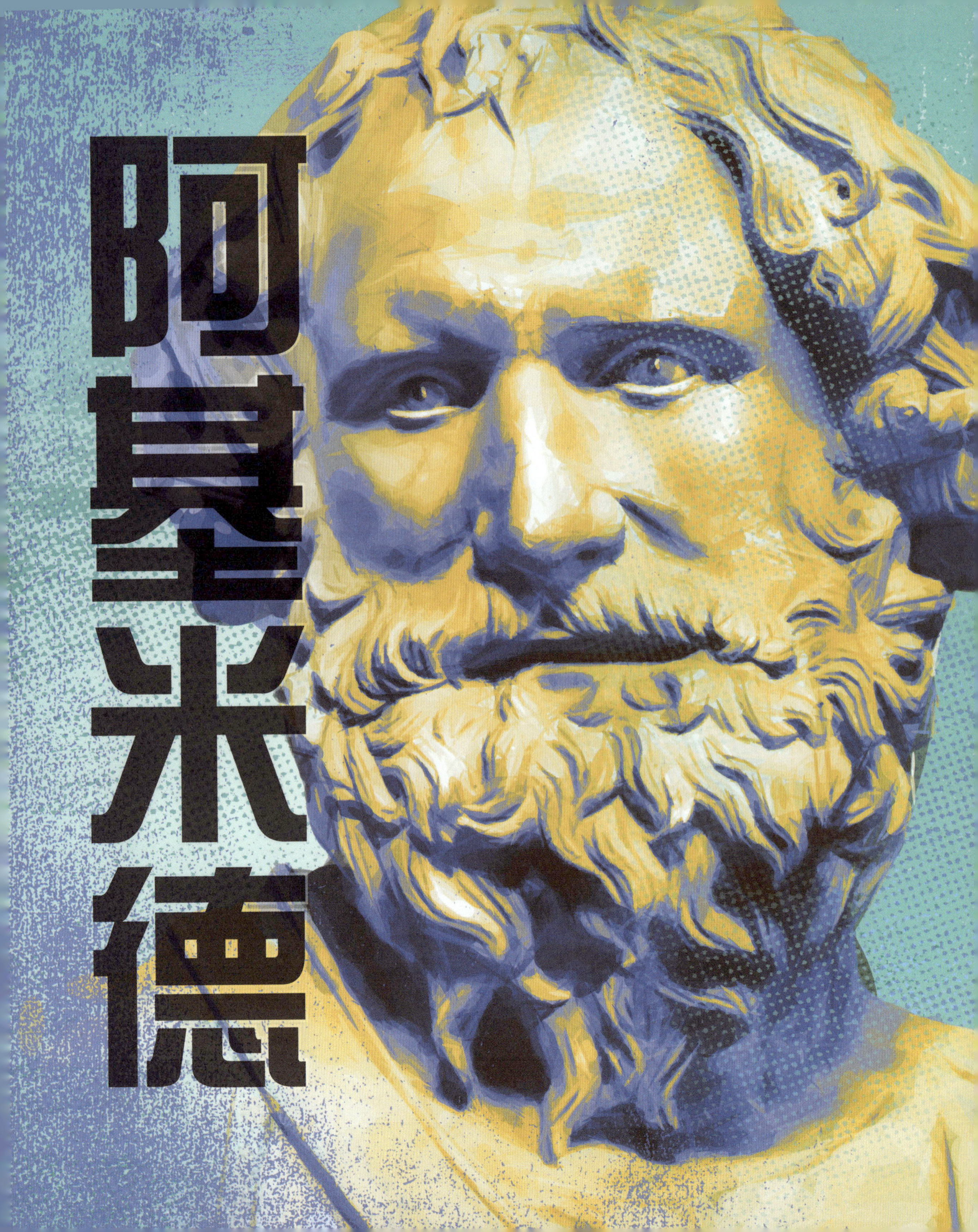
阿基米德

阿基米德（Archimedes），杰出的理论家，古代伟大的数学家之一。他运用智慧解决了很多实际问题，在几何学、数学、力学和物理学领域都有很多发明、著作，很多理论至今仍具有一定的意义。

大事记

学术著作

前250年，在亚历山大，撰写了《圆的度量》和《论浮体》。

造船

前240年，设计了一艘巨大的船“叙拉古号”，作为送给埃及托勒密三世的礼物。这艘船航行了一次。

计数系统

创造了一种记大数的方法，计算宇宙中沙粒的数量。

顿悟时刻

一次洗澡的时候，他发现了怎样去测量不规则物体体积的方法，即“阿基米德原理”。

阿基米德出生于现在西西里岛的一个古希腊城市叙拉古，从小跟随父亲菲狄亚斯学习天文学和数学。在他事业发展的早期，他来到当时的文化中心埃及的亚历山大里亚城学习。在这里，他结识了很多有智慧的人，如埃拉托色尼（见 21 页），为他讲解了《机械原理方法论》。之后，阿基米德回到锡拉库扎，因与赫农王二世有亲戚关系，国王成为他的赞助人。

几何学天才

阿基米德是一个博学的人，在很多学科上都展现出了他的才能，但是他最杰出的学科就是几何学。与他对“逼近法”（接近现代的微积分）的贡献相比，其他发明都显得微不足道了。他是第一个计算出 π（圆的周长与直径的比值）的接近值的人。除此之外，在《论锥形体与球形体》一书中，他提出了测量几何体体积的方法。阿基米德认为他最伟大的成就就

***阿基米德研究**固体，包括它们在水中的运动。阿基米德发明了一种手动操作利用螺旋作用把水吸上来的工具。后人把它命名为“阿基米德螺旋提水器”。*

是这个算法的提出：圆柱内切球体的体积是圆柱体积的三分之二。因此，他要求将这个定理刻在他的墓碑上。

皇家任务

罗马时期的作家维特鲁威记录了一个可能不是真实的故事，是关于阿基米德一个最重要的发明是怎么产生的故事。国王赫农王二世怀疑他新制作的皇冠不是纯金的，所以请首席科学家阿基米德调查这个事情。在称了皇冠的质量后，阿基米德意识到只要知道这个皇冠的体积，就能算出皇冠的密度。金属的密度各不相同，据此就可以推断皇冠是否为纯金的。

阿基米德在浴室洗澡的时候，想出了测量不规则物体体积的方法。当他坐进澡盆时，他发现水涨起来了并且往外溢，他突然有了灵感。据说，他大叫着“尤里卡”（意为找到了），连衣服都顾不上穿就跑回家。他意识到溢出水盆的水的体积就等于他的体积，那么，把物体沉浸在液体中，排出的水的体积就是物体的体积。

实践中，把皇冠投入水中，溢出的水量很小，很难去测量。因此，阿基米德把同等重量的金子和皇冠拴在同一水平线两端，放进水中。如果皇冠是纯金的，那么两个物体将会受到相等的浮力，木棍两端仍会保持水平。

军事力学

阿基米德定理也应用到军事中。阿基米德据此建造了“叙拉古号”，一艘可以承载 2000 人的船，作为礼物送给托勒密三世。除此之外，他还发明了一个带有杠杆和滑轮的系统来发动船舶。皇家舰队还从阿基米德设计的“螺旋提水器”中获益，这是一种可以把水从船底抽上来的工具，他可能在埃及见过。在前 213 年罗马人包围“叙拉古号”时，阿基米德又发明了“阿基米德之爪”——一种机械挂钩可以从船头吊起敌船，把船员扔进大海，毁坏甚至弄翻大船。尽管从功勋上讲，他不应该被伤害，但在前 212 年，他被一个罗马士兵杀死了。

> **给我一个杠杆和支点，我能撬起整个地球。**
>
> 阿基米德

阿基米德测量物体体积和水中浮力的发现，证明了赫农王二世的皇冠不是纯金的，而是金和其他金属的合金，比金的密度要小的金属。

昔兰尼的埃拉托色尼

埃拉托色尼出生在非洲北部的昔兰尼（今利比亚），40岁时开始担任埃及的亚历山大里亚图书馆的馆长，当时的亚历山大里亚图书馆是世界上最重要的学习中心。

埃拉托色尼（前194—前276），绘制了世界地图，计算了从地球到太阳的距离，设计出一个可靠的方法找到质数，并且创造了“地理学”这个词汇。他最著名的成就是准确地计算出了地球的周长。他测量出亚历山大里亚的阴影的角度为7.2°，然而800千米（500英里）距离的西恩纳，太阳则是直射。7.2°相当于圆周角360°的1/50。他解释了这两地的距离就相当于地球周长的1/50。把这个距离乘以50，得到地球周长为40000千米（25000英里），这个结果与实际周长的误差小于2%。

证明了圆柱内切球的体积是圆柱体积的三分之二

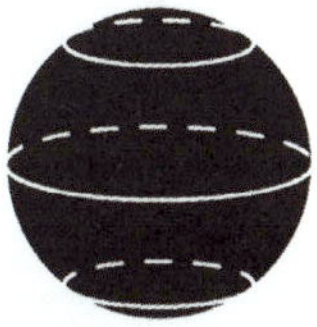

“叙拉古号”船只重达4000吨

发现了π的接近值为3.142

张衡，古代中国伟大的思想家，杰出的天文学家、发明家、数学家、作家和艺术家。他发明了第一个可以探测地震的仪器。

大事记

职业改变
108年以前，获得了很高的文学写作成就；之后，从研究文学转向研究科学。

效忠皇室
115年，担任太史令（首席天文学家），一个在古代中国的朝堂享有很高声望的职位。

撰写书籍
120年，发表了一个创新性的观点：宇宙和行星是球形的。

先进的数学
130年，改进了中国的算法，计算出π的数值为3.162。

发明了地动仪
132年，发明了一个简单的地震仪，提高了预测远处发生地震的准确性。

张衡出生在东汉时期，当时的统治者很重视科学和技术。张衡作为一位文学学者，之前取得了很多的成就，之后，他转而开始研究天文学和数学。他在这些领域取得的专业知识，使得汉顺帝任他为官，最终官至太史令（首席天文学家）。

发现与发明

通过对夜空的细致观察，张衡发现月亮和其他行星不发光，只是反射太阳的光；他认为宇宙和行星是球形的。他系统地按照目录的方式标记了恒星和行星，标记出124个星群、2500颗恒星和11250颗小恒星。

张衡是一个熟练的工程师，他设计了漏水转浑天仪：通过一些类似圆环的框架来描绘夜空运动，像镜子一样反映天体的运动。他还设计了一个非磁罗盘，演进为记录地震发生方向的机械，被认为是世界上第一个探测地震的仪器。

张衡发明的地动仪的基本原理，对随后现代地动仪的发展起到很大的作用。在数学方面，张衡最有名的贡献是他运用独特的算法计算出π的值；他计算出的这一结果直到200年后才被人超越。

张衡发明的地动仪能够追踪监测到轻微的地震。当探测到某个方位发生地震时，铜珠将会从8个龙口中对应方向的龙口落到下面的蟾蜍中，发出响声。

浑天如鸡子，地如蛋中黄。

张衡，120年

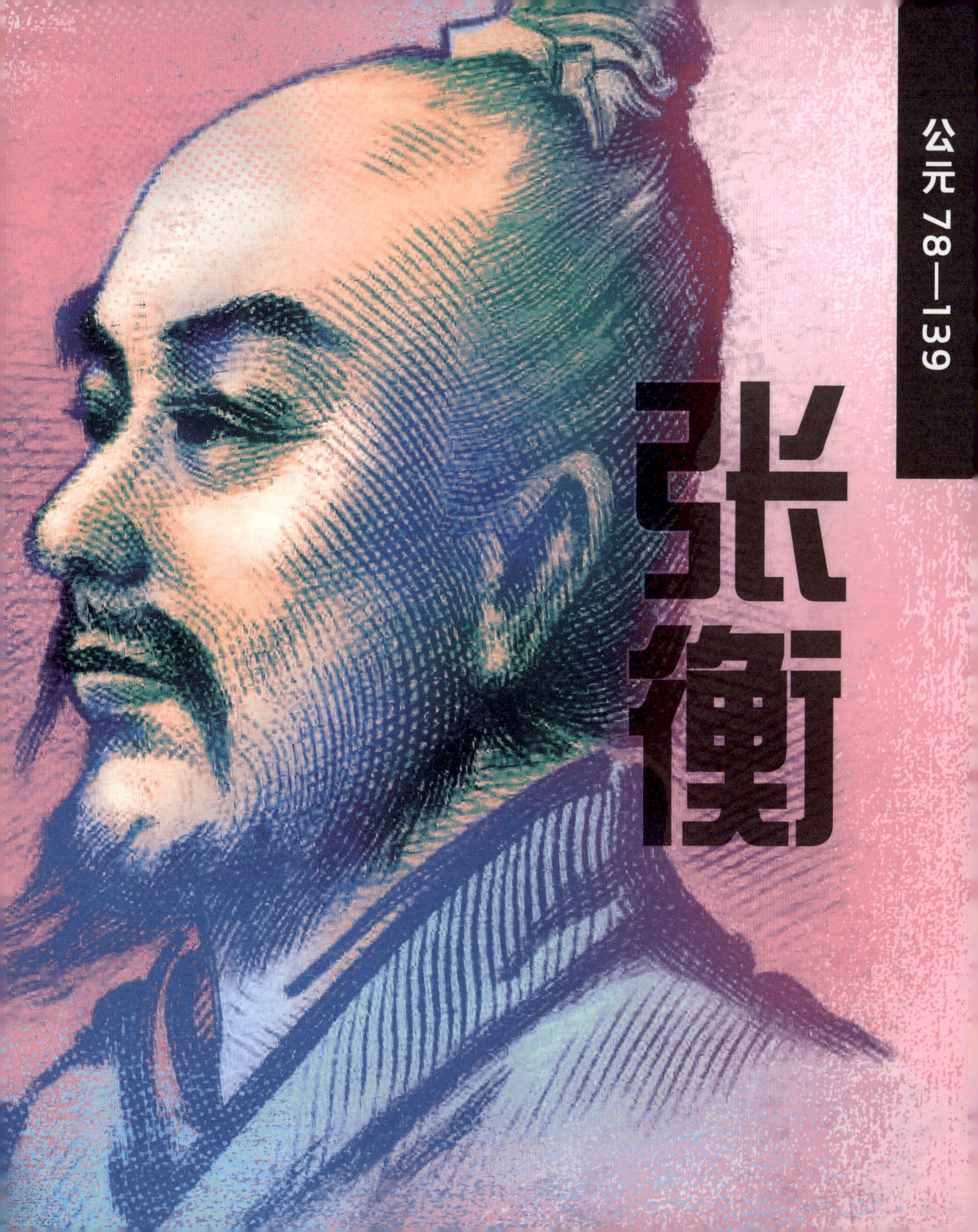

张衡

公元 78—139

盖伦

克劳迪亚斯·盖伦，简称盖伦（Galen），是当时（古罗马时期）最伟大的医学实践者，三任罗马帝王的医师，一位有经验的外科医生和解剖学家，同时也是一位多产的作家。他的著作受到希腊和罗马的医学知识的影响，并将其发展到一个更高的水平。他的思想一直影响到其逝世之后1300多年的文艺复兴时期。

大事记

罗马角斗士的医师
159年，被别迦摩神庙最高主教任命为古罗马角斗士的医师。

罗马的瘟疫
为166年暴发的安东尼大瘟疫，也就是天花的受害者进行治疗。

离开首都
166—169年，因为在其他出名的医师那里不受欢迎，而离开罗马。

皇室认命
从169年马可·奥勒留皇帝开始，为皇帝服务了约4年时间。

丰富的著作
撰写了超过500部著作。191年，他的藏书阁发生了火灾，仅有100多部著作幸存留世。

盖伦出生在古罗马帝国的东部，爱琴海岸的别迦摩，现在的土耳其别迦摩。他的父亲阿洛伊斯·尼康是一位富有的希腊建筑师，想让他的儿子在政治事业上发展。然而，据说在盖伦16岁的时候，希腊的医术之神阿斯克勒庇俄斯给他父亲托了一个梦，要求盖伦学医并且在帕加玛的阿斯克勒庇俄斯医术圣殿参加医术训练。

3年后，盖伦的父亲去世，盖伦继承了父亲的遗产开始旅行。他花了5年的时间，在亚历山大里亚、埃及等古罗马帝国最先进的医学院学习。回到别迦摩之后，他成为古罗马角斗士的医师。盖伦将角斗士受的伤称为“进入身体的窗”。150年之后，罗马立法禁止对人类尸体进行解剖，所以这些伤口给予他对解剖学的研究提供了可贵的实践经验。

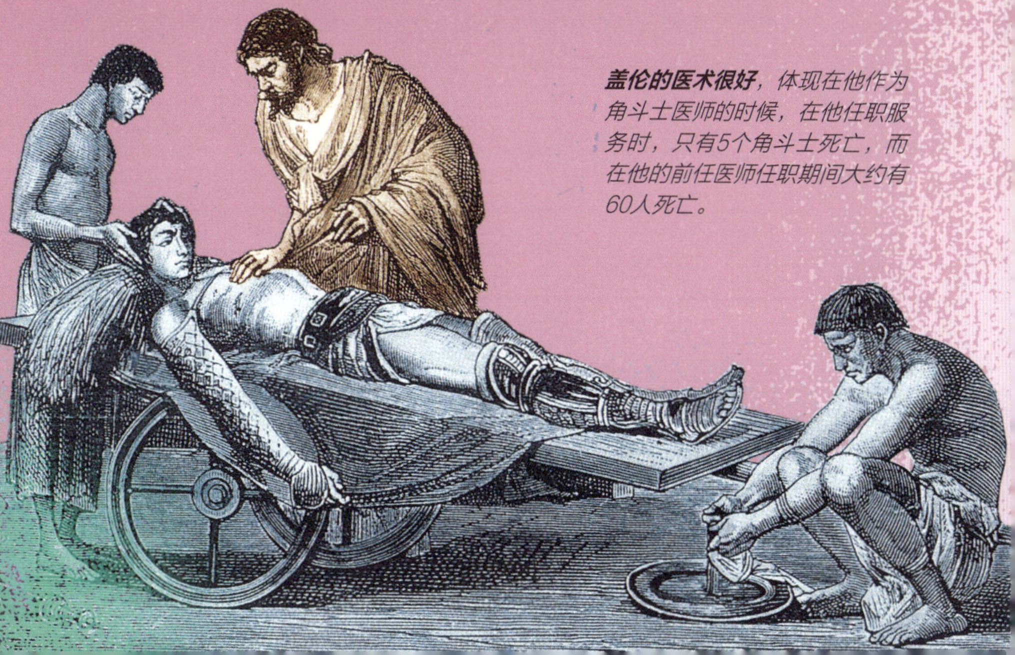

***盖伦的医术很好**，体现在他作为角斗士医师的时候，在他任职服务时，只有5个角斗士死亡，而在他的前任医师任职期间大约有60人死亡。*

识别出了
12条
脑神经
中的7条，
包括
视觉神经
和听觉神经

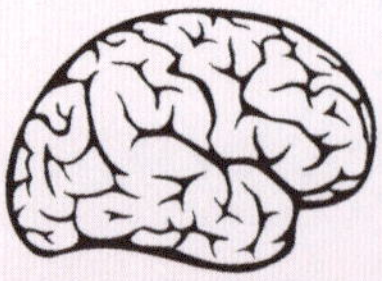

在治疗皇帝
马可·奥勒留
的过程中，
制出了含有
60种
成分的
解毒药

撰写了差不多
500部
著作，
20000份
手稿得以幸存

御医

162 年，盖伦来到罗马，开始演讲，并且通过对猪和猿进行解剖来公开展示他的医学水平和外科手术技巧。他还为很多杰出的政治家进行了治疗，因此得到了皇帝马可·奥勒留的关注。169 年，皇帝任命盖伦为他的私人医生，称赞他为“医生中的第一，哲学家中的唯一”。盖伦接下来成为两任继任皇帝——鲁基乌斯·康茂德和赛普蒂米乌斯·赛维鲁的御用医生。

医学理论与实践

在他的书籍《论解剖过程》中，盖伦阐述了解剖和观察的重要性。尽管他的解剖经验仅限于动物，但还是做出了重要发现，包括发现了很多器官之间的功能关系。盖伦辨识出大脑中的脑静脉，现在仍然以他的名字来命名。

盖伦认为人体有 3 个连接系统：大脑和神经；心脏和动脉——负责生命力；肝和静脉——负责身体供应和输送血液。他打破了一些之前的错误观念，提出是肾脏而不是膀胱产生尿；是由动脉输送血液，而不是之前认为的“气”。他弄清楚了是脊髓传递信息给大脑，并且识别出参与运动和演讲时的神经系统。

在治疗疟疾（他称为发热）和天花（瘟疫）中，盖伦通过聆听这些患者的感受和细致观察，积累了很多经验和素材，在他的书籍《论脉搏的功能》中进行了详细的脉搏记录。他相信饮食、锻炼和良好的卫生习惯很重要，精神和身体之间有着很紧密的联系，愤怒会加剧发热，焦虑会导致失眠。

古希腊人认为，人体的健康是受 4 种“体液”影响的，体液在身体的流动决定一个人是乐观的、易怒的、冷漠的或是忧郁的。盖伦接受这一观点，并且对其进行了详述。不同于希波克拉底，他认为“体液的不平衡”会反映在一个

器官上。他用草药来治疗这些问题。他把300多种有医药特性的植物编辑成目录，并且发展成“盖伦体系”系统来描述它们的特性。他还进行了“放血疗法”实践，认为发热和头痛源于“乐观体液”过多。

据说，盖伦活到87岁。他的思想为之后几个世纪的医学发展奠定了基础。

不了解人体的结构，
就不可能知晓人身体的运作。

盖伦

*在罗马，解剖人类的尸体是**不合法**的，因此，盖伦尽可能通过解剖猿来得到一些经验。这种实践方法使得他在认识人类解剖和身体运作上面有一些小的差错。*

希波克拉底

希波克拉底被尊称为“医学之父”，是第一个提出合理的系统来治疗疾病的伟大医师。

不同于那个时代的迷信思想，希波克拉底（前460—前370）不相信疾病由超自然原因产生。他认为疾病是由体内4种体液的不平衡而引起的，医师的职责就是恢复这种平衡。他在家乡希腊科斯岛建立了一座医学院，新进来的学生要宣誓，保证坚守高尚的医德，包括保密（保护患者的疾病隐私）和不给患者带来伤害（确保患者永不受到伤害）。在许多国家，医学生宣誓“希波拉底誓言”成为一个惯例。

QVO PLVS ET INEST
GALIENVS
MVNDI PRE
SENTIS SE
EXHIS FOR
MANTVR QVE

像帐杆对于帐篷，墙之于房子，骨头对于生物……在这里，我将会向你介绍准确的、实用的关于人类骨骼的知识。

盖伦

《论解剖过程》

◂这个关于盖伦和希波克拉底的壁画来自13世纪中叶。

希帕蒂娅（Hypatia)是有历史记载的世界上第一位女数学家，她发展了圆锥曲线论，为几何学和天文学的发展提供了支撑；此外，在包括桥梁建造、建筑学和卫星导航体系等几乎所有领域都有重要的应用。

大事记

学校主管
400年，成为亚历山大里亚新柏拉图学院的主管，她也在此教书。

杰出著作
4世纪早期，评注了阿波罗尼斯的《圆锥曲线论》和丢番图的《算术》。

科学的殉道者
被认为是科学异教徒的代表；415年惨死在基督教暴徒手中。

保存文本
著作保存到10世纪，在苏丹有记载，是一本关于拜占庭帝国的百科全书。

艺术贡献
1511年，文艺复兴时期拉斐尔的画作《雅典学派》中，希帕蒂娅是唯一的女性。

希帕蒂娅的数学研究在一定程度上是受到她父亲塞翁的良好教育影响，她的父亲是罗马帝国埃及亚历山大里亚博物院的数学教授。她和她的父亲合作完成了一本关于希腊数学家欧几里得的专著，并且帮助他修订了一部开创性的13卷著作《几何原本》。这本书中陈述了大量的建筑学和几何学、比例、数论的证明。希帕蒂娅还帮助她的父亲完成了对古希腊数学家托勒密《天文学大成》的评注。她的父亲除了教她数学、天文学、星座、哲学，还教她教学的意义，使她成为一位杰出的演说家。希帕蒂娅的主要成就之一：推动了数学的普及。

数学和力学

希帕蒂娅教授天文学、哲学、力学，但最出名的还是她的数学成就——尤其是她对前200年阿波罗尼斯的圆锥曲线的解释。圆锥曲线是几何学非常重要的函数之一，应用在平面与直线相交时。根据角度的不同，圆锥曲线可能是圆、椭圆、抛物线或者双曲线的。希帕蒂娅编撰了阿波罗尼斯的《圆锥曲线论》，对圆锥曲线进行了详细解释，使这些定理更容易理解和应用。因此，圆锥曲线在数学类目中被确定下来。希帕蒂娅的影响力因为一些知名的科学家而逐步扩大，包括艾萨克·牛顿，他运用圆锥曲线发展了行星运动的理论研究（见76–81页）。

***希帕蒂娅制作了**星盘，一个天文学计量装置，用来测量恒星的距离，以此确定使用者的纬度。*

370—415
希帕蒂娅

希帕蒂娅很擅长代数学，对《丢番图〈算术〉》进行了评注，补充和解释了解决代数方程的问题。她的其中一些评论被重新修订写进阿拉伯版的《算术》一书，幸存于中世纪早期，并且在文艺复兴时期再次兴起，对皮埃尔·费马数论的发展产生了重大影响。

除了数学方面的成就，希帕蒂娅还和一些机械装置的发展有一定的关系。在与西兰尼的西奈修斯（后来的托勒密城主教，她忠实的学生之一）留存的往来信件中，有关于如何制作星盘的指导。星盘是一个先进的航行器具，可以测量出行星、恒星和太阳的位置。西奈修斯声称是希帕蒂娅发明了这种星盘，尽管有很大的可能是希帕蒂娅对已经存在的器械进行了一些改进（见33页）。另一个在信中提到的希帕蒂娅的贡献是“液体比重计”，用来测量液体的比重。

持久的遗产

希帕蒂娅被认为是古代世界最著名的女性科学家，不仅仅是因为她的性别，还因为她是中世纪到来之前有记载的最后几位科学家。中世纪到来，在欧洲，科学被基督教的狂热分子所践踏。这些狂热分子认为那些信奉数学和科学的人是异教徒。希帕蒂娅生活在罗马帝国即将没落的岁月，她的惨死被认为是基督教的狂热分子反对理性思想的结果。像希帕蒂娅这样的人，当时被当作异教徒。在希帕蒂娅死后，科学开始衰退，但她的思想对之后几个世纪的勒奈·笛卡儿、艾萨克·牛顿、戈特弗里德·莱布尼茨等都产生了重大的影响。

> 希帕蒂娅在文学和科学方面取得了诸多的成就，**远远超过同时代的所有哲学家。**
>
> 苏格拉底，450年

一位不同寻常的教育家，
希帕蒂娅深受学生爱戴。她教授数学和天文学，涉及的范围很广，讲课通俗易懂。

托勒密

当时最有影响力的天文学家和地理学家托勒密设计了一个天体模型，流行了1400多年。

托勒密（100—170）的主要著作是《天文学大成》，书中精确地解释了天体的运动；还有《地理学指南》，一本包括怎样绘制地图指南的地图集。他设计出了测量恒星、行星、太阳角度的浑天仪，尤其是星盘。伊斯兰天文学几个世纪之后都在用这个星盘，欧洲天文学家也一直在使用这个仪器。尽管他关于宇宙的模型以地球为中心，但他的数学方法成为之后几个世纪天文学研究的起点。

帮助修订了13卷欧几里得《几何原本》

她关于《丢番图〈算术〉》的评注中，涉及100多个数学问题

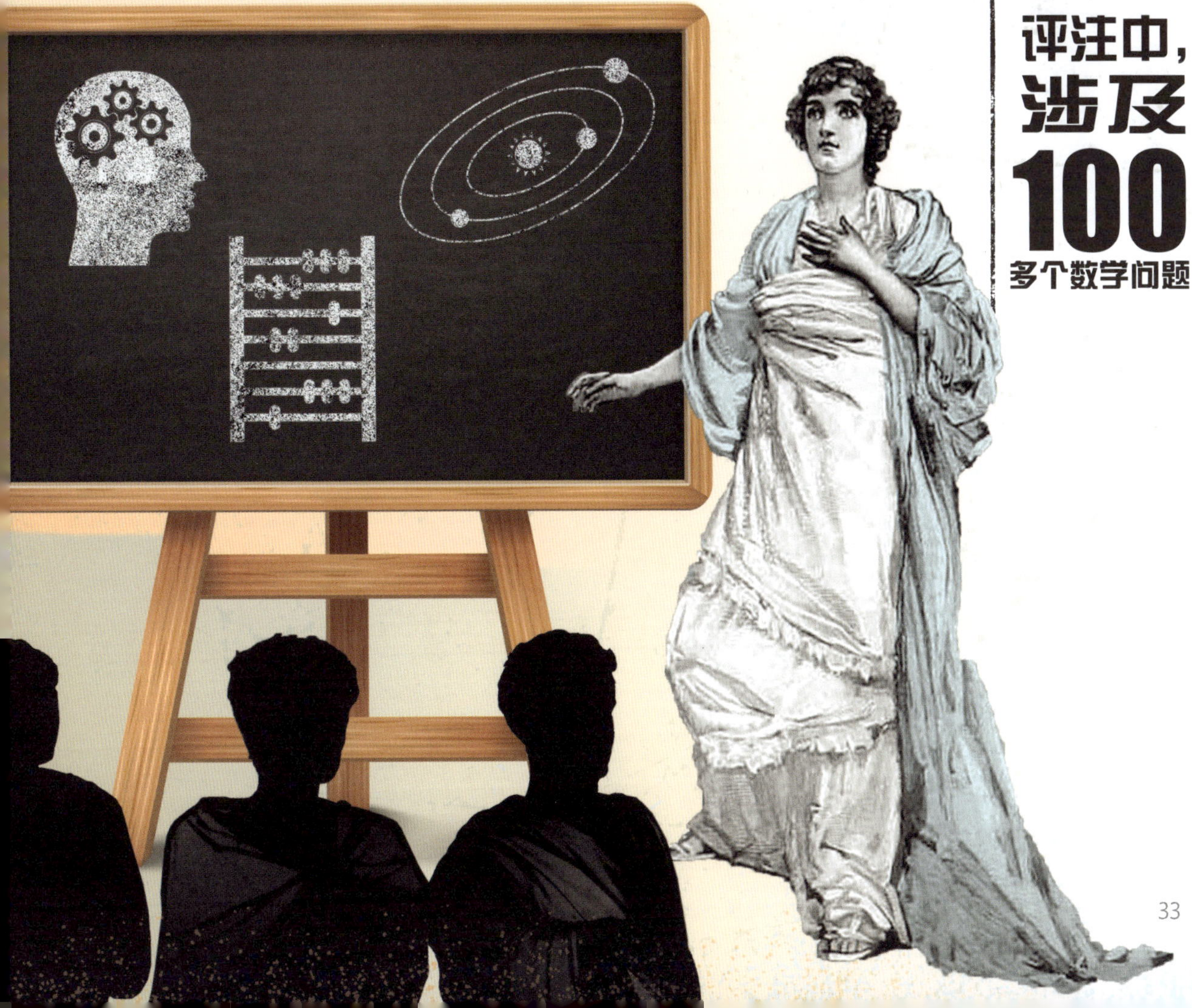

9世纪，阿尔-花剌子模（al-Khwarizmi）引进了印度数字记数系统，在代数领域做出了突出贡献。这些创新方法推动了贸易、技术和科学的发展。

大事记

擅长学术
8世纪初期，成为巴格达创办的智慧馆的导师。

制图工作
帮助完成了一幅世界地图；811—825年，主持了测量地球圆周的项目。

发展算数
825年撰写完成《印度数字算法》；也是“算法”一词的拉丁文起源。

推动代数学发展
830年，完成世界上第一本代数学书籍，包括二次方程理论。

在当时的科学研究中心巴格达（现在的伊拉克）智慧馆工作期间，阿尔-花剌子模撰写了关于地图绘制和天文学的论文，还有对阿拉伯世界和西方数学都产生深远影响的两本著作。阿尔-花剌子模引进了印度数学，提出 0、1 ~ 9 作为新的记数系统的基础（十进制系统），并且介绍了以此为基础的算数方法。这个算数系统，被称作阿拉伯数字，在 12 世纪时通过拉丁文译本《阿尔-花剌子模历表》传到欧洲。今天，世界各地都采用这套记数系统。

代数之父

在吸收古代数学思想的基础上，阿尔-花剌子模撰写了代数学的最重要的教材。这本书是第一本系统阐述怎样解方程式符号和方法的著作。例如，他列举了怎样移项、消去相同项来解决数值问题。阿尔-花剌子模关于算数和代数学的著作为后来的数学奠定了基础，通过精简金融业务和准确算数，促进了贸易的发展。这套算法还帮助科学家发展了关于自然世界的理论研究。

***阿尔-花剌子模的成就之一：**绘制了尼罗河的地图。地图中标明了河流从月亮神山（右）注入地中海（左）。*

阿尔-花剌子模

780—850

用我的两种算法，可以解决所有的问题。

阿尔-花剌子模，830年

965—1040

阿尔哈曾

阿尔哈曾（Alhazen）是光学领域的改革者，研究了光的反射和折射，而且是第一个对此进行实验的科学家。

阿尔哈曾于965年出生于波斯的城市（现在的伊拉克城市）巴士拉，在伊斯兰文明的黄金时期在巴格达接受教育。他曾经当过公务人员，并且开创了现代意义上科学的研究方法，即：提出假设，然后通过实验进行验证。

阿尔哈曾在埃及被软禁，因为他宣称可以为埃及哈里发制出一台阻止尼罗河洪水的机器，结果没有成功。阿尔哈曾在此期间，完成了《光学宝鉴》（7卷）的撰写。他对欧几里得和托勒密的"从眼睛发出光线，反射到物体上"的这一理论质疑。他用牛的眼睛进行了实验，发现光线进入一个洞，即瞳孔，聚焦在晶状体上，反射到眼睛里面一个敏感的表层——视网膜。阿尔哈曾还研究了玻璃、镜子和晶体的性质，得出光沿直线传播的结论。

大事记

早期著作	注定失败的项目	集中研究
1000年，他撰写了第一批著作，包括天文学、光学和数学。	1011年，承担治理尼罗河洪水的项目，结果证明是不可能实现的。	1027年，辞掉公职，开始全身心地投入科学研究。

追求真理的过程应该是不断地争论和证明的过程。

阿尔哈曾，1025年

宾根的希尔德加德

希尔德加德（Hildegard）是中世纪医学领域的权威、是一名自然主义者和治病者，探索了植物和动物的医药用途。

希尔德加德于1098年出生在德国的贝默斯海姆，是一个贵族家庭里最小的孩子。她生来孱弱，作为孩子拥有“灵视”，8岁时进入本笃会成为一名修女，1136年成为女修道院院长，开始研究古代医学财富。她撰写了地理学、科学、植物学、医疗方面的著作，在血液循环和精神健康领域的研究领先于同时代。希尔德加德制草药，作为预防和治疗一些特定疾病的植物性药材的补益药。她认为疾病是因为4种体液——血液、黄胆汁、黑胆汁、痰液的不平衡所引起的。

大事记

自然药材
1150年，撰写了《自然界》（9卷），列举了从植物和动物中提取药物的疗法。

治疗疾病
1150年撰写主要著作：《病因与疗法》，探讨疾病与治疗。

圣人
1326年被教皇约翰二十二世列入“真福品位”；2012年被追封“教会圣师”称号。

看看绿色地球的美丽。开始思考。

宾根的希尔德加德

*1163—1174年，**希尔德加德完成了**《神圣著作之书》。这本书是她最复杂的作品，显露了她的深邃远见。*

科学家目录

古代世界最早的有记载的这些有名的科学家，因为文字的出现，他们的发现得以传播流传。先驱者从繁荣的文明中，开始设计观察和控制自然的方法，促进了医学和天文学等学科的进步。

德谟克里特
约前460—前370

古希腊哲学家德谟克里特（Democritus）和他的老师留基伯，提出万物都是由一种很小、永恒的颗粒“原子”构成的——原子自由移动，与其他的原子组合形成了不同的物质。这一理论被称为“原子论”，是第一种不是依据神的信仰来看待宇宙的观点。德谟克里特是一个很谦虚的人，工作认真，因能预测天气（而不是哲学）而出名。他被称为“爱笑的哲学家”，因为他总是嘲笑其他人的愚蠢。

欧几里得
前325—约前265

希腊数学家欧几里得（Euclid）被称为“几何学之父”，最著名的著作是《几何原本》。这是一本300年前希腊数学成就的汇编。在大约800年时，这本书被翻译成阿拉伯语，1482年成为第一本印刷出版的数学教材。欧几里得定理成为之后2000年西方和阿拉伯世界数学教学的基本原则。

希帕恰斯
前190—约前120

前129年，希腊天文学家希帕恰斯（Hipparchus）编撰星图时发现，他所观测到的恒星的位置和他之前查阅的前人的记录有差异。他总结得出：不是星星在移动，而是地球本身在转动。因此提出岁差——一个天体的自转轴指向因为重力作用导致在空间中缓慢且连续的变化。据说希帕恰斯还创立了三角学（数学的一个分支），用来计算三角的角度和边长。

老普林尼
公元23—公元79

老普林尼（Pliny The Elder）出生在科莫位于今天的意大利，是罗马帝国的一位军事指挥官。他花费了大量闲暇时间来进行写作和研究，但是他留存的著作目前只有公元77年完成的《自然史》。《自然史》一共有37本书，涉猎古代知识的范围空前广博，包括植物学、天文学、地理学、动物学、医药学等，成为后来百科全书的一个范本。在执行那不勒斯湾最后一个军事任务时，老普林尼死于维苏威火山大爆发中。

刘徽
约225—298

关于中国数学家刘徽的历史资料很少，仅知道他生活在魏晋时期的中国北方，撰写了两本著作，最著名的是他对《九章算数》（中国古代早期的一本关于问题的数学解法的手册）的评注和补充证明。刘徽证明了书中的方法是正确的，在这一过程验证了“割圆术”“增补法”来计算诸如金字塔这样物体体积的方法。

婆罗摩笈多
597—668

婆罗摩笈多（Brahmagupta）是印度天文学家和数学家，在印度西北部宾马尔长大，后来成为印度中部乌贾因天文活动中心的负责人。他在天文学和数学领域的两本著作，都完全是用诗来写的。婆罗摩笈多建立了“负数”的运算法则，他把正数称为“财富”；负数称为“债务”。但是他的主要成就是他建立的关于零的运算法则。一个数字减去或者加上零，结果不会改变。

贾比尔·伊本·哈扬
721—815

贾比尔·伊本·哈扬（Jabir Ibn Hayyan），在西方也被称为吉伯，出生在今天的伊朗，在也门求学，作为医生和炼金术士在伊拉克工作。他是有大量著作的学者，炼金术、天文学、医学、魔法都有涉猎。他的许多关于炼金术的著作，之后被翻译成拉丁语，被称为对欧洲化学进步有重要影响的作品。在这些著作中，伊本·哈扬强调了动手实验的重要性，其描述的化学实验过程在现代化学中仍然经常用到，包括精馏和结晶。

阿卜杜·阿尔-拉曼·阿尔-苏菲
903—986

波斯天文学家阿卜杜·阿尔－拉曼·阿尔－苏菲（Abd Al-Rahman Al-Sufi）制作了第一份关于银河系的记录。他在《星体位置》这本书中，描绘了“小云团”，也就是今天的仙女星系。他还发现了大麦哲伦云。他不可能在他的家乡（位于现在伊朗中部的伊斯法罕）观测到这个星系，所以一定是从也门的天文学家或者阿拉伯海的水手那里听到的。阿尔－苏菲的主要成就是将托勒密的《天文学大成》翻译成阿拉伯文。

阿维森纳
980—1037

阿维森纳（Avicenna）出生在布哈拉附近，今天的乌兹别克斯坦。阿维森纳（也叫伊本·西纳），是一位杰出的学者，10岁时就能记住伊斯兰教的《可兰经》。16岁时，他治好了萨曼王朝的努赫·伊本·曼苏尔亲王的神秘疾病，开始作为一名医生而出名。他被奖赏可以进入皇家的巨大的图书馆，不久就完成了众多著作的第一本。阿维森纳经常旅行，横跨亚洲，在宫廷工作。在哲学方面，阿维森纳因为思想实验“形而上学”而出名，他认为精神与肉体是分离的。1025年，他完成了主要著作《医典》，书中解释了怎样去诊断和治疗疾病。

萨勒诺的特罗塔
约11世纪

萨勒诺（今意大利南部的一个城市）的特罗塔（Trota of Salerno）是一位女医生，在她生活和工作的时候，女性医疗通常是很野蛮的。特罗塔在实践中提出了这一问题，不仅撰写出应该怎样去治疗女性的疾病，而且在实践中进行了应用。她最有影响力的著作是《德罗图拉》，一本在中世纪的欧洲非常流行的医药典籍。

罗杰·培根
1214—1292

英国修道士罗杰·培根（Roger Bacon）是实验科学的先驱，在《大著作》中概述了他关于数学、物理、光学和炼金术的主要思想。《大著作》是一本献给克雷芒四世的呼吁教堂改革的书籍。不幸的是，教皇在阅读这本书之前去世，培根因为激进的观点被方济会下狱。他关于灯，以及灯和物体的相互作用的研究，开拓了光学研究的新路径。培根也是第一个制作火药的欧洲人。他有着广博的知识，获得了“奇异的博士”的称号。

崔茂宣
1325—1395

崔茂宣（Choe Mu-Seon）出生在一个富裕的家庭，受到小时候看的烟火的影响，他立志把火药的秘方带到朝鲜。崔茂宣最终通过贿赂一个商人，得到了秘方，实现了他的目标。1375年，朝鲜开始制作自己的火药。崔茂宣开始发明不同的火器，应用到歼灭朝鲜沿海区域的倭寇和1380年与日本的战争中。

阿里·吉什吉
1403—1474

阿里·吉什吉（Ali Qushji）出生在撒马尔罕（今乌兹别克斯坦的一座城市），在统治者和天文学家乌卢格别克的指导下研究天文学和数学，建立了撒马尔罕天文台（后来阿里·吉什吉成为主持）。阿里·吉什吉撰写了关于月相的书籍，并且为乌卢格别克的星表做出了贡献。在乌卢格别克被杀之后，阿里·吉什吉搬到了君士坦丁堡（现在的伊斯坦布尔），建立学校专门教授伊斯兰传统科学文化。他因为从哲学中分离出天文学而出名，并且提供了经验的证据，证明了地球的运动。

2

科学革命

1450—1650年

列奥纳多·达·芬奇

列奥纳多·达·芬奇（Leonardo da Vinci）是伟大的人物，还是文艺复兴时期一位杰出的思想家，其作品涵盖工程、科学、建筑和数学。他认为观察是探究的重要工具，艺术和科学是同样重要的创造性知识领域。

大事记

早期作品

1473年，在韦罗基奥做学徒时期创作《天使报喜》，这是他现存最早的作品。

移居米兰

1483年开始为米兰公爵设计军事和工程项目。

军事工程师

1502年开始在罗马为凯撒·博尔贾工作，测量并绘制高精度地图。

个人收藏

1504年父亲去世后，他把更多时间用在素描和手稿写作上。

皇家邀约

1516年，受法国国王弗朗索瓦一世的邀请进入宫廷；1519年在那里去世。

列奥纳多·达·芬奇于1452年出生在意大利托斯卡纳的芬奇镇附近。虽然他是佛罗伦萨法律公证人皮耶罗和农妇卡特琳娜的私生子，但他还是作为一名绅士的儿子接受了教育。十几岁时，他成为佛罗伦萨重要的艺术家之一韦罗基奥的学徒，学习绘画、雕刻、金属加工，以及数学和科学。

达·芬奇有着非凡的艺术眼光，对科学和力学也有着永不满足的好奇心。17岁时，他协助韦罗基奥建造了一个重达2吨的镀金铜球，该球体于1469年安装在佛罗伦萨大教堂高114米的圆顶上。他被起重机吊起球体的机械作业所吸引。

人体力学

为了跟上文艺复兴时期的艺术教育潮流，达·芬奇在学徒期间学习了解剖学基础，并研究了人体的骨骼和肌肉结构。

*除了**实用的**工程、建筑和生理学应用外，达·芬奇丰富的草图中还包括一种飞行器的设计（可追溯到约1490年），他将其命名为“扑翼机”。*

从他手稿的内容中可以看出，解剖学是他最关心的问题。他的许多手稿都是在职业生涯后期撰写的，但都显示出他早期的兴趣所在。达·芬奇很可能是在1483年之后开始自己做手术的，当时他受雇于米兰的洛多维科·斯福尔扎公爵，在一个领先的医学调查中心工作。

知道如何观察

达·芬奇认为绘画本身就是一门科学，因为在正确的人手中，艺术可以成为“所有表现自然的作品的唯一模本”。观察是这门学科的基本工具，达·芬奇在他的格言 saper vedere（意为“知道如何观察”）中总结了这一点。与雕塑不同，绘画需要艺术家渲染三维场景或二维物体，这意味着这些艺术家必须掌握数学和光学原理。

达·芬奇的艺术创作中蕴含着一定的数学基础，他相信几何和比例是实现透视的必要条件。他对数学家列奥纳多·斐波那契的作品特别感兴趣，斐波那契发现了数列和几何形状之间的联系。

喜欢实践而不学理论的人，就像没有舵的水手。

列奥纳多·达·芬奇

列奥纳多·斐波那契

意大利数学家列奥纳多·斐波那契普及了阿拉伯数字。

列奥纳多·斐波那契（1170—1250）出生在比萨，研究了阿拉伯数字系统，帮助了他在阿尔及利亚的商人父亲。他和阿拉伯数学家一起研究，在《计算之书》和《算盘全书》中记录了他的发现。他还发现了斐波那契数列，每一项都等于前两项之和：0，1，1，2，3，5，8…每一个值的平方都能提取和创建一个新的螺线上升公式。

精度提升

1502年起，达·芬奇开始为罗马政治家凯撒·博尔贾工作。他完成了一系列的地图测量，使用了航空透视而非传统的斜视视角。他在道路和广场上踱出步子来测量距离，并用新发明的经纬仪（测量师使用的一种光学设备）来测量角度，达到了前所未有的精度。

作为杰出的思想家和艺术家，达·芬奇于1516年被国王弗朗索瓦一世邀请到法国。在他生命的最后几年里，他没有了绘画任务，而是准备撰写许多论文——从解剖学到水利工程——以供发表。然而，由于他的创作成果过于丰富，这被认为是达·芬奇个人难以完成的艰巨任务。

解剖了30具尸体来研究人体解剖学

出于保密，完善自己的镜像脚本

13000页的笔墨笔记和草图保存了下来

***达·芬奇的手稿**上很多都是人体素描。作为一名艺术家，他学习过解剖学，但到了1490年，解剖学已经成为他的一个独特研究领域。*

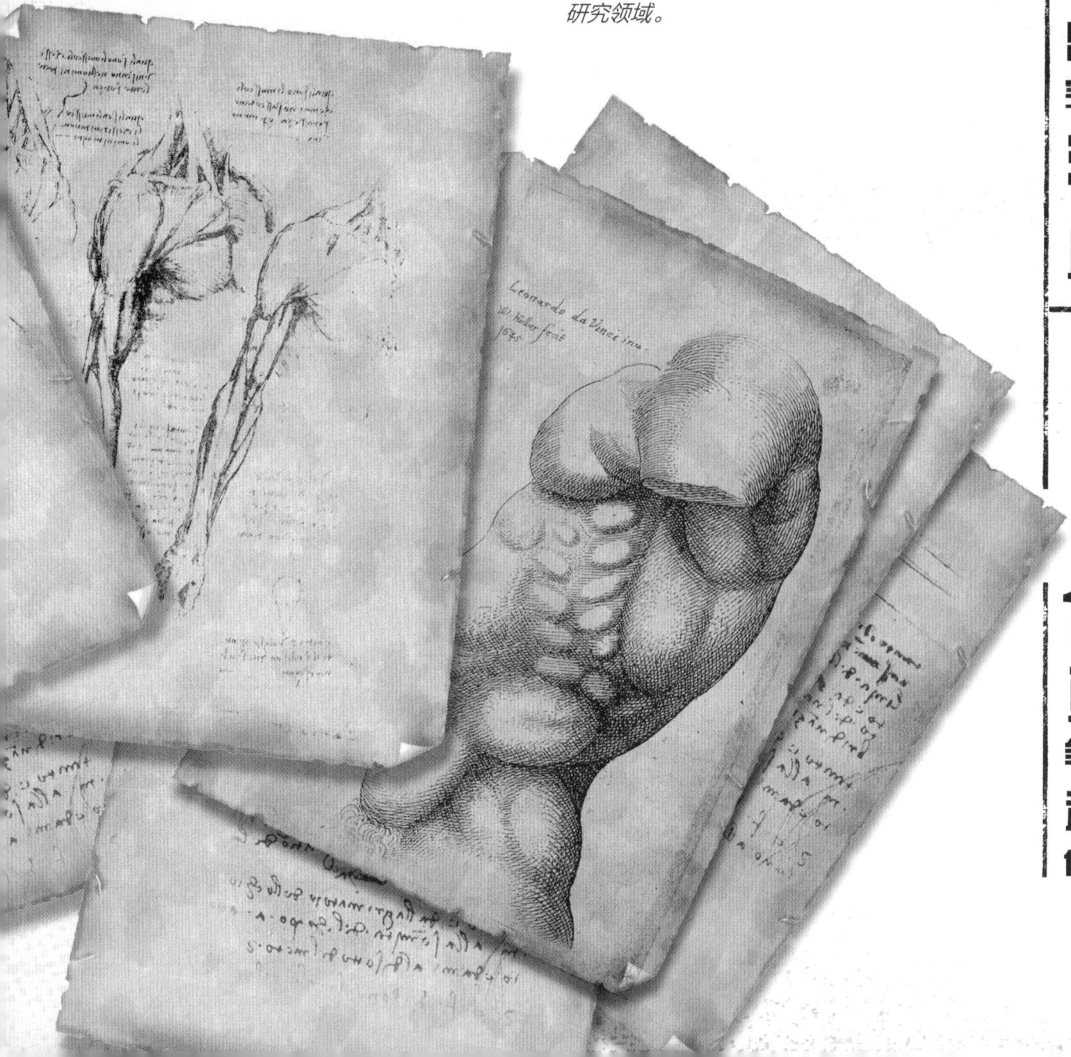

在16世纪，波兰天文学家和数学家尼古拉·哥白尼（Nicolaus Copernicus）提出，太阳而非地球才是宇宙的中心，这挑战了当时盛行的世界观。

大事记

早期研究
1491—1494年，在波兰克拉科夫研究天文学和占星术；培养了对天文学的热情。

行政职务
1494年在弗劳恩堡大教堂担任教官；他在业余时间继续研究天文学。

辉煌声誉
1514年收到教会的邀请，就罗马儒略历（即公历）的改革提出建议。

第一理论
1514年，在朋友间流传着一篇短文，概述了他的日心说。

最终出版
同意在1543年发表有争议的理论；在这本书的印刷和发行期间去世。

尼古拉·哥白尼于1473年生于波兰，在克拉科夫学习天文学和占星术，之后前往意大利博洛尼亚大学学习教会法（与教会有关的法律）。他后来在帕多瓦大学学习医学。1503年，他从费拉拉大学获得教会法法学博士学位后，搬到了波兰西部的弗罗茨瓦夫，将时间投入最大的爱好天文学上。在这些年里，哥白尼构想了一个宇宙学理论，打破了几个世纪以来的传统，并最终重新定义了天文学。

宇宙的构造

在哥白尼工作的时候，关于宇宙是如何构造的只有一个公认的观点——地心说。这一模型将地球静止地置于宇宙的中心，行星、太阳、月亮和恒星都围绕着地球旋转。这个观点由亚里士多德（见14–17页）提出，并由托勒密（见33页）加以改进，几个世纪以来一直主导着宇宙学。

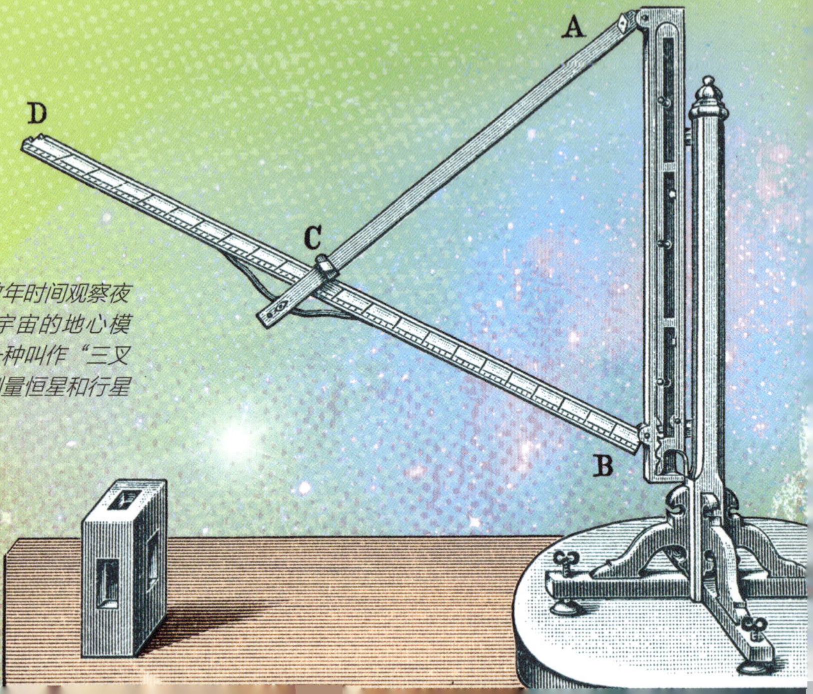

__哥白尼__在花费数年时间观察夜空后，放弃了宇宙的地心模型。他使用了一种叫作“三叉星”的装置来测量恒星和行星的高度。

尼古拉·哥白尼

1473—1543

地心说也在天主教教义中根深蒂固，天主教认为人类是上帝造物的巅峰，地球是万物的中心。然而，地心模型存在严重问题。其中最主要的是，它未能解释以下事实：许多行星似乎会回到它们的轨道上，在天空中运行环路，托勒密称之为“本轮”，或在轨道内运行。哥白尼对此进行了解释，他的回答表明，行星并不会回到它们的轨道上，只是在它们绕太阳运行的过程中，地球超越了它们的轨道才会出现这种情况。

打破惯例

哥白尼以天文学家著称，1514 年，他私下传播了一本手写的小册子，提出了行星运动的另一种理论。他认为太阳是宇宙的中心，地球和所有的行星都按固定的顺序围绕太阳旋转。此外，他认为地球绕地轴自转，可以解释日常观测到的行星、恒星、月球和太阳的运动。最后，他提出恒星在最远的行星之外，这表明宇宙一定比之前认为的要大得多。

这一关于太阳系的启示性观点解决了地心模型的许多问题，但不是所有问题。哥白尼自己在这个问题上也遇到了麻烦，他被迫遵循托勒密的模型，把本轮也考虑进来，以解释某些现象（他错误地认为行星沿着圆形轨道运行，而不是椭圆轨道）。尽管有缺陷，但哥白尼的太阳中心模型（日心说）在准确性上还是大大超过了托勒密模型，逐渐赢得学术界的信任。德国数学家、哥白尼的学生乔治·约阿希姆·雷蒂库斯曾大力支持哥白尼发表他的理论，但哥白尼直到 1543 年临终时才做了决定。他的开创性工作发表在《天体革命》一书中。它与教会的教义相矛盾，但在 1616 年被意大利天文学家伽利略认可时才被视为异端（见 50—55 页）。

后世影响

哥白尼的争议性作品为科学革命和欧洲哲学的重生奠定了基础，提供了一种全新的宇宙观，挑战了几个世纪以来的公认智慧。它标志着一个古老观念的结束——人类站在事物的中心——并在科学和宗教之间引发了持续至今的争论。

乔尔丹诺·布鲁诺

布鲁诺是一名意大利修士和天文学家，他因支持日心说而被处死。

作为道明会的一员，布鲁诺（1548—1600）是一位激进的思想家，拒绝接受教会认可的宇宙地心说。相反，他支持哥白尼的日心说，并进一步提出宇宙是无限的，并可能有无数的世界。他的非正统观点激怒了教会当局，他们以异端罪对他进行审判。他在1600年被烧死在火刑柱上。

太阳是宇宙的中心。

尼古拉·哥白尼，1543年

和托勒密一样，哥白尼
认为行星在一个透明的球体中，按照固定的轨迹运行。

29年后才发表了他的理论

仅有27个被记录的发现幸存

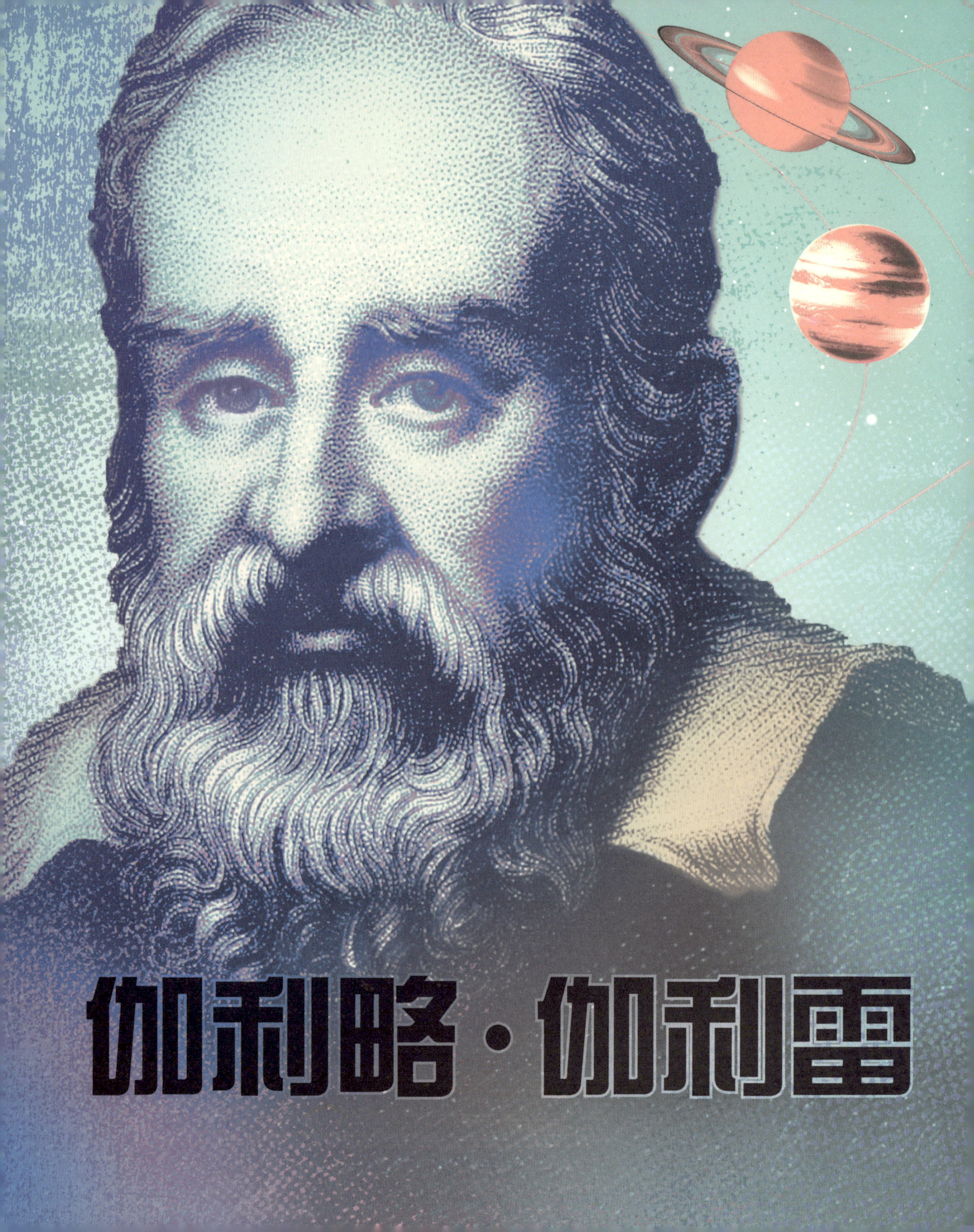
伽利略·伽利雷

伽利略（Galileo）是一位天才的科学家，他的重大发现改变了我们对自己在宇宙中所处位置的看法。他改进了望远镜，证明了太阳是太阳系的中心，并彻底改变了自亚里士多德时代以来一直没有改变过的关于运动“力”的理论。

伽利略·伽利雷出生于意大利比萨，是一位音乐家的儿子，也是六个孩子中的老大。他最初想成为一名僧侣，但他的父亲希望他成为一名医生，所以他去了比萨大学学医。然而，在那里，他大部分时间都在研究数学，他发现数学更有趣。25岁时，他成为比萨大学的数学教授，之后在帕多瓦大学任教。

伽利略在学生时期，看到比萨大教堂的大青铜灯来回摆动，他用脉搏跳动次数计算了摆动的时间，并注意到每次摆动，无论多大或多小，所用的时间是相同的。他意识到钟摆是一个有规律的计时器，并发明了一种简单的测量装置：一个带有一根绳子的小钟摆，可以调整绳子长度，使其摆动的速度与人的脉搏跳动的速度相匹配。

大事记

制造望远镜
1609年设计并制造了望远镜，揭示了月球和行星前所未有的细节。

天文发现
1610年，他发现了木星的卫星，并在《星际使者》中写下了观测结果。

宗教异端
1616年，教会勒令他收回关于“地球不是宇宙中心”的说法。

软禁
1633年再次被宗教裁判所指控为异端，在软禁中度过余生。

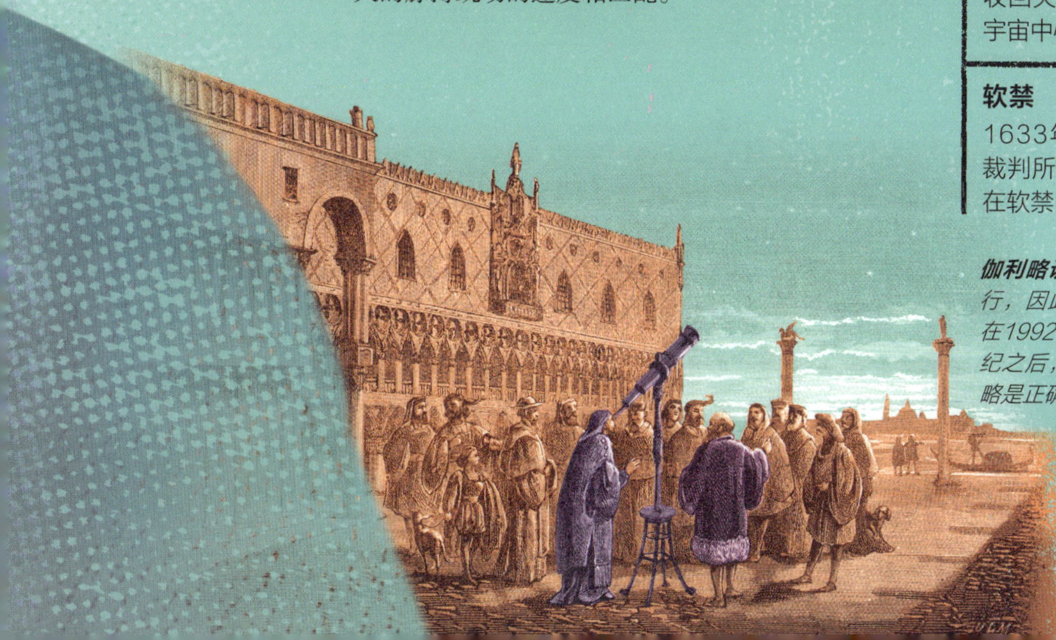

***伽利略认为**行星绕着太阳运行，因此被指控为异端。但在1992年，也就是一个半世纪之后，教皇正式承认伽利略是正确的。*

伽利略开始进行实验，以找出物体为什么运动或停止运动。当时，科学家仍然相信亚里士多德在2000年前说过的话：物体之所以运动，是因为它们受到外力的推动。没有人质疑这一观点，因为这似乎是常识。但是“常识”对伽利略来说是不够的，他认为理论必须通过观察和精确的测量来检验。

时间的流逝向每个人揭示了我之前提到的**真相。**

伽利略·伽利雷，1615年

星际掠夺

1609年，伽利略对一项新发明产生了兴趣：望远镜（见53页）。这极大地改变了他的研究方向。他着手制造改进版，具有更大的放大倍率，并有了一些惊人的发现。他看到月亮上有山脉和陨石坑，金星也像月亮一样，有月牙形变化。最令人吃惊的是，他发现木星有自己的卫星。当时，人们普遍认为地球是宇宙的中心，太阳、月亮、恒星和行星都围绕它运行；木星的卫星显然是绕着木星转的，这一事实动摇了这个概念的核心。伽利略开始相信行星围绕太阳运行——这

***伽利略**是第一个使用望远镜来研究太阳系的人。木星的四大卫星，木卫一（艾奥）、木卫二（欧罗巴）、木卫三（盖尼米得）和木卫四（卡利斯托），被命名为“伽利略卫星”，以纪念他在1610年的发现。*

一理论最初由尼古拉·哥白尼于1543年提出。

然而，这一说法并不受天主教会的欢迎。1616年，伽利略被带到宗教裁判所(教会法庭)，并被要求收回他所说的话。他不情愿地照做了。然而，他继续发表他的想法，1633年，他再次受审。这一次，他被软禁起来，直到去世。在此期间，他重新开始了他的运动研究工作。他意识到，一个运动的物体将保持以相同的速度运动，除非有一个力(如摩擦力)作用于它使它减速或加速——这就是惯性原理。他得出结论，在真空中，所有物体都会以相同的速度下落，无论它们的大小和重量如何。这彻底改变了物理学的基本定律，并为艾萨克·牛顿的三大运动定律奠定了基础，对于人类对宇宙的理解至关重要。

汉斯·利伯希

汉斯·利伯希是一位荷兰的眼镜制造商，他是较早制造望远镜的人，但他未能获得望远镜的专利。

1608年，利伯希（1570—1619）为他的仪器申请了一项专利，他的仪器可以把物体放大三倍。有一个故事，利伯希从两个在船上玩耍的孩子那里得到了“观察器”的灵感，把一个镜头对着另一个镜头。然而，也有人说他窃取另一个眼镜制造商扎卡里亚斯·杨森的想法。此外，在利伯希申请专利的几周后，雅各布·梅修斯也申请了一项类似的专利。由于争议，荷兰政府拒绝了这两项专利申请，但为利伯希的设计支付了高额费用。当伽利略听说望远镜的消息后，他也制造了一台。

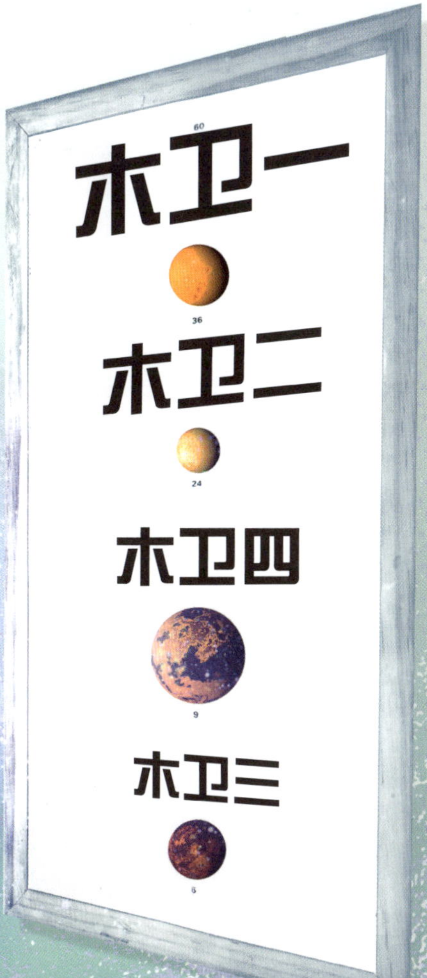

他的望远镜将正常视力放大了20倍

构思第一个钟摆时钟

哲学写在我们面前的那本伟大的书里——我指的是宇宙——但如果我们不先学习它的语言和掌握它所使用的符号，我们就无法理解它。

伽利略·伽利雷
《试金石》，1623年

这幅出自1974年《国家地理》杂志的作品说明了教会首次接受伽利略的观测结果。►

约翰内斯·开普勒

约翰内斯·开普勒（Johannes Kepler）是德国天文学家和数学家，他根据观测到的天文数据提出了三条行星运动定律。通过提供支持日心说的证据，他奠定了现代天文学的基础，也推进了光学的研究。

约翰内斯·开普勒是一位天才数学家，1589年，他获得了德国图宾根大学的奖学金。在那里，他受到德国著名天文学家迈克尔·马斯特林的指导。尽管该大学教授的是地心说天文学（行星围绕地球转），但马斯特林向开普勒介绍了日心说这一有争议的观点，该观点由哥白尼在1543年首次提出（见46—49页）。

天文学和占星术

1594年，开普勒开始在奥地利格拉茨教授数学，但他的业余时间都用于研究行星。在16世纪晚期，广大公众对天文学的兴趣不如基于预测行星运动来预测星座的占星术。像开普勒这样的天文学家，将占星术作为他们收入和影响力的主要来源，因此他们预测的准确性对他们的生计有着重要意义。1600年，开普勒受到丹麦天文学家蒂乔·布拉赫（见58页）的邀请，担任他的助手。布拉赫

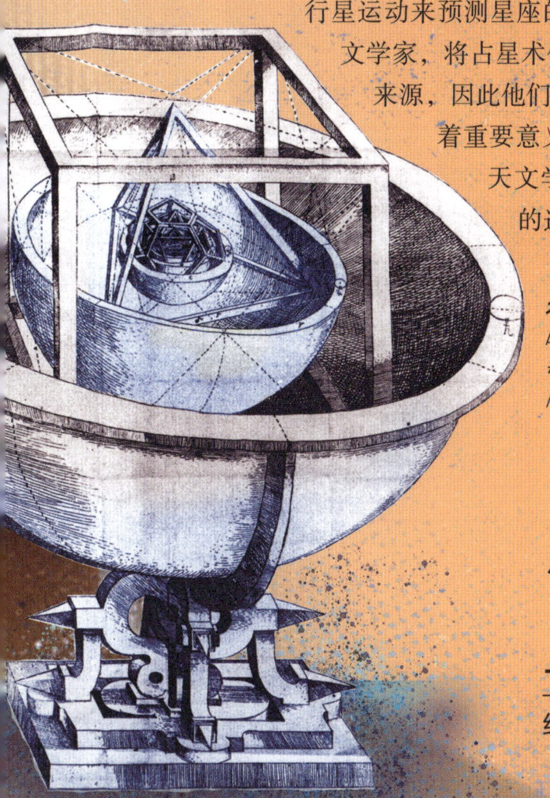

__开普勒__用五个多面体(具有多边形面的三维物体)制作了一个__宇宙模型__。每个都被设置在一个球体内，并以同心圆大小排列。

大事记

支持日心说
1596年冒着得罪教会的风险，为哥白尼宇宙模型进行书面辩护。

影响力任职
1600年成为蒂乔·布拉赫的助手；一年后被任命为鲁道夫二世的皇家数学家。

光学研究
1603年开始光学理论研究;1604年出版了他的里程碑式著作《光学天文学》。

行星定律
在1609年提出了行星运动的前两个定律;在出版他的第三定律之前，已经工作了10年。

几何学是**永恒的**，是上帝思想的反映。

约翰内斯·开普勒，1610年

经过40次失败的尝试，计算出火星的轨道是椭圆的

制定第三定律花费了10年时间

发现土星大约需要29年（29个地球年）的时间才能绕太阳运行一周

蒂乔·布拉赫

丹麦天文学家蒂乔·布拉赫用望远镜准确地将恒星分类。

1577年，布拉赫（1546—1601）观察到了仙后座中的一颗新星，并决定准确地记录天体。他建造了一套测量恒星位置的仪器，并花了20年的时间收集数据。他的观测精度超过了任何其他职业天文学家，他的助手约翰内斯·开普勒计算出了行星运动定律。

对行星进行了最精确的观测，并请数学能力较强的开普勒研究复杂的火星轨道。

行星运动定律

1601年布拉赫去世后，开普勒接替了神圣罗马帝国鲁道夫二世的皇家数学家职位。开普勒利用布拉赫20多年来汇编的广泛观测结果，重新开始了对火星的研究，并由此得出行星运动的三大定律。

由于无法将布拉赫的观测数据与哥白尼的标准——即每颗行星都有一个圆形轨道并以恒定速度运行——相匹配，开普勒调整了他的计算。他开始试验不同的轨道形状，最终得出结论（开普勒行星运动第一定律）：一颗行星的轨道必定是椭圆形的（就像一个拉伸的圆），而椭圆的范围（或离心率）会因行星而异。开普勒行星运动第一定律成功地解释了从地球上看火星的明显逆行（向后）运动。

开普勒第二定律指出，行星的速度不是恒定的，它离太阳越近，运行的速度就越快。这些定律发表在他1609年的著作《新天文学家》中。这部著作是天文学历史上的一座里程碑。

十年后发表的开普勒第三定律用数学方法描述了行星的年（公转周期）与其距离太阳的平均距离之间的关系。他计算了每颗行星的公转周期，通过比较发现，如果一颗行星离太阳的距离是另一颗行星的两倍，那么它的公转周期将是离太阳较近的行星的三倍。

影响和成就

开普勒定律的准确性为宇宙的日心说提供了证据，并确保了它被广泛接受。他在天文学方面的工作为牛顿后来提出的万有引力定律奠定了基础，标志着科学思想的深刻转变。

尽管开普勒以天文工作闻名，但他在光学研究方面也取得了重大进展，并在该领域产生了最早的一批重要著作。他的成就包括解释了深度感知的视觉机制，提出了对抗近视和远视的眼镜设计方案，他也被认为是现代光学领域的先驱。

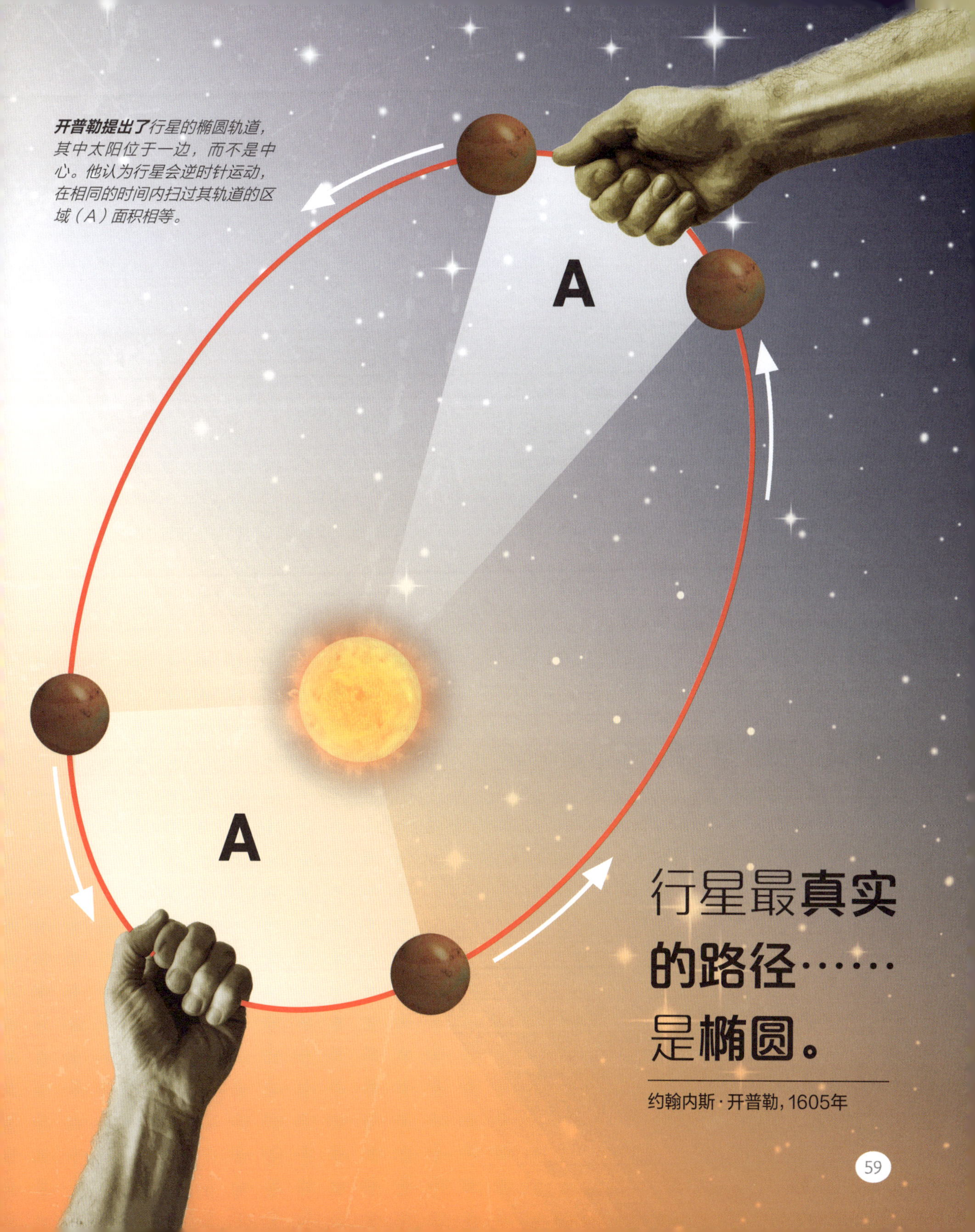

***开普勒提出了**行星的椭圆轨道，其中太阳位于一边，而不是中心。他认为行星会逆时针运动，在相同的时间内扫过其轨道的区域（A）面积相等。*

行星最**真实的路径……是椭圆。**

约翰内斯·开普勒，1605年

威廉·哈维

英国医生、博物学家威廉·哈维（William Harvey）是第一个发现人体血液循环的人，而且正确阐释了心脏在这一过程中的作用。通过对动物循环系统的研究，他的结论取代了持续数世纪的猜测。

威廉·哈维是一位富商的儿子。他在剑桥大学学习医学，之后在意大利的帕多瓦大学继续学习。他在帕多瓦大学的老师法布里克斯是一位著名的解剖学家，对哈维的影响很大。法布里克斯发现静脉血管有瓣膜，尽管他还不理解瓣膜的真正意义。

回到伦敦之后，哈维成为一名外科讲师。他的名气越来越大，被授予皇家医师头衔。但是，他的主要兴趣还在研究上。他不同意当时流行的，来自古希腊医学家盖伦（见24—29页）关于血液循环的观点：血液在肝脏中产生，血管供应心脏血液。

哈维认为实验对医学研究是很重要的，因此他进行了多次解剖，包括死尸和活体动物。尽管从现在的价值观来看，解剖活体动物是很残忍的，但是这些实验使他发现：心脏是一个泵，带动全身的血液循环。他对这一系统运行进行了详细描述，并且准确推测出毛细血管的存在，把血液从动脉输送到静脉，以此完成整个身体的血液循环。

大事记

激进的理论
1616年，在担任伦姆雷讲师时，向皇家医师学院阐述了这一理论：心脏带动人体的血液循环。

皇家医生
1618年成为国王詹姆士一世的王室御医，1632年成为查理一世的御医。

重要著作
1628年，发表《心血运动论》，阐述他关于血液和心脏的观点，并且把这本书献给了国王查理一世。

血液是循环的……

而且一直在循环。

威廉·哈维，1628年

***哈维**在他的著作《心血运动论》中解释了关于血液循环的观点。在这本书中，他阐述了血管中一个瓣膜是怎样确保血液朝着一个方向流动的。*

科学家目录

16世纪，原来经典理论的重新发现和伊斯兰的文明，鼓舞了欧洲的知识革命。具有挑战的思想家、先进的观察和可以检验的理论，使科学倾向在经验的基础上，依据对知识的新的理解而逐渐现代化。

雅各布·贝伦加里奥·达·卡尔皮
1460—1530

意大利医学家雅各布·贝伦加里奥·达·卡尔皮（Jacopo Berengario da Carpi）是第一个用写生画来阐述解剖的人，也是第一个描绘了心脏瓣膜的医师。他是一名外科手术医生的儿子，被人体解剖深深地吸引，宣称解剖过几百具尸体。贝伦加里奥在意大利博洛尼亚大学学习医学，然后在这里教书。他因为高超的技术而享誉意大利，但是婉拒了成为皇家御医的邀请。他去世的时候也相当富有。

巴拉赛尔苏斯
1493—1541

菲利普斯·奥里欧勒斯·德奥弗拉斯特·博姆巴斯茨·冯·霍恩海姆·巴拉塞尔苏自称为巴拉赛尔苏斯（Paracelsus）（意思是高于、超出塞尔苏斯，一位罗马学者），他是一名瑞士的医学家、化学家，建立了化学在医学实践中的作用和地位。受民间医学启发，巴拉赛尔苏斯在旅行中学习到很多知识，提倡通过研究自然和运用实验去了解人体。他认为生病是因为外部的影响，能够通过补充适量的剂量等一些外部的条件来治愈。他认为甲状腺肿是饮用水中的矿物质引起的，并且提出通过化学水银来治疗梅毒的方法（现在已经过时了）。大部分现在的疫苗都来自巴拉赛尔苏斯的思想：使人类生病的东西同样能够治愈人类。

迈克尔·塞尔维特
1509—1553

西班牙神学家、医学家迈克尔·塞尔维特（Mlchael Servetus）偶然发现了肺循环（血液的通气是在肺产生的，而不是盖伦提出的在心脏产生），他认为在血液中可以发现灵魂，成为他神学理论的一部分。天主教徒和新教徒都认为他的宗教观点是异端邪说，因此他于1553年在瑞士日内瓦被烧死在火刑柱上，他的所有著作也一并被烧毁。

安德烈·维萨里
1514—1564

安德烈·维萨里（Andreas Vesalius）医生出生在佛兰德斯，在意大利帕多瓦大学学习医学，在23岁时成为学校的外科教授。那一时期的解剖学家不依据解剖实验，而是遵循像盖伦等希腊、罗马学者的书籍，而这些解剖学知识都是依据动物实验而得出的。维萨里挑战了这一传统，在他的学生面前进行了人体解剖，并且在1543年所著《人体构造》中准确地予以记录。他是神圣罗马教皇查里斯五世和腓力二世的御医。他在希腊一个小岛的海难事故中死去。

加布里瓦·法罗皮奥
1523—1562

加布里瓦·法罗皮奥（Gabriele Falloppio）最初因为经济困难而成为一名神职人员。当他的经济状况好一点之后，他就去学习了医学。1548年，成熟的解剖技术帮助他在意大利获得了比萨一个解剖学教授的职位，并且在3年后接任德烈·维萨里在帕多瓦大学任教授。法罗皮奥因为对人类生殖器官的研究而闻名，并且描述了卵巢和子宫之间的狭窄连接通道（输卵管）。他还对梅毒进行了研究，设计了阻止这种疾病传播的第一个避孕套。

威廉·吉尔伯特
1544—1603

经过数年的艰辛实验，威廉·吉

尔伯特（William Gilbert）得出地球有磁性的结论。这名英国的物理学家研究了船舶的罗盘，制作了一个球状磁石，用它来测试指南针。他得出地球是一个巨大的磁体，北方和南方两个磁极或多或少与它的地理位置相关的结论。吉尔伯特是英国伊丽莎白女王在位最后两年时的御医。女王逝世后不久，他就去世了，可能死于瘟疫。

乔尔丹诺·布鲁诺
1548—1600

乔尔丹诺·布鲁诺（Giordano Bruno）作为异教徒活活被烧死，因为他宣扬宇宙无限，认为有很多个像我们这个世界一样的空间和太阳存在。这位意大利思想家、数学家，一度是僧侣的科学家，提出的观点使得太阳都变得无关紧要，太阳就像宇宙中一颗恒星一样，在无限的宇宙中，被行星和月亮所环绕。他反对传统的地球中心宇宙论，并进一步发展了哥白尼的日心说，提出无限宇宙的更准确的一个画像。

约翰·奈皮尔
1550—1617

约翰·奈皮尔（John Napier）出生在苏格兰爱丁堡附近的一个城市，1563 年在圣安德烈大学学习，一年后离开，来到欧洲学习数学。在返回途中，他撰写了宗教改革的书籍，并且设计了多种武器。但是，奈皮尔最著名的成就是"对数"的发明，一种用一个数字可以代表另一个数字来简化运算的方式。他还创造了"奈皮尔算筹"来进行乘除法的运算。

弗朗西斯·培根
1561—1626

1581 年，英国人弗朗西斯·培根（Francis Bacon）在学习法律后，成为一名国会议员。他在伊丽莎白一世那里不受欢迎，但是詹姆斯一世很欣赏他，他于 1618 年被任命为大法官。两年后，他被控受贿，而被驱逐出宫廷。他并未就此消沉，而是把兴趣转移到科学上，1620 年发表了《新工具》一书。谴责亚里士多德的方法是不科学的，培根概述了它的科学方法：观察；依据观察阐述理论；用实验进行检验。从那以后，这种方法成为科学研究的支柱。

威里布里德·斯涅耳
1580—1626

天文学家和数学家威里布里德·斯涅耳（Willebrord Snell）出生在荷兰莱顿，继承父亲在莱顿大学担任数学教授。他撰写了关于天文、航海、测地学的著作，因 1621 年发现了光的折射定律而出名。当光通过空气进行传播时，是沿直线传播的；但是当光穿过不同密度的物质时，会改变方向，叫作折射。斯涅尔定律阐述了光在遇到物体时是怎样传播和避开的。

皮埃尔·伽桑狄
1592—1655

哲学家、数学家、神父皮埃尔·伽桑狄（Pierre Gassendi）批判他的同事勒内·笛卡儿关于机械世界由粒子物质组成的观点，在基督教信仰的基础上，提出一个更具兼容性的观点。他认为原子具有一些所组成物质的特性，比如形状、大小，这些原子一起组成更大的分子。与笛卡儿不同，他相信真空的存在，大部分物质是由"空隙"组成的。

埃万杰利斯塔·托里拆利
1608—1647

意大利物理学家、数学家埃万杰利斯塔·托里拆利（Evangelista Torricelli）在罗马学习后，成为天文学家伽利略晚年最后 3 个月的助手。在伽利略的建议下，托里拆利用一个装水银的试管，倒置在水银槽中。一些水银仍保留在试管中，他意识到上面的部分是真空，试管中水银的高度是由空气压力所决定的。他发明了第一个气压计。真空测量的单位——托，就是用他的名字来命名的。

玛丽亚·库尼茨
1610—1664

玛丽亚·库尼茨（Maria Cunitz）在西里西亚的施维德尼茨（现波兰的希维德尼察）长大，没有接受过正规的教育，但是她的医生父亲教给她一些知识。她的第二任丈夫埃利亚斯·冯·罗汶也是一名医生，教她数学和医学，并且激发了她对天文学的兴趣。这对夫妻在战争期间离开了西里西亚，在流亡时，库尼茨花费了大量时间来简化约翰尼斯·开普勒的《鲁道夫星表》（1627 年）中的天文表，著有《和蔼可亲的乌拉尼亚》。1656 年，一场大火烧毁了库尼茨的家，她的大部分著作也因此丢失。

3

理性与启蒙运动

1650—1800年

罗伯特·波义耳

罗伯特·波义耳（Robert Boyle）是英裔爱尔兰人，哲学家、神学家和作家，用具有创新意义的实验方法研究了气体的种类。他被认为是第一个现代意义的化学家，他重新定义了作为一门学科的化学，脱离了先前占统治科学研究的亚里士多德式的研究方法。

波义耳出生在爱尔兰一个富裕的贵族家庭，在伊顿公学学习，之后在欧洲进行游学。在意大利，它见证了天文学家伽利略（见 50—55 页）的死所带来的反响，并且深深地被科学发现的思想激励。1644 年，他搬到英格兰。他是一个虔诚的宗教人士，但是他依据实验科学来追求事业。这也是 17 世纪开始转向理性主义的一个缩影。

新的时代

17 世纪早期，科学研究明显地以 2000 多年前亚里士多德（见 14—17 页）的经验为基础原则。然而，一个新的时代正在来临：理论的得出要依据实验。在伦敦，波义耳结识了一群知识分子，和他分享对科学的热情，在那时被称作“自然哲学”。这一团体，又被称作“实验哲学俱乐部”，购买了实验所

为了测试声音能否在真空中传播，波义耳在一个容器中放了一个铃，然后抽出容器内的空气。随着空气的减少，铃声变得越来越微弱。

大事记

新哲学
1644年，定居英格兰，转向实验科学；成为这一领域的主要人物。

空气压力
1659年，和罗伯特·胡克设计了一个空气泵；1660年撰写了关于空气压力的第一篇科学论文。

宇宙物质
1661年出版《怀疑派化学家》，反对亚里士多德关于元素的阐述。

波义耳定律
1662年公布了他的研究结果，确立了关于空气压力的通行定律。

> 尽管我们**没有**发现我们最初想**寻求**的结果，但是我们可能发现了一些**其他的东西**。
>
> 罗伯特·波义耳，1661年

在我们生活的空气中，有一个**弹簧**或者说**弹性动力**。

罗伯特·波义耳，1660年

需要的所有设备，通过进行试验，分享彼此的研究成果。1660 年，包括波义耳在内的一些成员，成立了“英国皇家学会”。这是世界上第一个科学共同体。

实验科学

波义耳用他的房产收入来支持自己的事业，完全投入科学研究中。他和他的助手罗伯特·胡克（见 70—75 页）一起，发明了空气泵和真空室，为他进行空气物理特性的研究提供了可能。他的实验证明，声音不能在真空中传播，但是磁力和光可以传播。他还证明了真空中不能发生燃烧现象。1662 年，在他们最著名的实验中，波义耳和胡克运用水银改变空气的压力，发现当空气的压力增加时，它的体积相应地减少。这是第一条关于气体运动的定律，被称为“波义耳定律”。

波义耳成功地将化学从神秘的炼金术中区分出来，建立了化学这一独立的学科。他反对过去亚里士多德关于空气、火、土和水元素的观点，提出第一个现代意义上元素的定义：元素是一种不能再被分解成更小成分的简单物质。他还提出空气是由微小的、可移动的“微粒”组成的，为现代分子运动论的发展奠定了基础。与伽利略一样，波义耳相信自然世界是由数学来支配的，科学成为实证调查的过程。他一丝不苟地记录了他调查的每一个阶段，因此成为现代实证研究方法的先驱。

波义耳的工作是思想运动的核心，见证了关于自然界研究的新的理论发展。他是一名具有创新意识的思想家，作为实验科学的领头羊，在世界范围获得了较高的声誉。

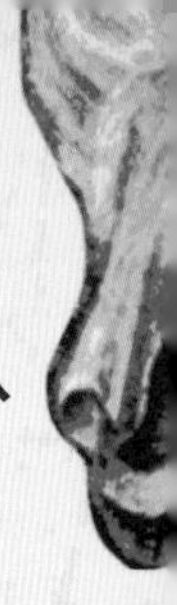

约瑟夫·路易·盖-吕萨克

法国化学家、物理学家约瑟夫·路易·盖-吕萨克是气体运动的早期研究者；他建立了一些关于气体变化的定律。

盖-吕萨克（1778—1850）是一名杰出的学者，关注于气体的研究。1802年，他证明了查尔斯定律，发现了气体升温时的线性膨胀定律。这是继波义耳定律之后，又一个关于气体的定律。他还发现了“查理-盖-吕萨克定律”，陈述了气压随着气体温度的线性膨胀规律，而体积不变。盖-吕萨克的许多调查都与两次坐氢气球上升有关，其中一次单独飞行高度达到了7016米。

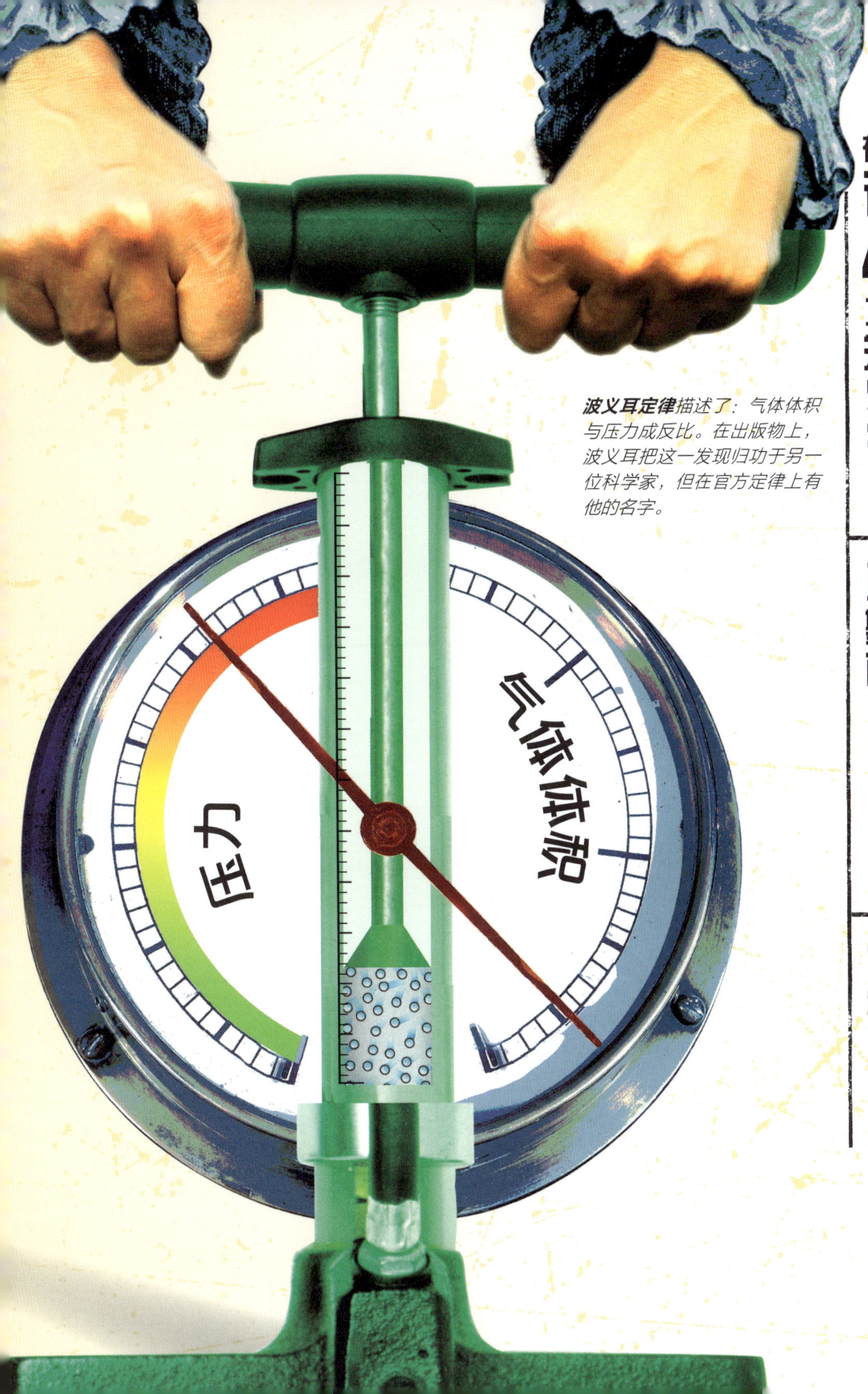

波义耳定律描述了：气体体积与压力成反比。在出版物上，波义耳把这一发现归功于另一位科学家，但在官方定律上有他的名字。

在一本书中记录了43个不同的关于空气泵的实验

相信基本金属可以变成黄金

他的24个科学预测中，实现了21个

17世纪，英国科学革命的前沿，罗伯特·胡克（Robert Hooke）在许多领域都很出色，是一位物理学家、生物学家、发明家和建筑师。他提出了材料弹性定律，发明了一个新型显微镜，帮助进行了伦敦大火之后的城市规划，并出版了第一本通俗的科学书籍。

大事记

上大学

1653年，在牛津大学基督堂学院赢得了唱诗班奖学金。

科学助手

1655年开始，成为罗伯特·波义耳的助手，发现了自己对于科学的热爱，加入精英学术圈。

胡克定律

1660年，发现了弹性定律；在改进钟表制造方面应用了弹簧研究。弹簧研究成果被应用于钟表制造的改进。

畅销书

用改进的显微镜进行科学调查；1665年出版《显微术》一书，受到热烈的欢迎。

建筑作品

在城市设计和艺术方面很杰出，1666年帮助克里斯多佛·雷恩进行了伦敦的重建。

罗伯特·胡克于1635年出生在英国怀特岛。他在小时候身体很孱弱，只能零星地接受正式教育；相应地，他沉浸在多样的兴趣当中，包括绘画、制作模型和音乐。他非常聪明，在机械制造方面表现出了极大的兴趣，他成功地拆卸了一个黄铜钟，用木头制作出复制品。1648年，胡克的父亲去世。胡克用父亲的遗产完成了威斯敏斯特学校的教育。18岁时，他获得在牛津大学读书的机会。胡克接受的教育是不同寻常、博采众长的，正是这段经历促使他成为一位博学家。尽管当时没有胡克的画像留存下来，但是后来的一些艺术家在他死后绘制了一些。

科学的奇妙世界

在牛津大学读书时，胡克因为缺少资金兼职做物理学家、化学家托马斯·威利斯的助手，后来成为自然哲学家罗伯特·波义耳（见66—69页）的助手。这一时期，胡克在科学上的天分开始显现，成为他伟大科学事业的开端。波义耳

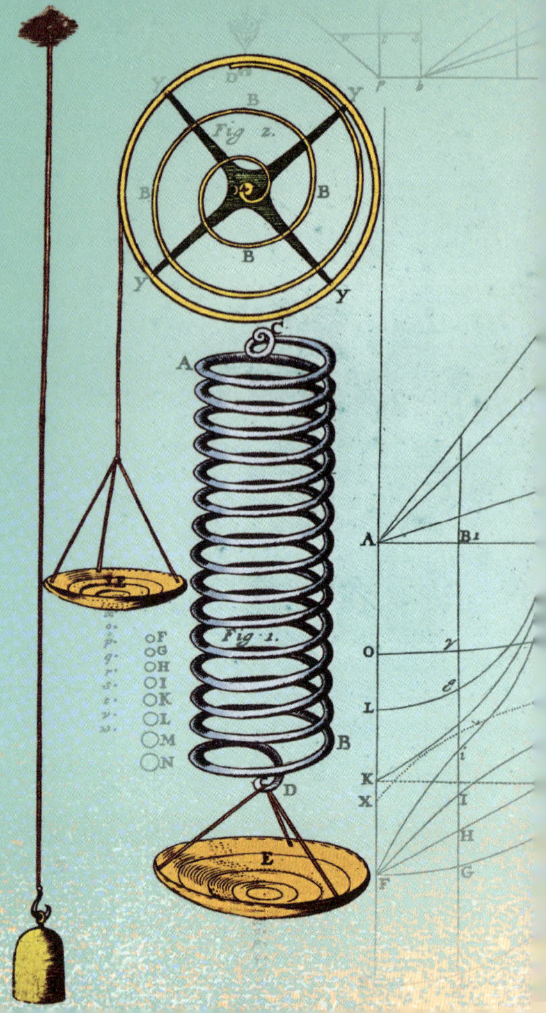

***胡克发现了**弹性定律：弹簧的伸长和压缩量与所受拉伸力成正比。他第一次以字谜形式发表了研究结果，谜底就是拉丁语“应力与伸长量成正比”。*

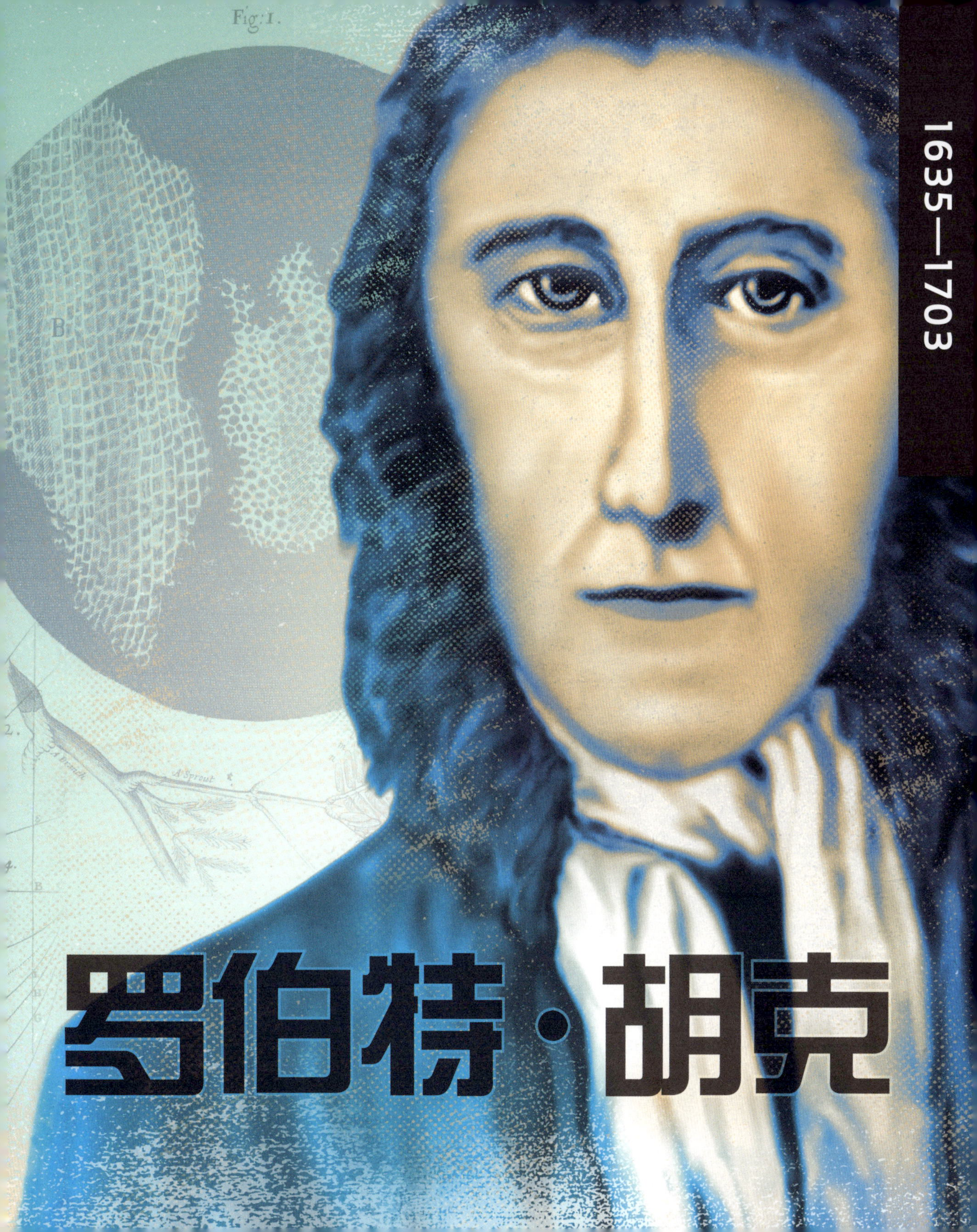
Fig. 1.
1635—1703
罗伯特·胡克

平等地对待胡克，他们像伙伴一样进行真空的研究，在第一个空气泵的设计和建造过程中一起工作。这些研究使得他们发现了关于空气压力的波义耳定律，波义耳也承认胡克的贡献。

和波义耳一起工作期间，胡克还自己进行了许多实验。1657 年，他发明了锚形擒纵器，大大提高了摆钟的性能——这是一种非常重要的器械，保证摆钟的规律性摆动。他还研究了弹簧的弹性，将其应用到钟表的艺术性创造中，发明了能够准确计时的怀表的游丝。1660 年，提出了弹性定律，后来被称作“胡克定律”，表明了弹簧伸长量与所受拉伸力成正比。

我一生中读过最有独创性的一本书。

塞缪尔·皮普斯，1665年

实验管理者

胡克加入了一个由智者组成的，定期召开会议，促进科学发展的组织。1660 年，查尔斯二世恢复王位后，科学再次兴起，这一组织成立了“皇家学会”，成员包括克里斯多弗·雷恩、波义耳。胡克被任命为实验管理者。在这一职位上，他设计和证明了一些实验，或是他自己设计的实验，或是其他学会成员提出的想法，包括对空气性质、重力、气压等的研究。凭借广博的技能和天资，胡克于 1663 年获得了皇家学会研究员的职位。

凭借这一身份，胡克开始广泛地进行多种科学研究，包括生物学、天文学、重力和光学。作为一个发明家和机械制造师，他凭借自身能力改进一些设备，并且设计出一些新装备。最著名的是他用一种新的螺丝灯座设计出了一款复合显微镜，能够使观察者更加聚焦；他还设计出了一种在镜头下照亮样本的方法。胡克发明的显微镜，促成他在 1665 年出版了《显微制图》一书。这是一本利用显微镜进行自然世界观察的空前详细的记录，包括胡克所观察到的、记录的、图解的内容。这本书通过复杂的、大量的图解，展示了像跳蚤这种小生物的结构，这种准确性是之前人眼观察不到的，因此，这本书成为世界上第一本畅销的科学书籍。胡克在书中创造了一个新词“细胞”，为微生物学奠定了基础。

大火和财富

1666 年伦敦大火之后，胡克帮助克里斯多弗·雷恩对首都进行了重新设计。雷恩因为这项工作获得了更多的荣誉，胡克也做了很多工作，因此成为一个富有的人。然而，胡克的晚年因为一些科学争论而被玷污，尤其是他和牛顿（见 76—81 页）的争论，控告

牛顿剽窃他的成果，他开始寻求隐居的生活。

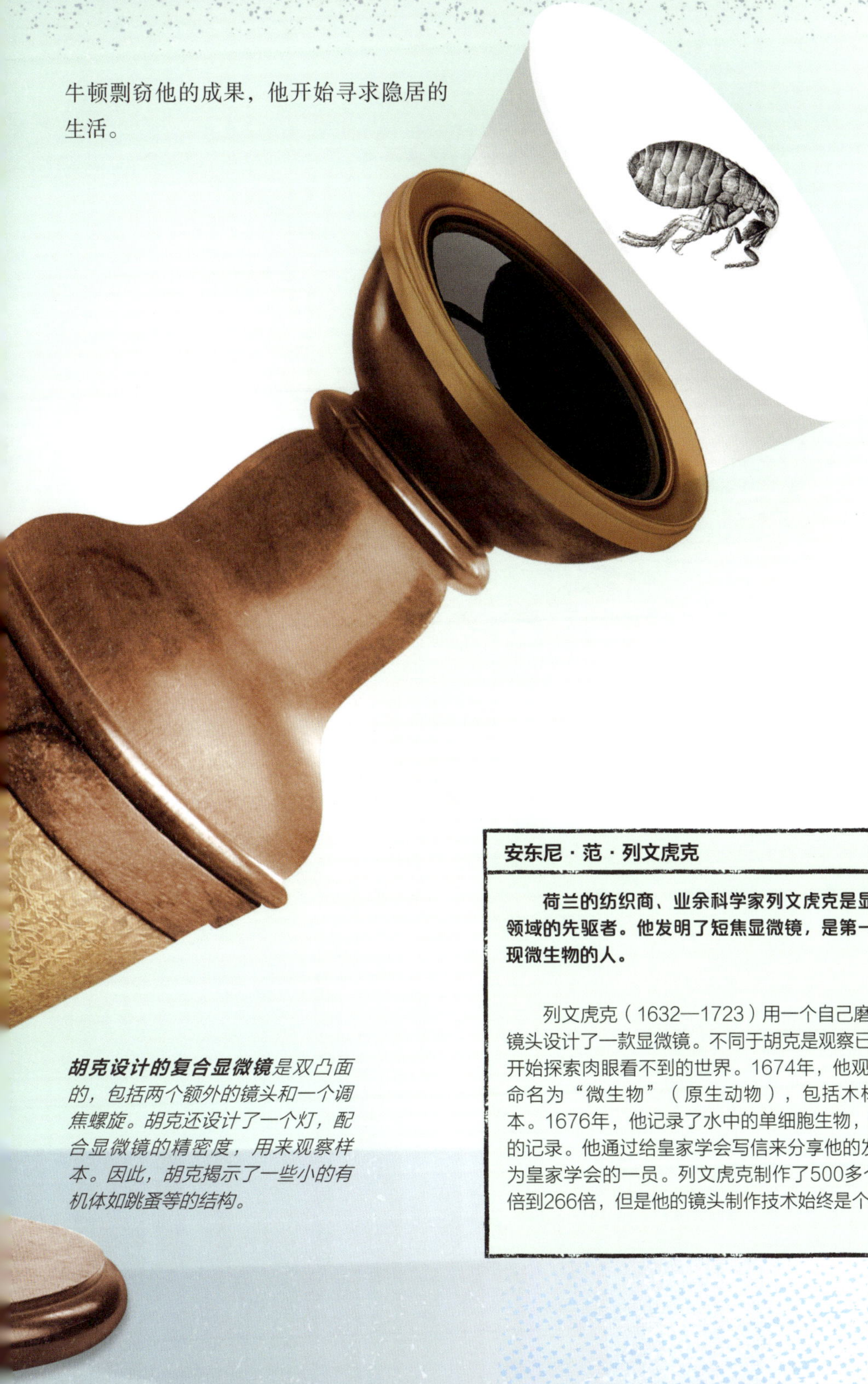

《显微制图》中，跳蚤的图解达到46厘米那么宽

担任实验管理者这一职位超过40年

***胡克设计的复合显微镜**是双凸面的，包括两个额外的镜头和一个调焦螺旋。胡克还设计了一个灯，配合显微镜的精密度，用来观察样本。因此，胡克揭示了一些小的有机体如跳蚤等的结构。*

安东尼·范·列文虎克

荷兰的纺织商、业余科学家列文虎克是显微镜领域的先驱者。他发明了短焦显微镜，是第一个发现微生物的人。

列文虎克（1632—1723）用一个自己磨制的单独的、高质量的镜头设计了一款显微镜。不同于胡克是观察已知的微生物，列文虎克开始探索肉眼看不到的世界。1674年，他观察到了微小的生物，并命名为“微生物”（原生动物），包括木材、种子、血液中的样本。1676年，他记录了水中的单细胞生物，这是第一个观测到细菌的记录。他通过给皇家学会写信来分享他的发现，并且在1680年成为皇家学会的一员。列文虎克制作了500多个显微镜，放大率从70倍到266倍，但是他的镜头制作技术始终是个秘密。

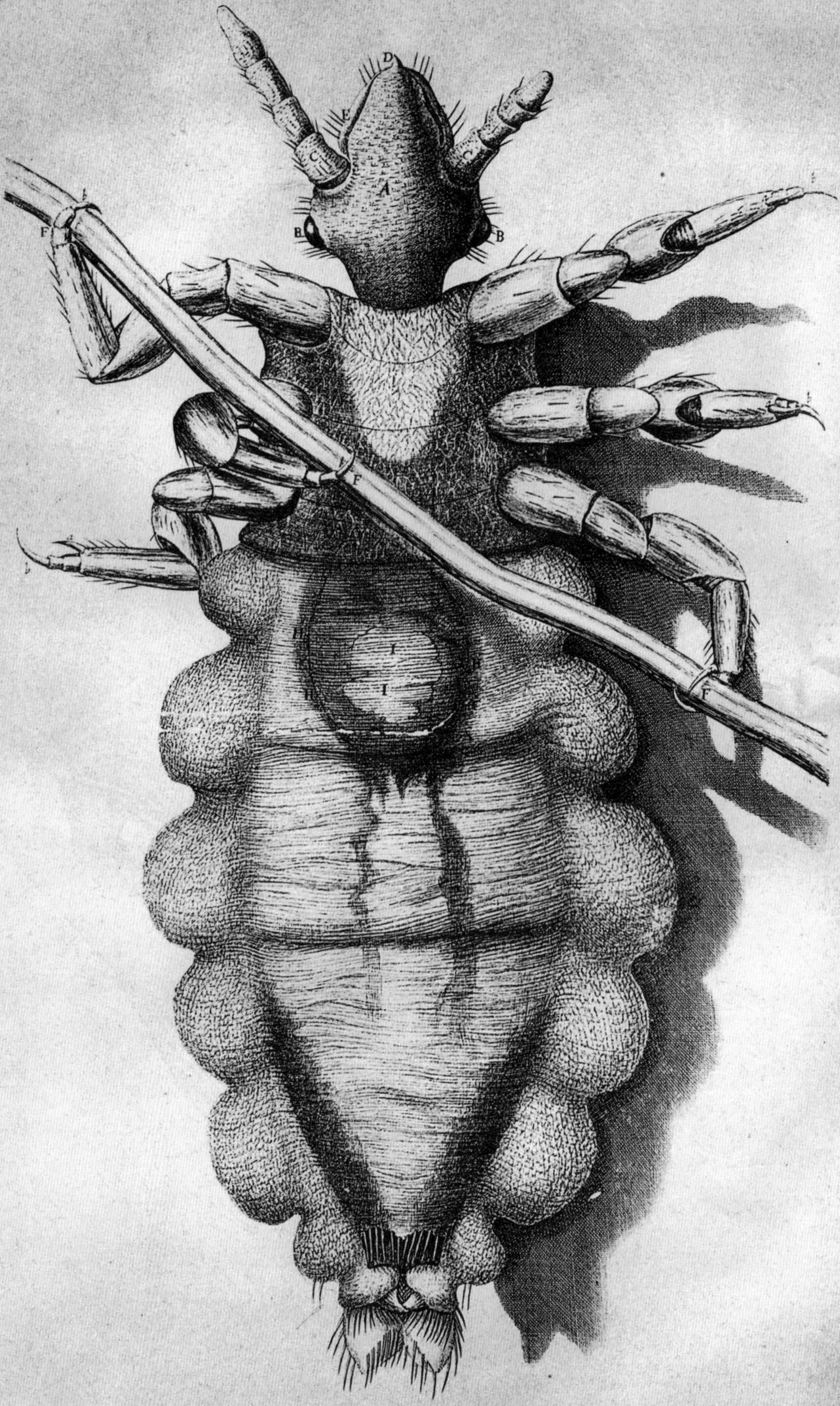
D
E
C
C
A
B
B
F
F
F

借助望远镜，再遥远的事物都近在咫尺……借助显微镜，再微小的生物我们都能进行探究；因此，发现了一个新的看得见的世界，等待我们去发掘。

罗伯特·胡克
《显微制图》，1665年

◂在《显微制图》一书中，罗伯特·胡克通过观察，绘制的人虱

艾萨克·牛顿

英国著名的物理学家、数学家艾萨克·牛顿（Isaac Newton）提出的运动定律和万有引力定律，从根本上改变了人类理解世界的方式。他的开创性的发现，彻底改变了科学思维，他也因此成为著名的科学家。

艾萨克·牛顿于 1642 年圣诞节出生在林肯郡，由他的外祖母抚养长大，从小很孤独，也经常生病。后来，他进入剑桥大学。1665 年，为了预防伦敦大瘟疫学校关闭，牛顿又回到了乡下躲避传染病。据说在那里，他的革命性的关于重力的理论已经开始浮现，成为牛顿作为世界上具有影响力的科学家的开端。

行星运动

牛顿最伟大的理论，是受到他外祖母家果园中一个从树上掉落的苹果的启发。为什么苹果朝下掉，是什么力量控制了它的运动轨迹——这些问题启发了牛顿关于三大运动定律和万有引力定律的思考，这些理论成为之后理解世界运作的科学基础和支柱。17 世纪，关于宇宙的观点认为以太阳为中心，这意味着行星围绕太阳运行——但是没有关于为什么

牛顿用三棱镜研究了光束，将白光分离出不同的颜色。这些实验证明：白光是由不同颜色的光混合而成的。

大事记

关于重力的灵感
1666年，观察到树上落下来的一个苹果，启发他对万有引力定律的思考。

反射式望远镜
1668年，通过镜子创制了反射望远镜，来反光和澄清图像。

主要著作
1687年，出版《自然哲学的数学原理》。这是一本概述三大运动定律和万有引力定律的重要著作。

科学领军人物
1703年，接受皇家学会会长的职务；在任长达24年。

光学
发现了白光的组成；1704年在《光学》一书中，发表了这一结论。

行星沿着轨道运行的科学解释。牛顿解决了这一问题。从他对行星运行轨道的观察，他得出结论：一定存在一种看不见的力，使得苹果（所有有重量的物体）朝着地面落下。他进一步得出，这个影响苹果运动的力一定同样作用于天体，像太阳、月亮和行星。牛顿成为第一位提出是由重力导致行星按轨道运行的科学家。

牛顿运动定律

1687 年，牛顿在他的标志性著作《自然哲学的数学原理》一书中，公布了他的发现，这本书是科学史上非常重要的著作。在书中，牛顿描述了他的三个运动定律，通过数学解释了速度、质量是怎样影响物体运动的。这一定律阐述了静态物体在施加外力的作用下，开始移动；加速度依据施加的力的大小和物体本身的质量而变化；力存在作用力和反作用力，并且大小相等。牛顿运动定律揭示了重力的普遍存在，所有的物体（包括天体）都彼此产生万有引力。这一发现代表了空前伟大意义的科学突破。

其他领域

牛顿还进行了自然光的研究，并且取得了很大的突破，1704 年出版《光学》一书。通过清晰的三棱镜，他观察到白光是由不同颜色的光组成的。1668 年，他设计了反射望远镜，用镜子（后来选择镜头）来反光，可以呈现出一个比之前更加清晰的图像。

除了科学，牛顿还研究了炼金术和重新解释了《圣经》。

尽管性格有点孤僻、不太随和，但牛顿却担任了许多公共职位，比如皇家学会会长、皇家铸币局主席、议会成员

克里斯蒂安 · 惠更斯

克里斯蒂安 · 惠更斯，荷兰科学家、数学家，是17世纪一位十分有影响力的人物，在物理学和天文学方面留下了宝贵的遗产。

克里斯蒂安 · 惠更斯（1629—1695）在学习了法律和数学之后，开始对天文学和光学产生兴趣。他设计了望远镜，提高了目视精度，并且发现了土星的卫星，准确描述了它的光环。他发现：光像波一样传播，揭示了光的力和运动；他的研究和牛顿的基本一致，但是在光和重力方面有分歧。惠更斯还发明了规律运动的摆钟。

等。牛顿被认为是一位空前的科学天才，他的革命性的理论为现代科学思想奠定了基础。

我现在**证明**出了**世界**运行的**框架**。

艾萨克·牛顿，1687年

24岁时，对微积分进行了发展

撰写了千万字的著作

牛顿用万有引力定律解释了*掉落的苹果和行星的运动。它证明了所有物体都受到地球引力的吸引。*

为什么苹果总是直直地落向地面？……一定存在一种物质的引力，这种引力一定在地球的中心。

艾萨克·牛顿

来自威廉·史都克利，《牛顿一生回忆录》，1726年

这幅插图来自英国作家密（Mee）的《科技新时代》▸
1666年，牛顿观察苹果掉落引发的沉思

本杰明·富兰克林

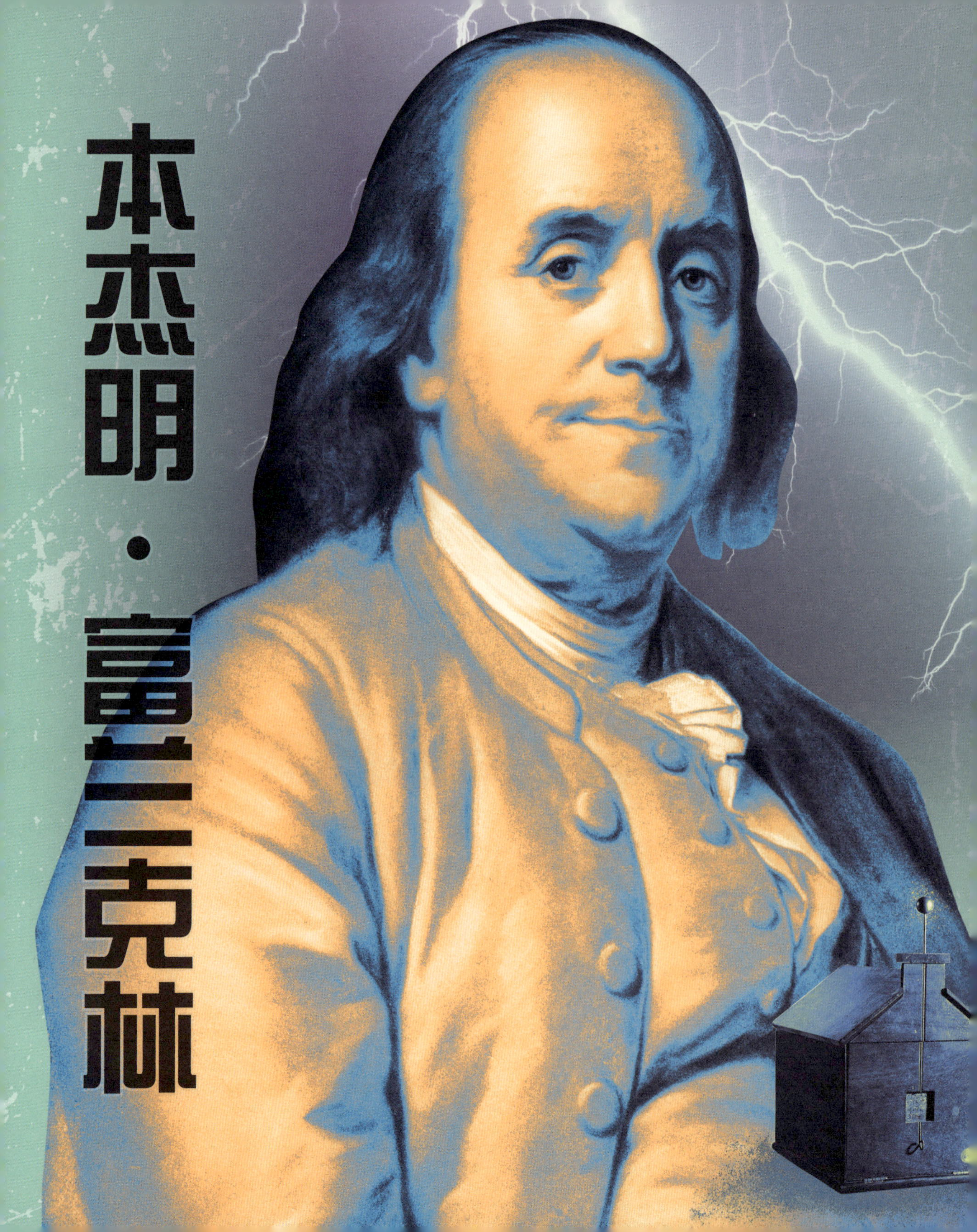

本杰明·富兰克林（Benjamin Franklin）出身卑微，靠着自学成为伟大的发明家、科学家、印刷商和政治家。他的科学实验，极大地推动了人类对“电”的理解，而且产生了一些关键性的发明。他还是美国的开国元勋之一。

本杰明·富兰克林是波士顿一个肥皂和蜡烛制造商的儿子，10 岁时就结束了正规学校教育，但是他天生的进取精神使他在很多事业上都取得了成就，成为一名作家、政治家、发明家和科学家。在他 12 岁时进入职场，在印刷商哥哥那里当学徒。

富兰克林有着与生俱来的学习天分，沉浸在广博的书籍之中，贪婪地阅读，提高写作技巧。他成为一个熟练的印刷工人和讽刺专栏作家，之后搬到费城。1728 年，他在费城成立了自己的印刷所。他在经济上获得了巨大的成功，1748 年之后，从经商事业中退出，开始追求个人理想，包括慈善事业和政治，还有部分科学。他在电学领域做出了杰出贡献，因此享誉全世界。

电学实验

17 世纪时，电还很少被人认识。电被看作杂技表演时的小花招，很多人认为它是超自然的。1746 年，富兰克林在科学家阿奇博尔德·斯宾塞的一个讲座中见证了电的作用，并且立刻被吸引，想要去发现电的科学原理。富兰克林用斯宾塞的设备，独自进行了实验。他认为关于电的盛行的理论

大事记

印刷事业
在费城建立了印刷所，1730年成为宾夕法尼亚的正式印刷商。

成为科学家
1748年之后，积累了足够的财富，开始慢慢退出经商业务，集中精力在科学实验上。

电学研究
1751年，出版了关于电学研究的早期成果，1752年进行了风筝实验。

海洋测绘
1764—1765年，绘制和命名了“墨西哥湾流”。因此，船舶能够避开湾流加速运送乘客。

*利用不同的设备进行**电学实验**，富兰克林发现经由空气的尖头电极导电性比球形的要好。*

不要浪费时间，因为**生命就是由时间组成的。**

本杰明·富兰克林，1746年

查尔斯·迪费

法国化学家查尔斯·弗朗索瓦·德西斯特内·迪费对带电物体的科学研究做出了早期贡献，并为本杰明·富兰克林的工作奠定了基础。

迪费（1698—1739）是一名退伍军人，18世纪30年代因其关于电荷特性的理论而闻名。注意到电荷表现方式的不同，他提出有两种不同类型的电：玻璃的和树脂的。这两种电后来被富兰克林命名为“正电 ”和 “负电”。迪费还观察到同性电荷相斥，而异性电荷相吸，并记录了导体和绝缘体的区别。

（电是两种“流体”，一种是相互吸引的，一种是相互排斥的）是不对的。相反，他认为，只有一种电，要么是正电，要么是负电。他进一步提出，电既不能被创造，也不能被毁灭，只能在电荷总量不变的情况下，从一个物体转移到另一个物体上。这一观点后来被称为“电荷守恒定律”。

自然电

富兰克林还看到了雷、闪电以及在他实验产生的爆炸和火花之间的联系。他的结论是，闪电一定是自然电。他以前曾注意到电会被针尖吸引，于是他提出了一个实验：将一根铁棒安装在一个大的绝缘盒上来吸引闪电。当铁棒被闪电击中时，盒子内产生了火花。这一实验后来被几位科学家重复，但有一人因此死亡。

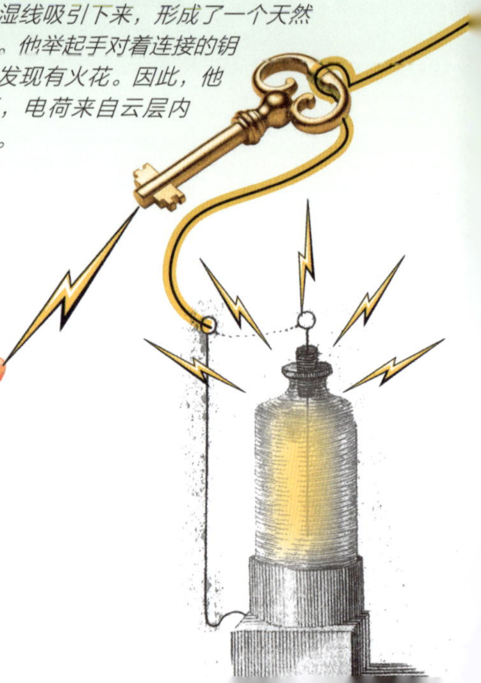

***在富兰克林著名的实验中**，电荷被风筝的湿线吸引下来，形成了一个天然导体。他举起手对着连接的钥匙，发现有火花。因此，他推断，电荷来自云层内的电。*

电……可以帮助虚荣的人保持谦逊。

本杰明·富兰克林，1747年

他的研究促成了电池的发明

拒绝为他的发明申请专利，并免费向全世界公开

在儿子的帮助下，富兰克林还在雷雨中进行了“风筝实验”。风筝系在一根湿线上，下端系着一把钥匙。当风筝进入雷云中时，云中的电荷顺着绳子被吸引下来，使钥匙发出火花，证明云层带电。在证明了闪电和电荷是一样的之后，富兰克林于1752年发表了他的理论和实验结果，得到了全球的赞誉。他的研究也促使他发明了避雷针，当它附着在建筑物上时，可以将闪电安全地传导到地面。

发明和超越

富兰克林还有其他几项发明，包括高效热炉、双焦眼镜和“玻璃琴卡”（一种用玻璃碗奏出音符的乐器）。他还发现了向东穿过北大西洋的洋流，将其命名为“墨西哥湾流”。作为一位深度参与政府政治的高级外交官，富兰克林还帮助起草了《独立宣言》，他成为美国的开国元勋之一。

18世纪中叶，瑞典植物学家、医生卡尔·林奈（Carl Linnaeus）彻底改变了科学家对生物的分类和命名方式，他设计了一个统一的、有层次的分类系统，该系统至今仍在使用。

卡尔·林奈出生在瑞典南部的一个贫困地区，他的父亲是一名副牧师和业余植物学家。尽管他对正规教育和教会事业都不感兴趣，但他从年轻时就已显现出对植物的持久热情和迷恋。完成学业后，他在乌普萨拉大学学习植物学和医学，由于他的植物学知识丰富，两年后开始在大学讲课。1732年，林奈得到了前往拉普兰考察的经费，他打算在那里记录和收集自然资源的信息，并发现新的动植物物种。这次考察的结果激励他写出了一份具有开创性的手稿，这给自然科学带来革命性的变化。

对生命形式进行分类

当时存在的分类系统不一致且过于复杂，使林奈的植物学研究受到限制。对生命形式进行分类的尝试始于亚里士多德，尽管在过去几个世纪中，出现了多种无序的改版，但到18世纪仍没有统一的系统。林奈在瑞典北部考察时，制定了一种对不同物种进行分类的方法，这种方法可以简化和改变这个过程。1735年，他出版了《自然系统》，这是一部具有里程碑意义的著作，为自然界提供了一个新的分类系统。《自然系统》从一本11页的小册子开始，在林奈的一生中历经修改了12个版本，成为一部内容丰富的多卷本。在这本书中，他根据所有生物体的共同物理特征将它们归

大事记

高等教育
1728年在乌普萨拉大学学习医学和植物学；1730年教授植物学。

考察探险
1732年前往拉普兰和瑞典北部，发现了100种新植物。

主要出版物
1735年出版了《自然系统》，确立了他的声誉地位；1737年出版《植物种志》。

新职业
1738年成为医生，1742年成为医学和植物学教授。

命名系统
在1753年确立植物区系的双名《植物种志》，在1758年确立动物区系的双名《自然系统》（第10版）。

***林奈最喜欢的植物**——北方林奈（林奈花），就是以他的名字命名的。它的名称由两部分组成，表明了它的属和种，这是林奈自己设计的分类。*

1707—1778
卡尔·林奈

类，然后将这些分类组织成一个排他性越来越强的等级体系。

在这个等级体系的顶端是最大的群体：三个范围广泛的“王国”，它将自然界分为动物、植物和石头。从这里开始，它向下延伸到不同的分支，直到“物种”，最后一组只包含一种生物。这种形式化的结构——今天被公认为域、界、门、纲、目、属、科和种——使科学家能够比较和识别数百万种不同的生物，对自然界加以科学的说明。

林奈认为所有的生物都是有性繁殖的，并以此为基础对植物进行分类。他也开始了生物学思想的一个新阶段，将人类与其他生命形式分类，并首次将他们定义为动物。

标记生命

在林奈出版的其他几种具有重大影响的植物学著作中（包括《植物属》和《植物种》），他对不同生物的命名方式进行了彻底的改革和重组。这可以说是他对植物学领域最重要的贡献。以前的系统包括复杂的描述性短语和普通名称，林奈将其剥离并简化。他给每一种生物都起了一个由两部分组成的拉丁文名称（或称双名），其中包括属和种，例如人（属）智人（种）。这种通用的命名方法——最初用于植物，后来在《自然系统》第10版中扩展到动物——简洁、描述具体，它确立了拉丁文作为分类学的官方语言。

分类学的传承

林奈对自然界的重组标志着生物科学的一个转折点。虽然他的设计最初反映了他所认为的上帝神圣的创造计划，但今天构成了现代分类学的基础——对生物进行分类、识别和命名的科学。虽然林奈的等级系统随着时间的推移而不断完善，加入了更多的分组和细分，但基本的林奈系统至今仍沿用。因此，林奈被认为是“分类学之父”。

在对世界各种物种进行分类的过程中，林奈记录了6000种植物和4000种动物。

大自然的发展并非**一帆风顺。**

卡尔·林奈，1751年

命名超过10000种生物

将他的著作《自然系统》，从11页扩容到3000页

250年后，他的命名系统仍在使用

加斯帕德·鲍欣

林奈深受瑞士植物学家、解剖学家加斯帕德·鲍欣的影响。

鲍欣（1560—1624）获得了医学、解剖学和植物学学位，成为巴塞尔大学教授。他是一名执业医生，在解剖学和植物学方面都著有具有影响力的文章。1623年出版的《植物图解》是早期植物的重要目录，其中列出了6000种不同的植物。鲍欣根据每一种植物的属和种来命名，这种做法后来被林奈采用。

DOCT: LINNÆI
METHODUS plantarum SEXUALIS in SYSTEMATE NATURÆ descripta

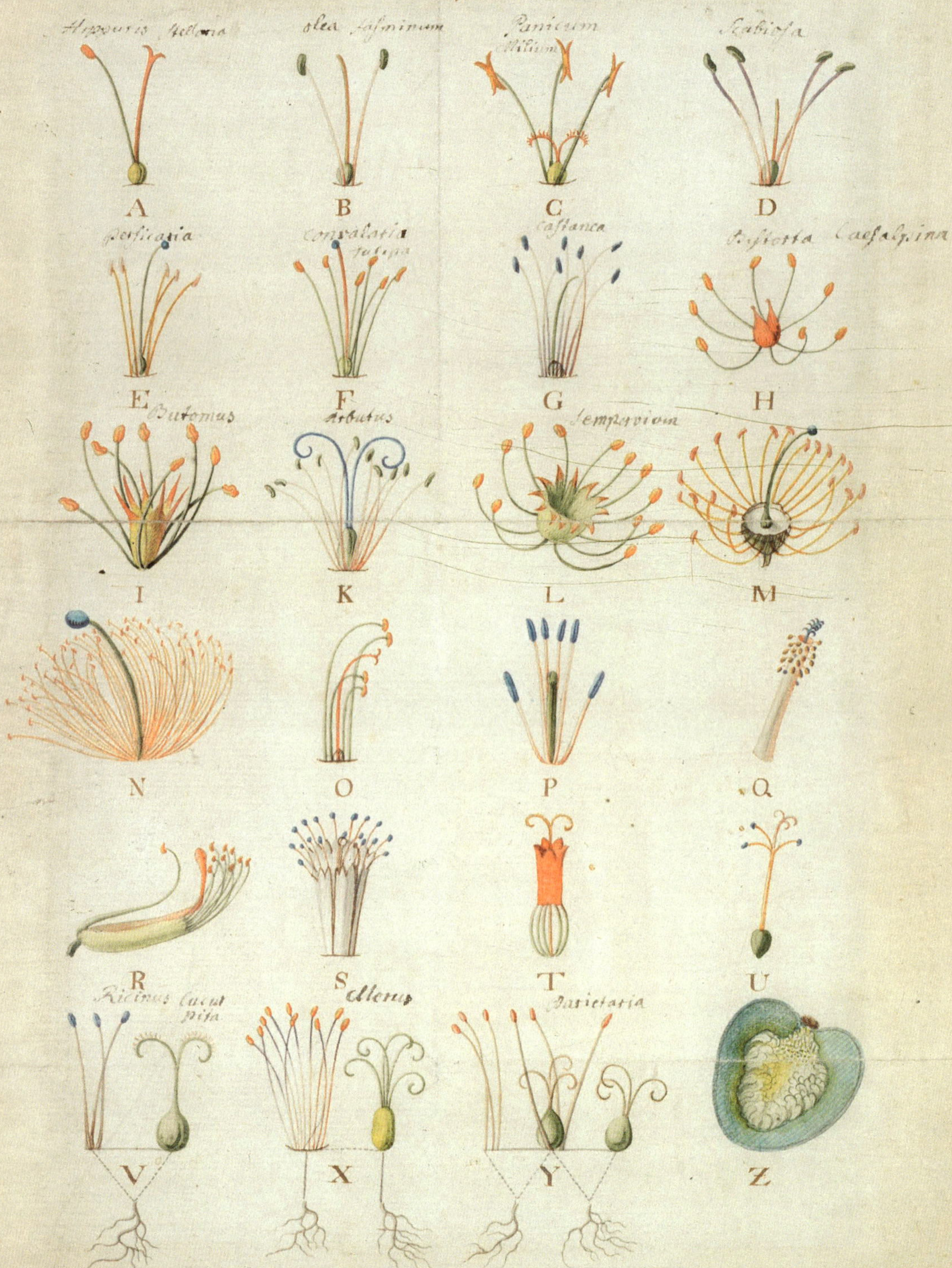

我请求你，以及整个世界，请你们给我看一个通用的字符——一个符合普遍接受的分类原则的字符，以此来区分人和猿。我自己肯定不知道……

卡尔·林奈

在1747年写给格梅林的一封信中写道

◂ 在《自然系统》(1735年)一书中，林奈根据植物花中雄蕊的数量和排列方式对植物进行了分类。

詹姆斯·赫顿

地质学家詹姆斯·赫顿（James Hutton）是第一个科学地思考地球的年龄的人。他在苏格兰的野外工作时发现了证据，证明地球比人们想象中要古老得多。他的工作为现代地质学奠定了基础。

詹姆斯·赫顿于1726年出生于爱丁堡的一个商人家庭。他对数学和化学感兴趣，18岁时成为一名医生助理，随后在爱丁堡、巴黎和荷兰学习医学。赫顿没有成为一名医生，而是建立了一家化工厂，并对家族的农场进行了现代化改造。

赫顿的野外工作经历，加上他的农业和化学知识，为他奠定了地质学的研究基础。“不整合”是他创造的术语，指的是在不同时期形成的不同岩层之间的交界处。在悬崖和露头处可以看到不整合面，因为它们上面的岩层与下面的岩层不同。赫顿还认识到，岩石是在强烈的地下热和压力下，在一种“均变论”的过程中形成的，也就是说，今天它的形成速度和以往一样。这使我们有可能估算出岩层的年龄，进而估算出地球的年龄。他得出结论，地球的年龄远比《圣经》学者提出的6000年要大。

大事记

在这一领域

1764年与乔治·克拉克·麦克斯韦一起游览苏格兰北部，寻找地质特征。

深入挖掘

1767年，在苏格兰的福斯和克莱德运河挖掘中，研究岩层。

统一思想

1785年在爱丁堡皇家学会的一篇论文中发表“均变论”。

地球论

1788年声称大部分陆地曾在海底，岩层随着时间的推移而发生了变形。

***赫顿**用“不整合”一词来指代岩石序列中垂直岩层与水平岩层相接处的空隙，这在他于1787年苏格兰耶德堡绘制的岩石表面草图中可以看到。*

富有的英国贵族亨利·卡文迪许（Henry Cavendish）是一位杰出的理论化学家和物理学家，他通过细致的研究，确立了空气、水，以及氢气和二氧化碳的性质。他还第一次计算出了地球的密度，从而计算出了地球的重量。

大事记

开始实验
1751年从大学毕业后，他和父亲卡文迪许勋爵一起生活，建立了自己的家庭实验室。

论文获奖
1766年，因其关于氢气等气体性质的论文而获得英国皇家学会科普利奖章。

水的本质
1784年向皇家学会宣布水是氢和氧的化合物。

探索空气
1785年，他进行了实验，分析了空气的组成，发现了另一种气体。

“称量”世界
成为第一个测量质量间引力的人；在1798年公布了他的结果。

亨利·卡文迪许在剑桥大学学习自然哲学（科学），然后定居在伦敦，他在科学组织（尤其是1760年加入的英国皇家学会）中发挥了积极的作用。1764年，他开始进行实验，探索了许多科学领域，包括电学、化学和物理学。他在50年的职业生涯中，仅发表了一些研究成果。

分离氢气

18世纪，化学家开始研究产生和分离各种气体的方法，尽管他们认为这些物质是不同类型的空气，而非独特的化学物质。卡文迪许在1766年发表的第一个出版物，是关于“人造空气”（气体）的三篇化学论文的合集。在他的工作中，有一项严格的研究，他将锌、铁和锡溶解在酸性溶液中，发现产生了一种气体，他称之为“可燃空气”，最终命名为氢气。氢是宇宙中含量最丰富的元素，早期的科学家探

1783年，在研究了卡文迪许和其他人的气体化学实验之后，巴黎的雅克·查尔斯研制出了世界上第一个充氢气球，掀起了热气球热潮。

亨利·卡文迪许
1731—1810

测到了它，也燃烧过氢气，但卡文迪许是第一个认识到氢是一种独特物质的人。他还分离出了当时被称为“固定空气”的二氧化碳。他将氢气和二氧化碳的化学和物理特性与普通空气进行了比较。为了测定氢气的密度，他在猪的膀胱中装入氢气，并称出氢气的重量，计算出氢气重量是空气的 1/11（略低于现在公认的数字）。他发现二氧化碳比空气重 1.57 倍，并且可溶于水。

测量水和空气

卡文迪许接着开始探索普通空气的成分。他分析了 60 种不同地方的空气，甚至用气球从大气中收集样本。他用约翰·贝歇的燃素理论来表述他的结果，该理论认为所有的可燃物都含有一种叫作“燃素”的无色无味的物质。当物质燃烧时，燃素被释放，之后剩下的物质，即现在的灰烬或残留物，被认为是“脱燃素的”。

卡文迪许正确地指出了空气中“燃素气体”（氮气）占五分之四，“脱燃素气体”（氧气）占五分之一，但他也发现了少量无法识别的气体。一个世纪后，这被确认为氩气。

1784 年，卡文迪许观察到燃烧可燃气体（氢气）也会产生水，他发表了一篇论文，揭示了水的化学式——2 份燃素气体（氢气）和 1 份脱燃素气体（氧气）。他证明了水并不是千百年来人们所认为的一种化学元素——一种单一的、独特的物质，而是两种气体的化合物。

> 他不仅是一名诗人、神父、预言家，**而且是一名冷静的、思路清晰的智者。**
>
> 乔治·威尔逊，1851年

卡文迪许实验

1797—1798 年，卡文迪许设计了一个巧妙的实验来确定地球的密度——一个科学家和探险家都在寻求的难以捉摸的数值。他用来“称量世界”的仪器是一根悬挂在金属丝上的木棒，两端各有一个小铅球，靠近小铅球的地方固定着两个大得多的铅球。由于所有有质量的物体都相互吸引，大球会吸引较小的球，使悬挂的杆子产生轻微的扭矩（扭转）。卡文迪许通过望

***卡文迪许通过实验**计算出了地球的密度，也证明了牛顿的万有引力定律适用于比行星小得多的物体。*

远镜观察杆子的振荡。由于重力的作用力非常微弱，他意识到设备两边最细微的干扰，甚至温度的变化，都有可能使结果发生偏差，所以他把设备放在一个黑暗、密封的房间里。经过一年的观察，卡文迪许确定了这对球体之间的引力。知道了球体的密度，也知道了地球的引力，他就能得出地球密度的值，结果是水的5倍多。

对空气的性质进行了400多次探查

地球的密度是水的5倍多

用他的6200英镑遗产，在剑桥建立了卡文迪许实验室

詹姆斯·瓦特

英国发明家、工程师、化学家詹姆斯·瓦特关于水的成分的研究，导致了一场旷日持久的“关于水的争论”。

1783年，瓦特（1736—1819）和卡文迪许对水的化学组成得出了几乎相同的结论。但是，对于这一发现，究竟是瓦特、卡文迪许，还是法国化学家安托万·拉瓦锡（见100—103页）的功劳最大，却成为争论的焦点。卡文迪许先做了实验，但在瓦特的论文发表之后才发表。一些历史学家说，瓦特比卡文迪许更明确地将水确定为一种化学化合物。然而，拉瓦锡第一个明确指出水是由氢和氧组成的，而不是“燃素”(瓦特和卡文迪许使用的术语)。瓦特最著名的是他对蒸汽机专利的改进。

威廉·赫歇尔

威廉·赫歇尔（William Herschel）是一位生活在英国的德国籍天文学家，他发现了天王星，这是自望远镜发明以来发现的第一颗新行星。他还是一名技术娴熟的工程师，设计并建造了当时世界上最大的望远镜。

大事记

产生兴趣
1757年移居英国；开始对天文学产生兴趣，并观察夜空。

发现新行星
1781年，发现天王星，并被选为英国皇家学会会士；当时是一名职业天文学家。

观察星云
1786年发表了3篇关于非恒星天体的论文中的第一篇；重新定义对星云的理解。

建造望远镜
1789年，建造了一个巨大的长约12米(40英尺)的望远镜，有口径约122厘米（47英寸）的镜子。

红外线
1800年，发现太阳会发出看不见的“热能射线”，即现在说的红外线。

威廉·赫歇尔对天文学的兴趣是在他学会如何制作望远镜来研究夜空之后开始的。他决心要看更远的行星，于是建造了一台很大的望远镜，通过它可以研究遥远的天体。赫歇尔对夜空进行了详细观测，将夜空划分为几个部分，并系统地记录了他的观测结果。1781 年，他注意到一个小圆盘，经确认为太阳系的第七颗行星。这第七颗行星被命名为天王星。1846 年人们观测到海王星。

更多发现

19 世纪的天文学发展得益于赫歇尔的巨大贡献。赫歇尔根据观察认为星云（由气体和尘埃组成的云）是由恒星组成的，而不是由流体组成的。他继续对 2500 个星云和星团，以及 848 颗双星进行了分类。他发现了天王星的两颗卫星和土星的两颗新卫星，并且是在研究太阳之后第一个发现红外线的人。赫歇尔是一名杰出的望远镜制造者，加上他对夜空细致的观察，使他成为非常伟大的视觉天文学家。

我比以前任何一个人都更深入地观察太空。

威廉·赫歇尔，1781年

赫歇尔用他1789年建造的望远镜激发了公众的想象力，但观测效果很差，他认为这是失败的。

安托万－洛朗·德·拉瓦锡

安托万-洛朗·德·拉瓦锡（Antoine-Laurent de Lavoisier）细致的实验引发了一场科学革命，他的发现对化学产生了至关重要的影响。他在燃烧和呼吸方面的研究使他确定了质量守恒定律，并发现空气是多种气体的混合物，其中包括一种他称为氧气的气体。

安托万-洛朗·德·拉瓦锡出生于巴黎，5岁时母亲去世，继承了一大笔财产。他取得了律师资格，但对科学更感兴趣，只要有能力，他就会追求科学。1768年，他购买了代表法国政府收税的法国铁路总公司的股份，并于1771年与该公司共有人的女儿玛丽-安妮结婚。他的妻子成为他科学工作中的伙伴，将化学论文翻译成法语，并协助他进行实验。

探索燃烧

1775年，拉瓦锡成为皇家火药管理局专员，他可以在实验室进行燃烧实验。当时，一种叫作燃素论的观点认为，像木头这样的可燃物含有“燃素”（一种燃烧时释放出来的看不见的物质），这就解释了为什么物质在燃烧时明显失去质量。然而，拉瓦锡发现，当他燃烧硫和磷时，质量增加了，这不能用燃素论来解释。

在1774年，拉瓦锡就从英国自然哲学家约瑟夫·普里斯特利那里了解到他是如何加热汞灰（氧化汞）并收集他所谓的“纯净”“脱燃素”空气的，这种空气比普通空气燃烧得更旺

大事记

元素形态
1772年，通过燃烧钻石产生碳气体，证明了元素可以有不同的形态。

探索空气
1774年听说约瑟夫·普里斯特利关于“脱燃素空气”的说法，并重复了他的发现。

分析水的组成
1783年，他揭示了水是两种气体的化合物，并创造了“氢”这个词。

化学教科书
1789年出版的《化学基础论》中包含了第一张元素表。

***在一次实验中**，拉瓦锡用一个巨大的放大镜将太阳光聚焦在一个密封玻璃瓶中的钻石上。钻石烧掉了，但罐子的质量保持不变，这证明了他的质量守恒理论。*

我们只能相信事实：事实是自然呈现在我们面前的，不会欺骗我们。

安托万-洛朗·德·拉瓦锡，1790年

盛。回到实验室，拉瓦锡重复了普里斯特利的实验。他加热汞灰，测量当汞灰分解成汞时，有多少“纯净空气”(他后来命名的“氧气”)被释放出来。他还加热了汞，并测量了当它再次变成汞灰时吸收了多少氧气。吸收和释放的氧气量是一致的。

拉瓦锡在密封容器中加热其他物质时发现，一种金属在加热时获得的质量完全等于从空气中损失的氧气质量。作为这些实验的结果，拉瓦锡的质量守恒定律逐渐成形，即物质的形态可以改变，但不能产生或毁火。

空气、水、元素

拉瓦锡观察到，在一个密封的罐子里燃烧的蜡烛，一段时间后会熄灭，从各种燃烧实验中，他得知是氧气让蜡烛燃烧起来了。然而，他也意识到瓶中还残留着一些气体，并推断出空气中一定含有几种气体。他把另一种气体称为“氮”，意思是“没有生命”(后来被称为“氮气”)。拉瓦锡还对呼吸作用进行了研究，他认为呼吸作用与燃烧的蜡烛一样，将氧气以热和氮气（二氧化碳）的形式转化为能量。拉瓦锡将一只豚鼠放在一个被冰包围的容器中，并测量当1千克冰融化时，这只豚鼠所产生的热量和二氧化碳。然后，他将结果与燃烧碳所产生的热量进行比较，直到释放出与豚鼠产生的二氧化碳量相同的量。拉瓦锡用这种方法证明呼吸也是燃烧的一种形式。

拉瓦锡还重复了英国科学家亨利·卡文迪许的实验（见94—97页）。

***通过比较化学反应前后物质的重量**，拉瓦锡确定了质量守恒定律：物质只能改变形态，不能产生或毁灭。*

卡文迪许把酸性液体倒在金属上，产生了一种他称为“可燃空气”的气体。当卡文迪许给气体加热时，水就形成了。拉瓦锡在实验中发现热量起到了催化剂的作用，使“易燃空气”(他将其命名为“氢气”)更快地与空气中的氧气发生反应，生成水。拉瓦锡第一个明确指出水是由氢气和氧气组成的，而不是“燃素”。

约瑟夫·普里斯特利

英国牧师约瑟夫·普里斯特利发现了10种气体，包括“脱燃素空气”，拉瓦锡将其命名为“氧气”。

普里斯特利（1733—1804）住在一家酿酒厂附近，他看到一种他称为“重空气”(二氧化碳)的东西从谷物中冒出来，并注意到它可以溶于水。后来，他在一个装有二氧化碳的容器中加入了薄荷，发现薄荷能使空气“焕然一新”，足以支撑点燃的蜡烛，他发现植物会释放出氧气。1774年，普里斯特利向拉瓦锡讲述了他用汞和“脱燃素空气”（氧气）做的实验。虽然他的工作给拉瓦锡带来了启发，但普里斯特利拒绝接受拉瓦锡的理论，继续认为物质中含有“燃素”。

加热氧化汞
12天，
以确定空气中
是否含有
氧气

他的元素表包括
氧和氢，
也包括
光和热

亚历山德罗·伏特

意大利贵族亚历山德罗·伏特（Alessandro Volta）是一位一丝不苟的研究者，他的实验表明，电可以通过化学方式产生，也可以通过摩擦产生。在他众多的科学贡献中，最重要的是发明了伏打电池，这是世界上第一个电池，为未来的电力时代奠定了基础。

亚历山德罗·伏特出生于意大利科莫，是七个兄弟姐妹中唯一一个没有成为牧师的人。他遇到了科学家兼医生朱利亚诺·加托尼。他在23岁时，写了第一篇关于电的论文，29岁成为科莫皇家学院的物理学教授。

伏特很快就在科学上取得了突破。1775年，他改进了起电盘，这是一种树脂盘，可以用猫毛摩擦来产生静电——这是当时已知的唯一一种电。路易吉·伽伐尼在1786年发现，解剖的青蛙的腿可以通过电流使其抽搐。这促使伏特行动起来。伏特否定了“动物电”的观点，他提出了一种理论，即不同金属之间的接触会产生化学反应，从而产生电。然后，他把不同的金属组合放在舌头上进行测试，产生轻微的电击。这导致了他在1799年的发现：将锌、铜和盐水浸泡过的纸盘依次叠加会产生电流，随着更多的纸盘被加入，电流会增加。他的“伏打电堆”是第一块电池，也是1829年发现电磁发电之前的主要发电手段。

大事记

天然气的发现
1776年收集沼泽地空气时获取甲烷。在玻璃罐内点燃气体，产生火花。

学术文章
1779年，成为帕维亚大学实验物理学教授，在那里待了40年。

电的产生
1791年，用铜、锌和盐水浸泡过的纸盘组成的电路产生电流。

第一个电池
在1799年创造了“伏打电堆”，这是第一个产生和储存电力的装置。

***伏特的演示使公众大开眼界**。1801年，法国皇帝拿破仑邀请他到巴黎推广科学实验。*

在18世纪的欧洲，天花病毒每年导致约40万人死亡，在研究天花时，英国医生爱德华·詹纳（Edward Jenner）发明了疫苗接种技术，从此挽救了数十亿人的生命。他研制的天花疫苗是世界上第一个成功的疫苗，最终彻底根除了天花。

大事记

当选会员
1789年当选为英国皇家学会会员，部分原因是他发现了杜鹃鸟如何从巢中取出蛋。

制造疫苗
管理并记录了1796年首次成功的天花疫苗接种。

提交论文
1797年向皇家学会提交了他的初步发现。科学院要求进一步的证据。

完成研究
1798年发表了实验的完整报告。他的论文受到人们的关注，也有人质疑。

改变政策
英国政府最终接受了他的证据，并在1853年将接种疫苗作为官方政策。

爱德华·詹纳出生在格洛斯特郡，是家里九个孩子中的第八个。5岁时，父亲去世，他由一个哥哥抚养长大。小时候，他接种了天花痘，因而得过轻微的天花病，这次经历也决定了他未来的职业选择。这种接种方式包括将轻度天花患者的脓液或痂皮注入健康人的抓伤处或鼻孔中，以提高他们的免疫力。虽然这是一种在欧洲贵族中很流行的治疗方法，但它有很高的继续传播甚至死亡的风险。

医疗训练

詹纳14岁时师从当地一位外科医生，8年后移居伦敦，成为约翰·亨特的私人学生。亨特是一位杰出的外科医生、解剖学家和生物学家，以科学方法和开创性实验闻名。亨特一生都是他的良师益友，他向年轻的詹纳灌输了启蒙格言："不要想，要试。"

人类伟大的恩人之一。

拿破仑·波拿巴

***詹纳通过仔细的医学试验**，证明了牛痘和天花之间的联系。他在1798年的报告中详细描述了他治疗的23名患者情况，其中包括几名儿童。*

1749—1823

爱德华·詹纳

未来的人们将会知道……**天花**曾经存在，并且**被你消灭了。**

托马斯·杰弗逊，1806年

在伦敦学习三年后，詹纳于1773年取得了医生资格，并回到出生地开了一家诊所。由于在农业地区长大，他知道感染牛痘（一种相对温和的疾病）在某种程度上可以预防天花。例如，挤奶女工如果之前因为接触奶牛而感染过牛痘，就很少感染天花。

1796年，当挤奶女工萨拉·奈尔梅斯带着牛痘去詹纳的手术室时，詹纳决定对他的理论进行检验。5月14日，他

*通过**让患者接种牛痘来对抗天花**，詹纳发现了疫苗接种的原理。当人体被牛痘等病毒入侵时，会产生抗体，保护人体免受再次感染。*

将奈尔梅斯的水泡液移植到他的园丁8岁的儿子詹姆斯·菲普斯的双臂上。在接下来的九天里，菲普斯稍有不适，但到了第十天，他又恢复了健康。为了验证他的实验是否成功，7月1日，詹纳故意让菲普斯感染了天花。令詹纳欣慰的是，这个男孩不仅活了下来，而且在他漫长的一生中进行的进一步试验证明，他对天花产生了免疫力。

本杰明·杰斯提

虽然他的贡献是在詹纳取得更多科学成就之后才变得清晰起来，但杰斯提最终被公认为是最早成功接种天花疫苗的人。

杰斯提（1736—1816）是英国多塞特郡的一名农民，他因为饲养牲畜而感染了牛痘。1774年天花暴发时，他史无前例地使用织补针将牛痘脓液传播到妻子和两个儿子的手臂上。他的两个儿子只有轻微的局部反应，而妻子却得了重病。最终，三个人都完全康复了。起初，杰斯提的行为受到了嘲笑，但后来的事实证明他的两个儿子对这种疾病具有免疫力。几十年后，他的开创性做法得以公之于众，1805年，他被伦敦原创痘疫苗研究所授予荣誉。

批评接受

詹纳在1798年公布了他的全部研究结果，其中包括对23名患者（其中有他自己的儿子）进行疫苗接种。起初，他的报告遭到了没有受过教育的公众的反对甚至嘲笑。尽管医学界对他的实验方法的伦理性持怀疑态度，但詹纳科学的方法受到了称赞。随着时间的推移，他的手术被接受和改进，并在美国、欧洲其他地区和世界各地使用。天花死亡率大幅下降，詹纳的工作得到了国际认可。1853年，在他去世30年后，詹纳的发现最终说服了英国政府，政府用强制接种疫苗代替了接种疫苗。天花疫苗自此挽救了数十亿人的生命，并在20世纪70年代引发了一项全球倡议，这是第一个也是唯一一个根除一种传染病的方案。

天花病例在18世纪的死亡率高达80%

在他11岁的儿子身上进行了早期疫苗接种试验

在他去世30年后，英国强制接种天花疫苗

约翰·道尔顿

英国教师、气象学家约翰·道尔顿（John Dalton）提出了原子理论的概念，这是物理学和化学的基石。他关于元素和原子的性质以及它们结合方式的发现，对于将化学确立为一门现代科学至关重要。

大事记

洞察天气
从1787年开始养成每天记录天气的习惯，包括气压和风速。

气体性质
观察到气体受到压力和热的影响；1801年，他提出了分压定律。

原子差异
1803年成为第一个计算和制作相对原子质量图表的人。

广受赞誉
1826年获英国皇家学会奖章。当选为法国和美国科学院院士。

约翰·道尔顿出生在英格兰坎布里亚郡的一个贵格会家庭，12 岁就开始当老师。他的第一篇科学论文描述了红绿色盲症（有时仍被称为道尔顿症）。道尔顿和他的兄弟都患有这种病，他认为这种病是遗传性的。

道尔顿从小就记录降雨、风速和气压。他于 1793 年出版的气象学教科书是第一本正确描述水文循环（水从海洋蒸发，以雨的形式降落）的教科书。道尔顿还指出，水蒸气并不像许多人认为的那样与空气发生化学结合，水的蒸发速度取决于热量和风速。

大气气体研究

道尔顿对天气的兴趣使他开始研究大气气体的性质。1801 年，他在曼彻斯特举办了一系列讲座，介绍他的突破性发现。其中包括观察到容

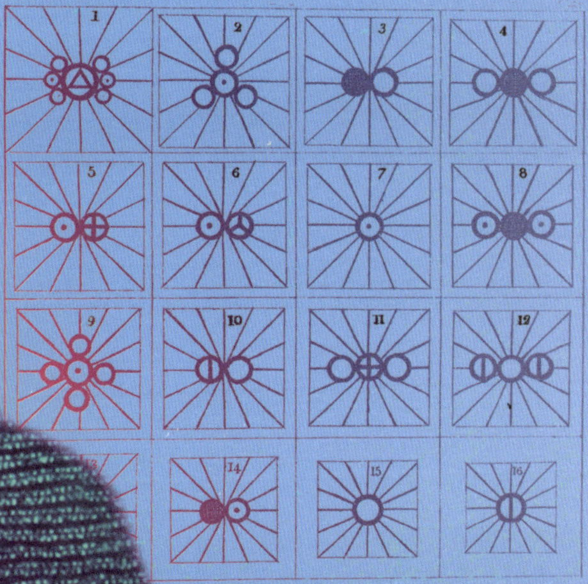

道尔顿对大气气体的研究使他认识到，不同元素的原子大小和质量是不同的。他制作了图表来显示它们的结构和直径。

约恩斯·雅各布·贝尔塞柳斯

瑞典教授约恩斯·雅各布·贝尔塞柳斯开发了原子符号的现代字母系统。

1807年，贝尔塞柳斯（1779—1848）成为瑞典卡罗林斯卡学院的化学教授。他研究催化剂，分离出了钍、铈和硒。作为道尔顿原子理论的支持者，他试图更精确地计算出元素的原子量。道尔顿曾将元素与氢进行比较，贝尔塞柳斯则以氧为标准。在他1814年发布的新系统中，他用元素的拉丁文名称的第一个字母来表示元素（例如C代表carbo，carbo为拉丁文中的碳）。他后来又加上了化合物中的原子数作为下标（如H_2O）。

列出了20个元素的相对权重

在他的气象日志中进行了超过20万次的观测

器中一定体积气体的压力取决于其温度，以及只要有足够的压力和低温，所有的气体都会变成液体。

所有的气体都对容器壁施加压力。道尔顿观察到，即使一个容器里有好几种气体，每种气体所施加的压力也与它单独存在于容器中施加的压力相同。混合气体的总压强等于这些分压的和。这就是著名的道尔顿分压定律，至今仍是现代化学的基本原理。

原子理论

原子（微小的不可分割的粒子）的概念可以追溯到古希腊，但人们认为原子在每种元素中都是相同的。然而，道尔顿从他的实验中注意到，氧气吸收的水蒸气比氮气少。他写道："我几乎相信，这种情况取决于几种气体的最终粒子的重量和数量。"换句话说，他想知道氧和氮是否有不同重量的原子。

道尔顿推断，如果氧和氮的情况是这样，那么每一种元素也一定是这样。他进行了一系列实验，将已知元素与氢（元素中最轻的一种）进行比较，并给每个元素分配了一个数字，代表它们的相对原子质量。接着，他创建了第一张原子表，包含当时所有的已知元素，每个元素都有一个图形符号。他计算出的重量并不总是准确的，因为他没有意识到同一元素的原子可能结合在一起。例如，他假设氧气是一个单原子，而不是一个有两个原子的分子。尽管后来的科学家能够更准确地计算出质量，但道尔顿的原理构成了现代化学的基础。道尔顿在《化学哲学新体系》（1808年）一书中阐述了他的原子理论。他表示原子是不可分割的，不能被创造或毁灭；每种元素的原子质量（重量）都是独一无二的；不同元素的原子在化学反应中按简单的整数比结合成化合物。原子理论很快被接受，道尔顿在1822年当选为皇家学会会员。几年后，约恩斯·雅各布·贝尔塞柳斯使用字母而非图形符号改进了道尔顿的原子表，但道尔顿更喜欢自己的符号，没有采用新的系统。

存在小的颗粒叫**原子**，而且原子**组成了物质。**

约翰·道尔顿，1808年

__道尔顿__的原子量表包含了20种已知的元素。一些如碳酸钾，现在被定义为分子化合物；其他如磷，在氧化物中就没有找到它们的元素形态。

化石以一己之力催生了关于**地球形成**的理论。

乔治·居维叶，1822年

乔治·居维叶

法国动物学家、自然学家乔治·居维叶（Georges Cuvier）被认为是古生物学的奠基人。在18世纪末和19世纪初，他在自然科学方面取得了巨大的成就。他将比较解剖学确立为一门科学学科，并为动物物种可能灭绝提供了确凿的证据。

大事记

证明灭绝
1796年，他通过比较大象和猛犸象的骨头，证明了物种灭绝的发生。

地球年龄
1804年，根据化石的年龄判断，地球一定比以前认为的要古老得多。

群体生物
1817年发表了他的生物分类系统，推动了动物分类学领域的发展。

地质结构
1825年提出了一种理论，认为过去的自然灾害影响了地球的地质结构。

乔治·居维叶出生在法国与瑞士边境的蒙特比亚尔镇，后来是德国符腾堡公国的一部分，现在属于法国。他在斯图加特著名的卡洛琳学院接受教育，研究比较解剖学。这是一门比较新的学科，研究动物物种之间的相似性和差异性。凭借一份详细的海洋无脊椎动物原始研究报告，居维叶在1795年得到了巴黎国家历史博物馆的工作机会。在那里，他进行了一项研究，使他成为19世纪自然科学领域非常有影响力的人物。

灭绝理论

利用博物馆收藏的动物标本，居维叶进一步研究了比较解剖学，特别是将现存动物的遗骸与化石进行比较。他发现的结果具有启示意义。在18世纪末以前，科学家一直认为化石是现存（活的）物种的遗骸，没有任何动物物种曾经灭绝过。居维叶的研究结束了这种观点。

__居维叶的许多著作__都是以他在巴黎的演讲为基础的。在这些作品中，他通过重建不再在地球上行走的动物骨架吸引了观众。

通过比较猛犸象和现代大象的化石遗骸，他首次证明了非洲象和亚洲象不仅是不同的物种，而且猛犸象的解剖结构与它们中的任何一个都完全不同。由此，他得出结论，猛犸象实际上是一个已经灭绝的物种。他还鉴定了其他已经灭绝的动物，包括巨型地懒和美洲乳齿象。居维叶把灭绝作为可验证的事实，开创了脊椎动物古生物学这门学科。

各个组成部分必须能够使整个生命体成为可能。

乔治·居维叶，1817年

动物重建

居维叶以能够用动物遗体重建动物而闻名，他提出了一种叫作“部分关联”的理论，即动物体内某个器官的结构与其功能有关，其他所有器官也是如此。例如，所有有蹄类哺乳动物都是食草动物，因此必须有适合吃植物的牙齿和消化系统。利用这一原理，居维叶能够仅用已灭绝生物分离出的骨骼，重建出它们的完整骨架。1800 年，他第一个鉴定了会飞爬行动物化石，并将其命名为翼手龙。

为了解释灭绝的原因，居维叶提出了灾变论——地球历史上一系列突如其来的灾难性事件，如洪水，使某些物种灭绝。他用自己对岩层变化的观察来支持这一观点。虽然他的理论后来被否定了，但在从岩层中挖掘化石的过程中，居维叶发现了一个重要的事实：岩层越深，所包含的化石越古老。居维叶的工作表明，最深的化石有几千个世纪的历史，据此预估地球的年龄大大超过先前所公认的 6000 年。

解剖学分类

居维叶公开支持灾变论而不是新的进化论，并以他的开创性著作《动物王国》作为反对新的进化论的证据。该书根据解剖学将动物分为四类：脊椎动物、软体动物、节肢动物和辐射动物（具有辐射对称性

居维叶研究了大象和长毛猛犸象的骨骼残骸，揭示了牙齿结构的关键差异，从而确定了它们是不同的物种，并表明猛犸象已经灭绝。

在居维叶研究化石之前，科学家将地球年龄定为 6000年

他的名字是刻在埃菲尔铁塔上的 72个名字之一

的动物，如海星）。

居维叶坚持认为动物不会随着时间的推移而改变，驳斥了进化的可能性。虽然这一观点后来被否定，但居维叶的系统还是从根本上推进了对动物解剖学的理解。他的工作构成了古生物学和比较解剖学的基础。

路易斯·阿加西

路易斯·阿加西出生于瑞士，是一名自然学家、地质学家，他通过研究冰川和鱼类化石，取得了重大的科学进展。

路易斯·阿加西（1807—1873）在19世纪30年代对化石鱼类进行了大量的研究工作，这对灭绝生物的研究产生了巨大的影响。对冰川的地质研究使他得出结论：直到相对较近的时间，世界的大部分地区都被巨大的冰原所覆盖。阿加西是居维叶灾变论的支持者，他引用冰河时代作为影响地球的灾难类型。虽然这些冰河时代的理论得到了现代地质学的支持，但阿加西和居维叶一样，拒绝接受进化论的观点。

科学家目录

随着启蒙运动的兴起，人们开始关注理性、怀疑主义和自由，这鼓励了对理论的系统探索，科学成为一门独特的学科。越来越先进的设备、方法和证据出现了，第一批现代科学机构也随之出现。

马尔切洛·马尔皮吉
1628—1694

约 1661 年，意大利医生、生物学家马尔切洛·马尔皮吉（Marcello Malpighi）在显微镜下研究青蛙肺部时，发现了毛细血管（连接动脉和静脉的微小血管）。在工作中，他发现了研究显微镜下物体的新方法，如对标本进行照明或染色，使它们更容易被观察到。他因在显微解剖学方面的贡献于 1669 年当选为皇家学会荣誉会员，并继续行医。1691 年，他成为教皇的医生。

扬·斯瓦默丹
1637—1680

扬·斯瓦默丹出生于荷兰阿姆斯特丹（Jan Swammerdam），取得了医生资格，但一生致力于昆虫的显微研究。他的主要成就是发现了红细胞，还发现了昆虫变态，他在显微镜下解剖卵、幼虫、蛹和成虫，并表明它们只是同一种动物的不同形态。他继续将昆虫的发育分为四种最小类型，其中三种在现代分类中已经存在。但他的成功并没有打动父亲，他的父亲收回了对他的支持。穷困潦倒、郁郁寡欢的斯瓦默丹死于疟疾，年仅 43 岁。

尼古拉斯·斯泰诺
1638—1686

尼古拉斯·斯泰诺（Nicolas Steno）的科学生涯很短暂，但他在解剖学和地质学方面有重大发现。这位丹麦科学家发现鲨鱼的牙齿与新生代化石“舌头的化石”极为相似。这使他怀疑鲨鱼牙齿化石是如何嵌入岩石中的。斯泰诺提出地层（岩层）形成的基本原理，他解释说，地层越低，岩石越古老，地层一开始是水平岩层，随着时间的推移，水平岩层会被破坏。1667 年，他放弃科学而信仰宗教，10 年后成为一名主教。

雅各布·伯努利
1655—1705

雅各布·伯努利（Jacob Bernoulli）不顾父亲的意愿，学习数学，成为瑞士伯努利家族中第一位著名的数学家。1687 年，他成为瑞士巴塞尔大学的数学教授，并教他的弟弟约翰学习数学。他们一起研究各种使用微积分的方法，但很快就成为竞争对手。伯努利最著名的是概率方面的工作，特别是大数定律。

丹尼尔·伯努利
1700—1782

雅各布·伯努利的弟弟约翰有一个儿子，名叫丹尼尔·伯努利（Daniel Bernoulli），他研究哲学、逻辑学和医学，并由父亲教他数学。1738 年，他发表了《流体力学》，其中包括他的发现：如果运动的流体（液体或气体）流速加快，其压力就会下降。伯努利原理是现代空气动力学的基石。伯努利一生获得了巴黎科学院颁发的 10 个奖项，其中一项是与父亲共同获得的，他的父亲因为没有成为唯一的获奖者而感到沮丧，将儿子赶出了家门。

埃米莉·迪沙特莱
1706—1749

埃米莉·迪沙特莱（Emilie Du Chatelet）是一位天才的物理学家和数学家，伏尔泰的情妇之一。迪沙特莱出生于法国巴黎的一个富裕家庭，自幼学习科学和数学，掌握六种语言。她的父亲是一位宫廷官员，当著名的科学家来访时，她也参与其中。她写了一本关于当前物理学思想的教科书《物理制度》，其中包括她自己的作品，并将牛顿的

《数学原理》全部翻译成法文。最终死于难产。

乔治·路易·勒克莱尔
1707—1788

布丰伯爵乔治·路易·勒克莱尔（Georges-Louis Leclerc）指出了人类和类人猿之间的相似性，并提出生物可能会因环境变化（如迁徙）而改变，导致相似的物种存在于不同的地方。他的观点在当时引起了轰动。他还认为，地球比《圣经》解释所允许的要古老得多。这位法国自然学家受他在巴黎皇家植物园工作的启发，试图在《自然历史百科全书》中解释自然界，但在他去世前只出版了拟要出版的 50 卷中的 36 卷。

约瑟夫·布莱克
1728—1799

英国化学家、医生约瑟夫·布莱克（Joseph Black）出生于法国波尔多，在苏格兰格拉斯哥大学学习艺术和医学。布莱克在 1754 年的博士论文中，提出他发现了二氧化碳，他称之为“固定空气”。在爱丁堡继续研究后，他回到格拉斯哥教授化学，并开始了研究热对液体的影响的实验。他发现，炉子上的一锅水一旦达到沸点，水的温度就会停止上升，热量反而使水变成蒸汽。他把这种现象称为“潜热”（隐热）。布莱克很少公布他的发现，更喜欢向学生讲授。

扬·英格豪斯
1730—1799

1779 年，荷兰籍医生扬·英格豪斯（Jan Ingenhousz）将一株植物浸入水中，观察它叶子下面形成的氧气泡。他发现，氧气只在植物暴露在阳光下的绿色部分形成（这一过程现在被称为光合作用）。他还发现，在黑暗中，植物释放的二氧化碳含量较低。英格豪斯在英国伦敦当医生，是最早提倡接种天花疫苗的人。他甚至前往维也纳为奥地利皇后玛丽亚·特蕾莎及其家人接种疫苗。

让·巴蒂斯特·拉马克
1744—1829

让·巴蒂斯特·拉马克（Jean-Baptiste Lamarck）在受伤后被迫离开法国军队，到巴黎皇家植物园工作。在那里，他写了一本关于植物的书——《法国植物志》。当植物园成为自然历史博物馆后，拉马克开始研究无脊椎动物，并提出了第一个重要的进化论。他认为，随着时间的推移，生物趋向于进化，生物会随着环境的变化而变化（例如，长出更长的腿来蹚水）。这些后天获得的特征会遗传给他们的后代。拉马克的理论不受欢迎，他在贫困中去世。

皮埃尔-西蒙·拉普拉斯
1749—1827

皮埃尔-西蒙·拉普拉斯（Pierre-Simon Laplace）出生于法国诺曼底，在卡昂学习神学时对数学产生了兴趣。他移居巴黎，在军事学院获得了一个教职。1773 年，他开始了主要工作：证明引力将使太阳系长期保持稳定，牛顿指出的自我修正的“扰动”（归结为神的干预），实际上也是由引力造成的。除了证明牛顿的理论外，拉普拉斯还提出，太阳系是由一团旋转的热气体云组成的。

克里斯蒂安·康拉德·施普伦格尔
1750—1816

德国植物学家克里斯蒂安·康拉德·施普伦格尔（Christian Konrad Sprengel）在有生之年几乎没有得到认可。直到 1841 年，查尔斯·达尔文才发现了他关于植物如何受精的研究成果。施普伦格尔曾在普鲁士（今德国）的施潘道当过教师，但因为花太多时间研究植物而被解雇。他搬到柏林，并于 1793 年发表了观察结果，其中包括昆虫将花粉从花的雄蕊带到雌蕊，以及这些昆虫会被花的蜜腺（产生花蜜的器官）的颜色所吸引。

约瑟夫·傅立叶
1768—1830

约瑟夫·傅立叶（Joseph Fourier）在成为一名数学家之前，曾接受过牧师培训，涉足政治，并与拿破仑一起前往埃及研究文物。这位法国人因他对热流的研究而出名，他证明了任何形状的波都可以通过将简单的正弦和余弦波相加来表示。“傅立叶分析”现在被用于许多领域，包括电子领域。他还发现了温室效应，他意识到地球变暖是因为大气层中的气体吸收了来自太阳的热量，并阻止其散失。

4

科学和工业

1800—1895年

迈克尔·法拉第

英国物理学家、化学家迈克尔·法拉第（Michael Faraday）是19世纪非常有影响力的科学家。他在电学和电磁学领域做出的众多开创性贡献，为后来电力革命改变现代社会奠定了基础。

迈克尔·法拉第生于伦敦南部的穷人区，13 岁时给一个书本装订商当学徒，在学习书籍装帧之余酷爱阅读，尤其是科学读物，由此萌生了投身科学的想法。1812 年，法拉第在听完英国化学家汉弗里·戴维的讲座之后，详细整理了听课笔记，装帧后寄给了戴维。之后，戴维聘用法拉第担任他在皇家研究院的助理，把他引上了科学求知的道路。未曾想这在日后为世界带来革命性的变化。

皇家研究院时期

在皇家研究院任职早期，法拉第陪同戴维赴欧洲旅行，期间得以见到许多著名科学家，极大地增长了他的科学求知欲，激发了好奇心。尽管法拉第未曾受过正式教育，但他还是迅速地从辅助戴维研究，成长到独立开展实验。在戴维的指导下，法拉第撰写了一本化学手册，发现了

伟大的科学发现者之一。

欧内斯特·卢瑟福，1931年

大事记

皇家研究院
1813年接受在皇家研究院的工作，协助戴维；1833年任化学教授。

重大发现
1821年发明世界上第一台电动机，10年后发现发电原理。

化学领域工作
1825年发现苯。1834年发表电解定律（电力分解化学物质）。

磁光效应
1845年首次揭示启示性的光磁联系。

***法拉第**在科研之余，还常在皇家研究院举办面向广大公众的讲座，共组织了19场公开演讲，时有皇家成员参与。*

约瑟夫·亨利

美国科学家、工程师约瑟夫·亨利奋战在电磁技术进步的前沿，帮助构建了现代电力工业。

亨利（1797—1878）尽管出身卑微，但其凭借电磁学研究成为一名杰出的科学家。独立于法拉第的研究，他也发现了移动的磁场可以“产生”电流。亨利制成世界上吸力最强的电磁铁，引领相关技术推动了电报的发展，还成为亚伯拉罕·林肯的技术顾问。他曾任斯密森研究所的秘书，其工作成果推动了美国国家气象局的成立。

新的有机化合物（苯），并首次液化了一种永久气体（该气体曾被认为不可能液化）。然而，给法拉第启发并帮助他做出重大科学贡献的是物理学。

电磁学领域的发现

1820 年，丹麦科学家汉斯·奥斯特发现电和磁之间存在一种关联——让电流通过电线可以在电线周围产生磁场，这启发了法拉第的首个重大发现。通过将电线接入底部放置磁铁并注有水银的杯子，法拉第证实了如果让电流通过电线，会使磁铁围绕电线做圆周运动。这一研究成果于 1821 年发布，提出电磁能可以产生持续运动。在此之前，法拉第发明了世界上第一台电动机。

10 年后，法拉第又有了更重大的发现——通过移动磁场，可以使电力流过导体。在一次开创性的实验中，法拉第通过让圆形的铜片在磁铁的两极之间旋转，而产生了稳定的电流，并由此制成了第一台（直流）发电机。这项发明在当时产生了深远的影响——19 世纪早期，电力的使用仅限于科学研究，无实际应用；但法拉第开创了一种可以不用电池就能大量发电的方法。这一方法至今仍是现代发电站运作的基础。

为现代科学奠基

法拉第拥有丰富的想象力，同时善于用实验证实自己的猜想，如 1845 年他就通过实验发现了磁对光的作用。然而他的部分推测也经证实过于极端，比如“势能统一”理论认为磁、光、电和重力均为同一势能的不同表现形式。这个理论对詹姆斯·克拉克·麦克斯韦提

10年耕耘，1831年成功关联电和磁

54年皇家研究院工作生涯

为电磁学领域的未来发展奠定基础

出电磁场理论带来一定的启发（见148—151页）。法拉第的研究成果推动拉开了电力革命的序幕，并为现代物理学铺平道路。他还在皇家研究院发起了一系列演讲，人们所知的圣诞演讲便源起于此，时至今日仍继续启发着一代又一代人。

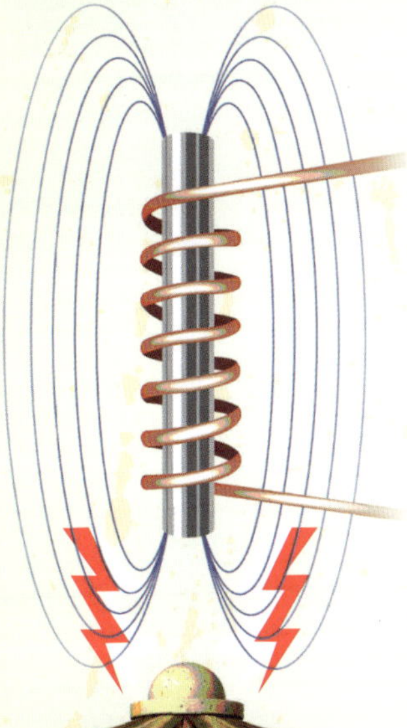

只要符合**自然**规律，一切美好**皆有可能**。

迈克尔·法拉第，1849年

法拉第的发电机*让发电站建设，以及电力的广泛使用成为可能，同时也为诸多现代科技提供了基础。*

查尔斯·巴贝奇

查尔斯·巴贝奇（Charles Babbage），数学家、计算先驱，设计了多台巨型计算机器，最后一台即他的分析机被认为是现代计算机的先驱。这位将毕生精力投入发明的科学家涉猎领域众多，还推动了多个科学社团的发展和工业机械化进程。

大事记

差分机
1819年开始设计第一台计算机器。1847年在“差分机一号”的基础上改进发明“差分机二号。”

金奖
1824年因发明了能够计算对数的机器获得皇家天文学会金奖。

荣誉职位
1828年被授予剑桥大学卢卡斯数学教授职位，但未曾讲课。

与洛夫莱斯相遇
1833年与埃达·洛夫莱斯成为友人。洛夫莱斯在日后预见到巴贝奇分析机的潜力。

最后的机器
1838年之前完成了分析机的大部分设计工作；后持续对设计加以改进，但最终未能实现制造。

查尔斯·巴贝奇出生于伦敦一个富有的银行家家庭，很早便展现出数学方面的才能和兴趣。虽然巴贝奇在孩童时期长时间身体不好耽误了正规的学校教育，但他阅读广泛，直到 1810 年进入剑桥大学之前，已经学习了大量现代数学知识，以至于剑桥的课程内容已经无法让他提起兴趣。为此他于 1812 年创建了分析学会，旨在推动数学的创新性发展。

巴贝奇有着出了名的激进性格。他不满足在当时的剑桥学院里当一名数学尖子生，转学去了另一个学院并于 1814 年从那里毕业。后来他成为科学界具有影响力的人物，在 1816 年当选英国皇家学会会员。1820 年，巴贝奇协助创建了皇家天文学会。

计算手册和机器

19 世纪 20 年代早期，工程师、航海家和数学家使用对数表进行复杂计算。这些表格的计算、复制、排版全由人工完成，因此在过程中很容

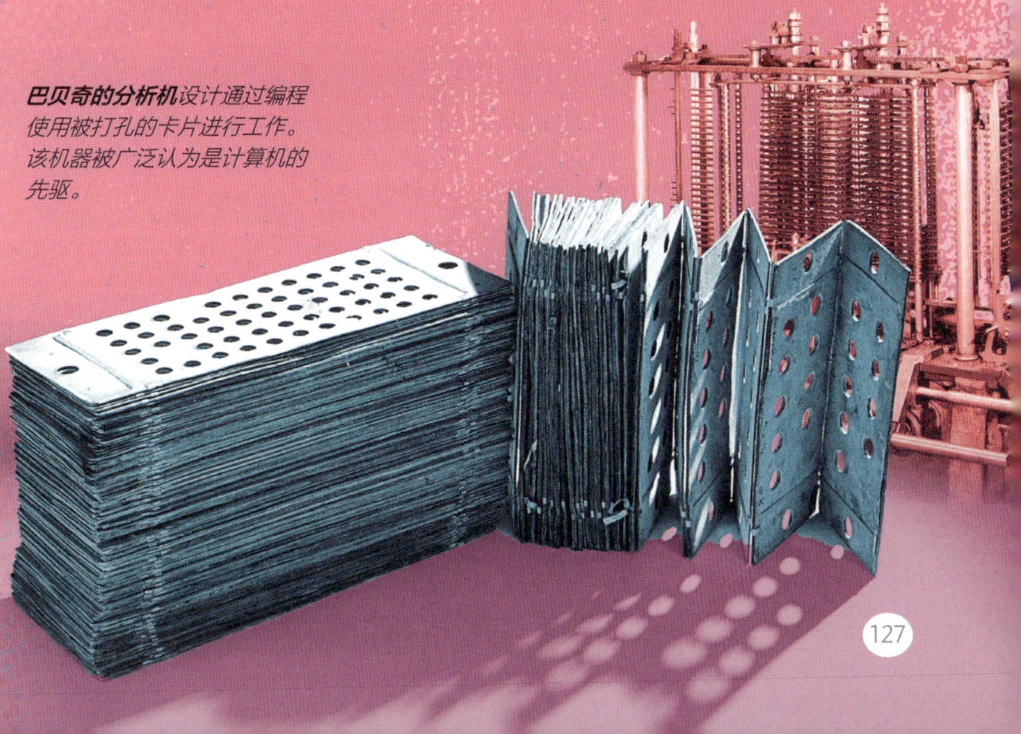

***巴贝奇的分析机**设计通过编程使用被打孔的卡片进行工作。该机器被广泛认为是计算机的先驱。*

分析机一经问世，它将势必**引领科学发展的未来路径。**

查尔斯·巴贝奇，1864年

易出错。巴贝奇曾受天文学会邀请负责一个研究项目，为航海天文历完善一系列上述对数表，在此过程中他发现这些表格存在大量的错误。1821 年，他感叹“向上帝许愿，真希望这些计算是由机器执行的”，并决定创造一台操作简单、万无一失的计算机器，通过转动曲柄驱动机器以重复加法过程进行复杂计算，制定并打印出数学表格。为此，巴贝奇从政府获得了启动资金，随后和他的工程师约瑟夫·克莱门特开始制作原型机——“差分机一号”。1832 年他们完成了该项目的一小部分，约全部工程的 1/7，巴贝奇当时很喜欢向宾客展示他们的工作。然而后来巴贝奇与克莱门特在制造零件所用工具上产生分歧，原型机的制作被迫终止。

“差分机一号”是有关通用计算机最早的构想。*巴贝奇的设计初衷是实现计算的机械化以降低人为差错。*

10 年后，巴贝奇对原先的设计加以改进，开始制造“差分机二号”。新的设计相比此前的原型机将只需 1/3 的零件，能计算长达 31 位数。然而这次巴贝奇未能获得资助，该机器也不曾在他的有生之年制成。一个世纪之后，1991 年，伦敦科学博物馆实现了巴贝奇的设计，制作了一台完整的可工作的机器。

分析机

1833 年，巴贝奇开始了新项目，研制分析机。分析机的设计较差分机更为先进，能够进行加、减、乘、除运算，其工作原理借鉴了法国纺织机械师约瑟夫·杰卡德使用穿孔纸带控制提花机编织图案的方法，用一连串穿孔卡进行计算机编程。

约翰·赫歇尔

数学家、天文学家约翰·赫歇尔完成了世界上首次全球星空观测，命名了土星和天王星的数颗卫星，并创造了“摄影”一词。

赫歇尔（1792—1871）和巴贝奇是剑桥大学数学专业的同学，二人共同创立了分析学会。赫歇尔还帮助成立了皇家天文学会，并三次任学会主席。他在南半球新发现了500多个星云和3000多个双星。1821年，赫歇尔获得英国皇家学会颁赠的科普利奖章，以表彰他在数学分析领域做出的贡献。1834年，他赴南非建造了南半球第一个天文台，并完成了全球星空目录。此外，他还于1839年成为拍摄永久性照片影像的第一人。

英国政府出资17000英镑支持研制“差分机一号”

分析机可以存储1000个50位数超过了任何20世纪60年代之前的计算机

巴贝奇日复一日、年复一年……只为**实现一个宏大的设想。**

路易吉·梅纳布雷亚，1842年

上述分析机设计与现代计算机有着相似的逻辑结构，均设置了一个“仓库”用于存储中间结果，还有一个“作坊”用于进行算术加工。它可以重复一项操作执行指定次数（该过程称为“循环”或“迭代”），并基于某项操作的结果在多项后续操作中选择（侧分）。之后还能将结果印在纸上，或印在熟石膏上，成为“模具”。虽然分析机未能成功问世，但它代表了区别于差分机只能进行基础算数处理的重要进展，且被广泛认为是现代计算机的先驱。有关分析机潜在的意义，巴贝奇本人并未发表文章大篇幅论述，但在其友人埃达·拉芙莱斯于1842年翻译一篇有关分析机的论文时，巴贝奇请她在原文的基础上添加注解，因为他认为拉芙莱斯对该机器“理解得十分透彻”。

博学多才

巴贝奇是真正的博学家。他写过80多篇科学论文，内容从日食、地理到数据，从十进制、潜水钟到灯塔，覆盖领域众多。他还设计了检眼镜的原型机（用于检查眼睛视网膜）和铁路排障器（架设在火车头前的金属框架，用以清除铁轨上的障碍物）。

巴贝奇有关机械化的设想也比制作计算机器更为成功。受降低差错可以提高效率的概念启发，他就人类生产力提出了诸多建议，于1832年著有《论机器和制造业的经济》，提出工业制造应借助机械化实现提升。巴贝奇还建议在生产中实行更精密的劳动分工，即巴贝奇原则。

埃达·拉芙莱斯

1815—1852

数学家、作家埃达·拉芙莱斯（Ada Lovelace）预见到巴贝奇发明的计算机器的潜力。她用代数编码为之编写的指令被认为是第一个计算机程序。

拉芙莱斯原名埃达·拜伦，是诗人拜伦勋爵唯一的婚生子女，母亲是安妮·伊莎贝拉·米尔班奇，她父母的婚姻十分短暂。拉芙莱斯17岁时经家教玛丽·萨默维尔介绍结识了查尔斯·巴贝奇，之后二人因对数学和机械装置有着共同的爱好而成为朋友。1842年，受巴贝奇所托，拉芙莱斯开始翻译意大利工程师路易吉·梅纳布雷亚所著关于巴贝奇分析机的论文，并为其增加注解，最终成文篇幅为原文的3倍。在注解中，拉芙莱斯陈述了如何用代码编写方程作为计算机器的指令。她认识到如果机器可以操纵数字，那么它们同样也可以操纵符号并处理算法。她的注解还启发了艾伦·图灵在20世纪40年代有关现代计算机的研究。

大事记

飞行器

1828年，拉芙莱斯12岁时决定想要飞行，于是设计了一架蒸汽动力的飞行器。

早年受到的影响

跟家教玛丽·萨默维尔学习数学，后于1833年经其介绍认识巴贝奇。

敏锐聪慧

1833年进宫觐见，才华得到认可。后开始进行科学工作。

计算机程序

1843年出版《分析机概论及译者注》，书中附拉芙莱斯自行撰写的编码。

纪念日

2009年起，每年通过埃达·拉芙莱斯日对她进行悼念，同时为在科学领域工作的女性庆祝。

查尔斯·达尔文

1809—1882

作为历史上非常著名的博物学家，查尔斯·达尔文（Charles Darwin）并未接受过动物学方面的学术训练，他是内心饱含热情的科学家。在搭乘“贝格尔号”的航行中，达尔文仔细记录了众多物种，由此萌生并论证了以自然选择为核心的进化学说。

查尔斯·达尔文生于英国舒兹伯利，父亲是医生，母亲是著名陶艺家约西亚·韦奇伍德之女。达尔文 8 岁那年母亲去世，之后他被送往寄宿学校。再后来达尔文进入爱丁堡大学学医，但因为不喜欢外科手术而辍学。之后遵照父亲的意愿在剑桥大学攻读神学，其间尽管通过了各项考试，但大部分时间都花在了学习自然历史上。1831 年，达尔文的友人约翰·亨斯洛，时任剑桥植物学教授，为他提供了加入“贝格尔号”探险的机会，考察南美海岸线。这一旅程持续了五年，改变了达尔文的人生。

旅行期间，达尔文致力于收集样本、详细绘图和阅读。途中所见的物种多样性使他着迷，他开始思考这一现象是如何发展而来的。尤其是

清晰地**认识到我们的无知**永远是明智的。

查尔斯·达尔文，1872年

大事记

改变人生的旅程

1831年于普利茅斯登上“贝格尔号”。1835年抵达加拉帕戈斯群岛。

信仰丧失

1851年，年幼的女儿安妮离世，从根本上推翻了达尔文当时已经在动摇的基督教信仰。

重要论文

完成首篇关于进化的论文，并于1858年递交至伦敦林奈学会。

进化学说

1859年发布《物种起源》，在当时保守的社会引发轰动。

最终出版

1871年在著作《人类的由来》中主张人类由类人猿进化而来。

***达尔文观察**到加拉帕戈斯群岛独有的物种——海鬣蜥和加拉帕戈斯雀鸟。这些在那里发现的具有高度独特性的生命形式启发了他最初的设想。*

在"贝格尔号"上
达尔文
用了15个
笔记本
写满了素描和
观察记录

《物种起源》
在发行当日
即售出
1250本

在加拉帕戈斯群岛发现的不寻常的野生动物让达尔文倍感好奇。他注意到部分生活在不同岛屿的物种，如知更鸟、雀鸟和巨型陆龟，有着非常相似的特征，由此他开始推测也许这些不同的物种有着同样的祖先。

在返回英国的途中，达尔文继续完善他的猜想，并在期间受到托马斯·马尔萨斯《人口原理》的深刻影响。该论文预言由于食物资源有限，人口的过度增长会威胁人类生存。由此，达尔文不禁思考上述理论是否同样适用于其他生物。

竞争和进化

截至1838年，达尔文已经形成了进化学说，但他知道这会引起极大的争议，因为它推翻了基督教的造物观念。所以他对于进化学说的发表十分谨慎，为此又花了20年收集更多的证据来支持自己的观点。直到1858年，他收到阿尔弗雷德·拉塞尔·华莱士（见135页）寄来的手稿，提出了类似的猜想。一年后，达尔文发表《物种起源》，该书在出版当日即被一抢而空。

达尔文提出以自然选择为核心的进化学说基于他发现同物种的不同个体间总存在某些变异，与此同时出生的个体数量总大于存活的个体数量。他认为在生存竞争中，正是个体的特征决定了生存与否，因此适者生存。比如皮毛更厚的个体更有可能在寒冷的气候下存活，继而繁衍后代。如果一项有益的特征，比如厚的皮毛，能够遗传，那么到下一代将有更多的个体拥有该项特征。随着时间推移，这些一开始细微的变异会经世代累积直到形成较大的易被观察的变化。

虽然达尔文十分注意不在书中辱没基督教的信仰，但是《物种起源》还是对维多利亚时期的社会产生了很大的冲击。尽管如此，达尔文的研究成果还是得到了极大的尊重，他在逝世后被予以国葬，并埋葬于威斯敏斯特大教堂。

***达尔文注意到**加拉帕戈斯雀鸟的喙的形态依其食性存在变异。由此他提出这些雀鸟可能关联于同一祖先，在适应栖息岛屿的生存环境和食物状况的过程中进化出了新的物种。*

阿尔弗雷德·拉塞尔·华莱士

达尔文和阿尔弗雷德·拉塞尔·华莱士同时想到各自的进化学说。

英国植物学家华莱士（1823—1913）花费了数年记录亚马孙和马来群岛的物种情况。然而不幸的是，1852年他在返程途中因乘船着火丢失了全部的巴西样本集。虽然华莱士在各种历史书籍中总被达尔文的光芒掩盖，但却是用他的名字命名了位于印度尼西亚的鼎鼎大名的“华莱士线”，成为划分亚洲系动物和澳洲系动物的分界线。

保留**有利的变异**，淘汰**有害的变异**，我称之为**自然选择。**

查尔斯·达尔文，1859年

就我自己而言，我宁愿是那只英勇的小猴的后代，他可以为了保护自己的养育者而直面最可怕的敌人……也不愿做一个野蛮人的后代，因为他以折磨敌人为乐。

查尔斯·达尔文

《人类的由来》，1871年

◀ “贝格尔号”停靠在阿根廷火地岛，约1832年。

詹姆斯·普雷斯
科特·焦耳

英国物理学家詹姆斯·普雷斯科特·焦耳（James Prescott Joule）既是职业酿酒师，又是敏锐的业余科学家，致力于研究热的本质和能量转换。让他举世闻名的主要成就包括用实验证明热量是一种能量形式，以及证实物理学的基础概念：能量转化定律。

大事记

从酿酒师到科学家
1837年继承家族的酿酒产业，用其收入开展实验研究热学、压力和能量。

焦耳第一定律
测定电流通过导体产生的热量值，并于1841年发表结论。

能量做功
1843年发布的一项实验结论确定了热功当量。

英国皇家学会
1850年当选英国皇家学会会员，两年后被授予皇家奖章。

詹姆斯·普雷斯科特·焦耳作为英格兰北部一家成功的酿酒厂的所有者，在实验室钻研热的本质的过程中培养出对科学的兴趣。尽管缺乏正统的训练，但这并不妨碍他成为有才华的实验家，并在职业生涯中取得了诸多重大发现。

实验科学

焦耳早年有关电阻和热的关系的研究成果是焦耳第一定律。后来他为了验证机械做功和热的直接关系，设计了一个实验：让桨轮在水中机械化转动从而提高水温。由此，焦耳得出由机械能转化为热量的结论，并主张能量不会流失而只是转变了形式。这一开创性的理论为能量转化定律奠定了基础。此外，焦耳还同开尔文勋爵于1852年共同发现焦耳–汤姆孙效应，验证了气体的膨胀和温度变化，进而促成了制冷领域的先锋成果。

能量可**转化**为**热量**，反之亦然。

詹姆斯·普雷斯科特·焦耳，1847年

***焦耳最著名的实验**使用了落锤（右）带动水（左）的机械化搅动和升温。他注意到落锤产生的能量在桨轮与水进行摩擦时转化成了热量。*

格雷戈尔·孟德尔

奥古斯汀派修道士格雷戈尔·孟德尔（Gregor Mendel）被广泛认为是现代遗传学的创始人。他发现了遗传定律，认识到家族特征是通过遗传因子被后代继承的，而遗传因子即现在人们所知的基因。

约翰·孟德尔出生于奥地利帝国（今捷克）某村庄的农民家庭。他起初接受的是数学和哲学方面的训练，后为了继续接受教育而加入神职。在进布尔诺的圣托马斯修道院时他更名为格雷戈尔，随后被派往维也纳大学完成学业，之后又回到修道院教书。

孟德尔当时对植物育种和遗传很感兴趣。在受启发去帮助修道士改良他们种植的作物时，他将精力集中在豌豆上。得益于他的数学背景，孟德尔在设计实验时选择研究一些“非此即彼”的特征，如种子的颜色、花的颜色、植物高度等，以便更好地说明实验结果。

豌豆植物世代

以豌豆实验中的一项为例，孟德尔将绿色种子和黄色种子的豌豆进行杂交，得到下一代豌豆的种子均为黄色。之后，他再将子代的种子两两杂交，

> 我们现在拥有开始**分析有生命的有机体的途径。**
>
> 威廉·贝特森，1913年

大事记

继续教育
身为修道士的同时还负责教书，之后于1851年赴维也纳大学深造。

首批实验
1854年获准研究圣托马斯修道院的花园；1856年开始培育豌豆。

重要论文
1866年发表论文《植物杂交实验》，但其重要性在当时未得到重视。

更崇高的召唤
1868年成为圣托马斯修道院长，随即搁置了他的科学研究。

1822—1884

种植豌豆作物超过29000株

加入了34个科学学会

发现第二代中黄色种子豌豆和绿色种子豌豆的比例正好是3∶1。由此，孟德尔认识到这类“非此即彼”的特征是以一定的概率被遗传的，并称其为“分离定律”。此外，他还认识到这些特征由各自对应的“颗粒”决定，现称基因，它们成对存在，在受精过程中形成，因为需要从两个亲本植物各遗传一个基因。

显性和隐性基因

孟德尔发现，决定任一特征的基因都存在不同的版本，有的较强（显性），有的较弱（隐性）。显性的基因可覆盖隐性的基因，当显性和隐性基因同时被遗传，下一代只会表现出显性特征。就孟德尔的豌豆实验而言，黄色种子的基因就是显性基因，因此尽管第一次杂交后的子代分别继承了一个“黄种”基因和一个“绿种”基因，它们的种子还是全部呈现黄色。但是再将子代的种子两两杂交，就会出现1/4的后代从亲本各遗传了一个“绿种”（隐性）基因，从而结出绿色种子，而剩余3/4的后代仍是黄色种子。这样的遗传机制解释了一些特征的隔代遗传现象，如父母一方为红发可能生出的孩子为黑发，而孙辈又为红发。

孟德尔非常幸运地研究的是豌豆，因为豌豆的遗传机制非常简单。而许多其他有机体的遗传过程虽然仍基于同样的规则，却要复杂得多。大部分特征受多个基因共同影响，导致遗传结果更为多变（如人类的身高）。不仅如此，部分决定不同特征的基因还相互联结，因而会被捆绑遗传。

孟德尔发布了他的研究结论，但在之后的30多年中都未得到重视，直到1900年前后才被重新提起，孟德尔也因此终于收获应得的赞誉。

***在他的豌豆育种实验中**，孟德尔发现有些基因可以被遗传但并不表现出物理特征。在右侧图中的豌豆“家谱”中，第一代均有红色种子的基因，而红色种子的物理特征则在第二代红种基因重新结合时才得以显现。*

雨果·德弗里斯

荷兰植物学家德弗里斯不约而同地与孟德尔就遗传得出了同样的结论，并将遗传学带到了科学界的聚光灯下。

年轻的德弗里斯（1848—1935）对植物充满热情，同时也是达尔文进化学说的崇拜者。因为好奇想要更多地了解进化究竟是如何发生的，他对月见草开展植物育种实验，并使用了“突变”一词描述时有发生的随机变异。之后进一步的实验让他得出了与孟德尔同样的结论，并于1900年发表。德弗里斯还创造了“泛生子”（PANGENE）一词用于指代遗传因子，该词后演变为“基因”（GENE）。

隐性基因……仍会在**后代中一模一样地再次显现。**

格雷戈尔·孟德尔，1866年

路易·巴斯德（Louis Pasteur）早年学习化学和生物，后对建立微生物学科起到了重要的作用。他发现微生物会引起传染病，首次研制出针对狂犬病和炭疽的疫苗，还发明了一种为食物消毒的方法，即“巴氏灭菌法”。

大事记

资深科学家
1857年回到母校巴黎高等师范学校任科学研究主任。

重要出版物
1858年发表有关酒精发酵的研究成果，为后来发明巴氏灭菌法奠定基础。

获奖
1862年因推翻“自然发生说”获法国科学院颁发的2500法郎奖金。

狂犬病疫苗
1885年首次为被疯狗咬伤的男孩接种狂犬疫苗。

持续不断研究
1887年成立巴斯德研究所，致力研究疾病的愈疗手段。

路易·巴斯德出生并成长于法国汝拉地区的一座小城，他的父亲和祖辈都从事皮革鞣制的工作，而他则成为才华横溢的艺术家，大部分时间用来创作粉彩肖像画。后来经过两次尝试，路易考入巴黎一所精英大学，于 1847 年提交了物理和化学领域的博士毕业论文，翌年成为斯特拉斯堡大学的化学教授，并取得他的第一个科学发现——有些分子存在二者互为镜像的结构。

发酵作用、巴氏灭菌和微生物

1854 年，巴斯德任里尔大学科学院院长。他开始对一个困扰了很多酿酒师的问题产生兴趣——葡萄酒常因发酵过程出错而腐坏。对此，巴斯德发现，发酵作用是由活酵母微菌引起的，葡萄酒在受到细菌污染时会出现腐坏。1865 年，他发明了一种防止上述葡萄酒“疾病”的方法并为此获得专利，即将液体短暂加热至 60~100℃（140~212 ℉），可在杀死细菌的同时不破坏风味。这样的灭菌过程同样适用啤酒和牛奶，后又被称为“巴氏灭菌法”。

*有关首支狂犬疫苗成功救活九岁男孩约瑟夫·梅斯特的**消息迅速传开**，很快人们争相找到巴斯德，求其为他们看病。*

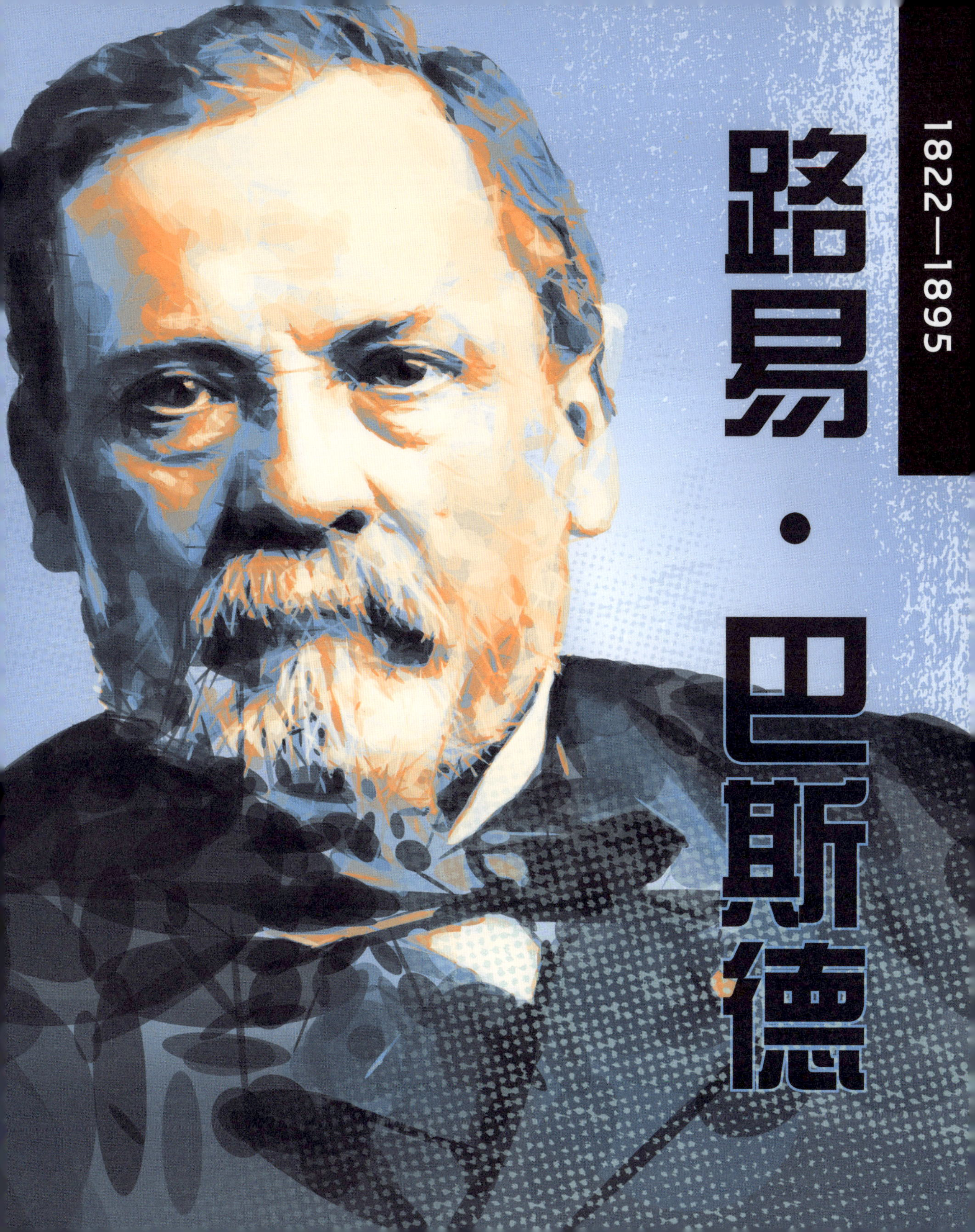
路易·巴斯德
1822—1895

解决了葡萄酒的问题之后，巴斯德的研究仍在继续，他又发现了微菌污染的发展过程。19世纪时大部分科学家都相信“自然发生说”，即生命物质可以从非生命物质自然发生，如当时人们认为腐肉里的蛆就是凭空出现的，类似地，传染病是源于腐坏物质产生的“瘴气”（污浊的空气）。

而巴斯德通过一个著名的实验证实了空气中充满微菌，而这些微菌能够占领任何暴露在外的表面或液体。首先，他用棉花过滤空气，然后通过显微镜观察棉花，看到了与腐坏食物有关的微生物类型。然后，他对玻璃烧瓶中富含营养的肉汤进行加热杀菌，随即加热软化烧瓶的瓶颈，将其向下再向上弯曲后形成类似“天鹅颈”的S形，通过该操作确保瓶颈上方的空气中不会有任何物质直接掉落进烧瓶的液体中；待其冷却，在肉汤中未发现有微菌再次出现。然而当巴斯德倾斜瓶颈让肉汤接触外在的空气时，肉汤中又出现了微菌污染。

一切事物，只要**知其起因**，其余都将豁然开朗。

路易·巴斯德，1878年

病菌学说

在巴斯德帮助了葡萄酒产业之后，法国政府邀请他尝试解决一种造成蚕大量死亡的病疫。巴斯德通过研究发现蚕疫是由两种不同的寄生微菌引起的，再次解决了问题。至此，他确信疾病都是由某种微菌（病菌）引起的，于是开始

罗伯特·科赫

德国物理学家罗伯特·科赫是细菌学的奠基人，他发现了炭疽杆菌的生命周期，并找到了引发霍乱和结核病的病原细菌。

科赫（1843—1910）在以优异的成绩从医学院毕业之后，很快开始对微生物相关的实验研究产生浓厚的兴趣。他自行发明了一些细菌培养技法，还发现炭疽杆菌能产生一种可以在泥土中休眠的孢子。科赫还因分离出特定微菌而备受尊崇——他提出的四项“科赫法则”为认定引发疾病的病原微菌提供了关键原则。1905年，科赫获诺贝尔生理学或医学奖，以表彰他在结核病研究领域取得的成果。科赫曾是路易·巴斯德的同事，后两人成为在学术领域的主要竞争对手。

***巴氏灭菌法**起初用于葡萄酒，但现在更多的是作为牛奶的杀菌手段而广为人知。其原理是通过短暂加热消灭特定的细菌。经过巴氏灭菌的牛奶能保鲜2~3周。*

进行更深入的研究。他首先研究了鸡霍乱，开始在实验室培养霍乱微菌，后给鸡接种（让其感染），鸡会生病或死亡。但有一次，在1879年巴斯德度假期间，培养的微菌被弃置了一个月，之后巴斯德再次给鸡接种时，鸡生病后又自发地痊愈了。他随即又给这些鸡接种曾让一些鸡病死的新鲜培养菌，这些鸡再次存活了下来。由此，巴斯德认识到这些鸡是因为曾经接触过毒性减轻的霍乱微菌而对这种疾病免疫了。他通过实验发明了鸡霍乱疫苗。

巴斯德将研究扩展到牛、羊会感染的炭疽病，然后开始研制狂犬病疫苗。1885年，他为一个被疯狗咬伤的9岁男孩约瑟夫·梅斯特注射了疫苗，成功救活了男孩，巴斯德因此成了国家英雄。

对于微生物会引发疾病且能通过空气或直接接触传播的认识彻底改变了医学。它不仅促进了疫苗机制的建立，也推动了基础卫生的改善，对于预防感染至关重要。

为梅斯特在10天中接种了13针疫苗，梅斯特痊愈

找到方法帮助人类战胜两种致命疾病炭疽病和狂犬病

19世纪英国物理学家詹姆斯·克拉克·麦克斯韦（James Glerk Maxwell）的电磁学理论统一了电、磁、光，证明了三者是同一物理现象的不同表现形式，该理论至今仍意义重大。

大事记

第一篇科学论文
1846年发表《椭圆曲线》，源于麦克斯韦童年喜欢用大头针和线作画。

核心理论
1864年发表《电磁场的动力学理论》，在其中提出具体方程组。

晚年任职
1871年回到剑桥大学，成为首任实验物理学的卡文迪许物理学教授。

发表关键成果
1873年通过两卷《电磁学通论》解释了他的电磁学研究成果。

詹姆斯·克拉克·麦克斯韦是爱丁堡一位律师的独生子，家境殷实，母亲承担了他的早期教育，但在麦克斯韦8岁时离世。当时年幼的麦克斯韦已经十分聪明好学，对各种事物的运作原理都感到好奇。他14岁时发表了第一篇科学论文研究几何，能背诵《圣经》，并且一生都是虔诚的新教徒。

麦克斯韦16岁进入爱丁堡大学学习物理学（当时叫“自然哲学”）和数学，但是发现教授的课程对他而言缺乏挑战，于是开始在课余时间进行自己的实验，随即又发表了两篇论文。19岁时，他转入剑桥大学学习数学，五年后成为三一学院的会员。麦克斯韦的学术兴趣还不止于此，也会因时而变——1855年他发表《关于眼睛感知到的颜色的实验》，之后拍摄了世界上第一张彩色照片。

世界上第一张彩色照片， *照片中是一个花呢格纹的缎带，由麦克斯韦摄于1861年，使用了红、绿、蓝三色滤镜叠加的原理。*

自然万物的**每一个原子**，其完美是如此的高深莫测。

詹姆斯·克拉克·麦克斯韦，1873年

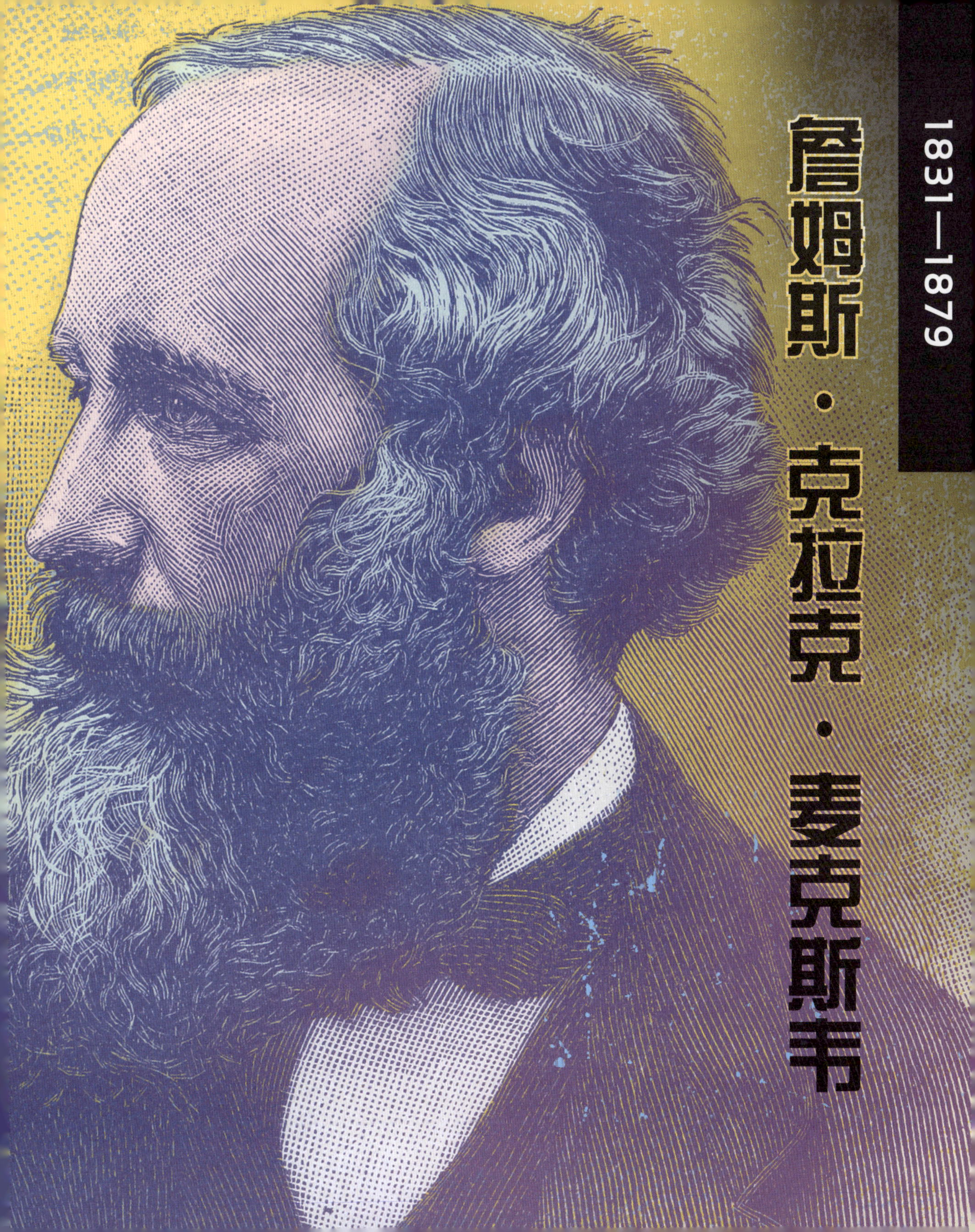
1831—1879
詹姆斯·克拉克·麦克斯韦

土星环

25 岁时，麦克斯韦接受了阿伯丁大学的教授职位，同时开始埋头研究一个被亚当奖（剑桥大学的至高数学奖）悬赏的课题：解谜土星环。土星环为何能保持稳定而不裂解让当时许多科学家不解。对此，麦克斯韦花了两年时间论证土星环既不能是固体的也不能是液体的，只能由无数微小颗粒构成。该结论让他在 1859 年获得亚当奖，并最终于 1980 年经美国国家航空航天局的“旅行者 2 号”探测器在抵达土星时证实。

1860 年，麦克斯韦被任命为伦敦国王学院的自然哲学教授，研究领域进一步拓宽。他极大地推动了气体动理论的发展，得出气体温度和气体分子运动速度之间的数学关系。然而，麦克斯韦最著名的成果还是其在电磁学领域的研究。

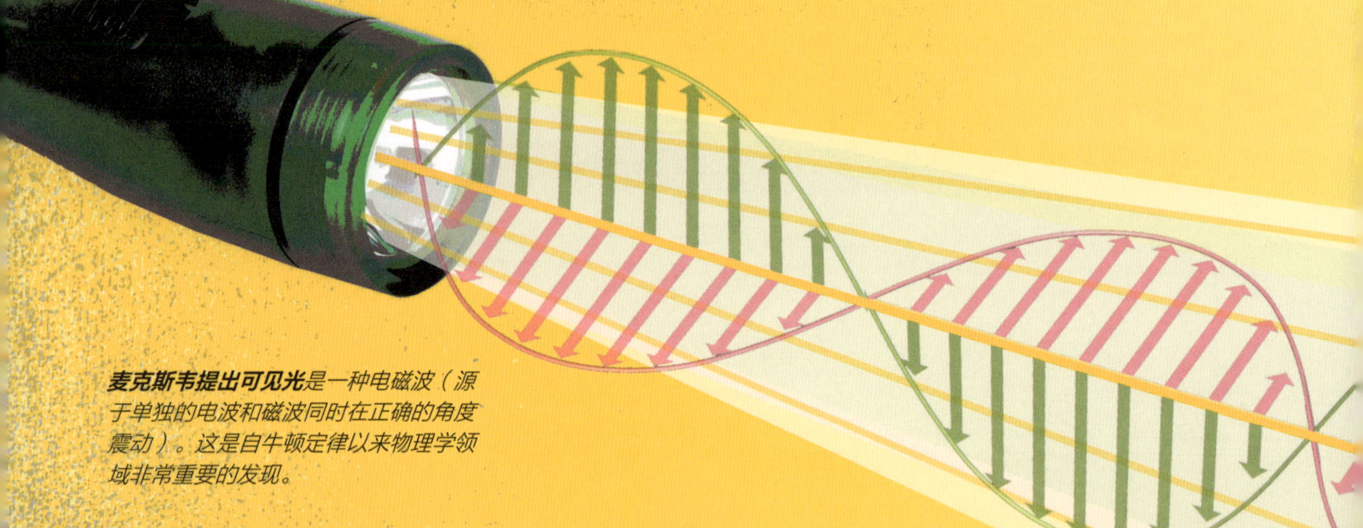

***麦克斯韦提出可见光**是一种电磁波（源于单独的电波和磁波同时在正确的角度震动）。这是自牛顿定律以来物理学领域非常重要的发现。*

海因里希 · 赫兹

德国物理学家海因里希 · 赫兹发现了无线电波，并首次用实验证明了电磁学理论。人们以他的名字命名了频率的单位——赫兹。

赫兹（1857—1894）年轻时颇有天赋，曾在柏林的物理学实验室工作，后受邀参与验证詹姆斯 · 克拉克 · 麦克斯韦理论的竞赛，但未曾想到自己会成功。几年后，他于1886年注意到电火花会因电荷波动引发规律性的震动。他由此想到，如果麦克斯韦的理论正确，则这些电荷应发射电磁波。为此，他设计了必要的实验装置，并用其发出了无线电波。而这台装置成为世界上首个无线电传输机。

麦克斯韦是物理学家眼中真正的物理学家。他是**英国科学的无名英雄。**

史蒂芬 · 霍金，2010年

宏大的统一理论

麦克斯韦对迈克尔·法拉第的诸多构想（见 122—125 页）颇为着迷，后者证实了电和磁之间毫无疑问地存在联系，而麦克斯韦则希望从数学的角度论证法拉第实验结果的合理性。1855—1856 年，麦克斯韦证明了电和磁实际上是同一势能的不同属性。之后他的研究更进一步，计算了由闭合导体环中电流所产生电磁波的传播速度，并得出该速度等于光速的结论。由此麦克斯韦想到光必定也是一种电磁波。之后，他通过一系列方程也证实了存在无数种频率的电磁波，它们均以光速传播，而其中为我们所熟悉的光（可见光）仅占了该频谱的一小部分。自此，其他种类的电磁波也被逐一发现，如 X 射线、微波和无线电。1864 年，麦克斯韦发表了他研究中得出的理论，并提出一系列方程；他离世后，这些方程经整理剩下 4 个，即人们所知的“麦克斯韦方程”。虽然要理解其中的数学含义并非易事，但其重要性不容小觑。

这一理论是人类在认识自然的基本力的过程中一次重大的概念性跃升，也为后来爱因斯坦提出狭义相对论奠定了基础。爱因斯坦（见 198—203 页）曾评价麦克斯韦“是旧时代的终结者，也是新时代的开创者。”

14岁发表首篇论文

发现光的波长是无线电波长的2亿分之一

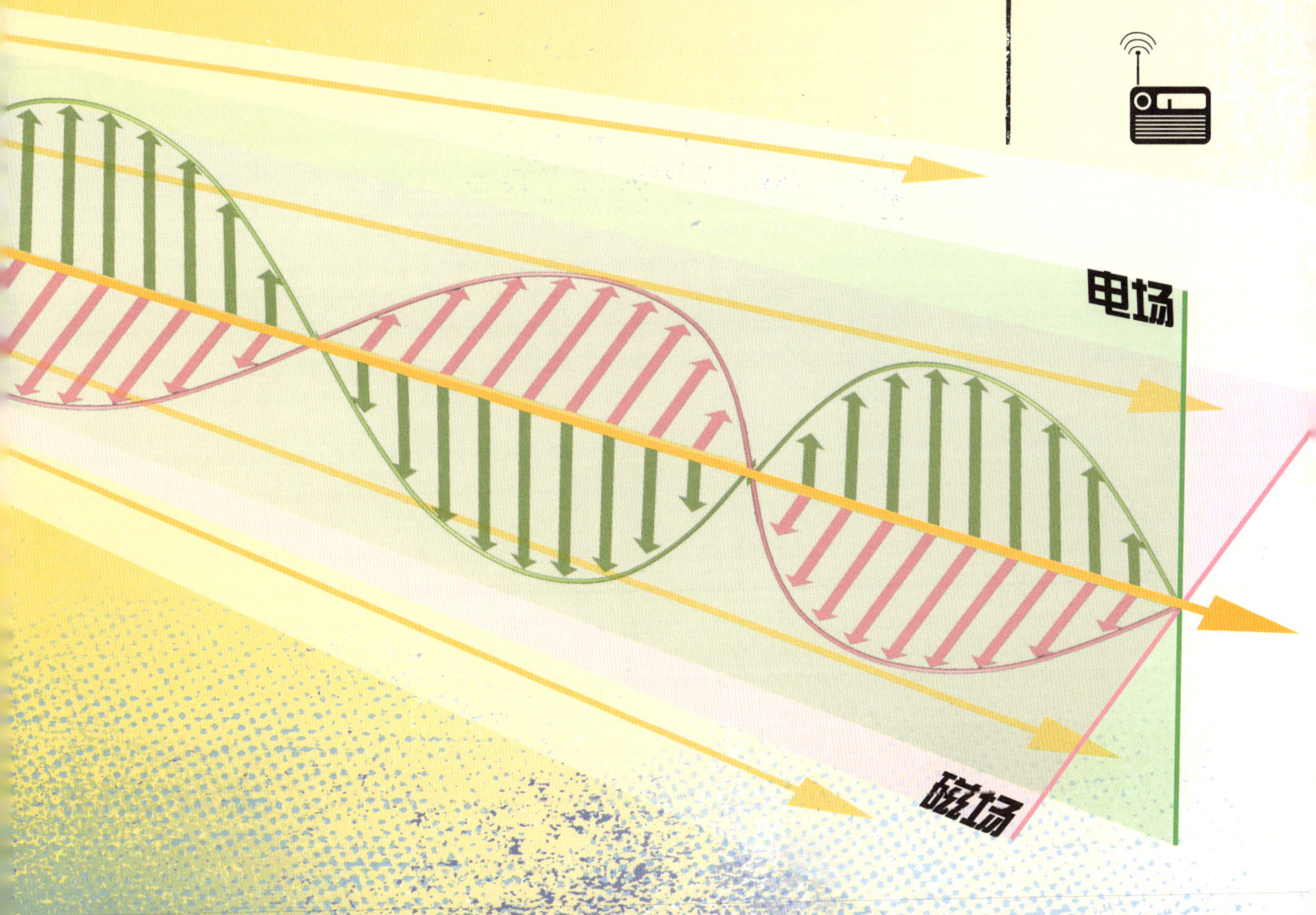

德米特里·门捷列夫

德米特里·门捷列夫（Dmitri Mendeleev）是个性情古怪的化学教授，因创造元素周期表而闻名。他发现了元素之间的相互关系，发明的元素分类机制推动了科学的进步，为日后发现新元素和认识原子结构指明了方向。

德米特里·门捷列夫生于俄国西伯利亚某村庄一个贫穷的家庭，是14个活下来的兄弟姐妹中最小的孩子。在门捷列夫13岁时，他的父亲双目失明，母亲为了补贴家用不得不经营玻璃厂维持生计，然而两年后玻璃厂又在一场大火中毁于一旦。母亲认为门捷列夫应该继续接受教育，带着他徒步加搭车穿越俄国到达了圣彼得堡。然而悲惨的是，在门捷列夫被圣彼得堡一所大学录取后没过几天他的母亲就离世了。

门捷列夫在学业上崭露头角，后来成为化学教授。他作为教师别具一格，以不羁的外表和易怒的脾气著称，尽管如此，他的事业还是蒸蒸日上。1868—1870年，他编制的教科书《化学的原则》出版，后被翻译成多个语种发行。

化学领域在当时面临的关键挑战之一是对元素进行分类。在此之前，数位科学家已经发现了元素作用的方式存在某种模式——如有些元素会与其他元素产生剧烈的化学反应，而也有些元素的化学反应微乎其

大事记

化学先锋
1860年参加世界上首个化学领域的国际会议，讨论化学的标准化。

元素周期表
灵感出现于1869年，尝试以网格结构绘制元素周期表。

首家炼油厂
开展石油研究，1879年协助建立俄国第一家炼油厂。

赢得赞誉
1905年被授予科普利奖章，并当选瑞典皇家科学院会员。

奖项提名
1906年被提名诺贝尔化学奖，但最终未能得奖，推测可能与个人恩怨有关。

门捷列夫绞尽脑汁，试图寻找能让所有元素规律排列的方法。终于有一天在他睡倒在书桌时，灵感出现了。

编写他的第一本教科书仅用时61天

钔是第101号元素

至今已知元素共有118个

微。根据当时已知的元素的原子量数值各不相同，英国化学家约翰·纽兰兹于1865年发现将元素按原子量顺序排列，其物理和化学特性会呈现出规律性，或周期性；每八个元素为一周期，他称之为“八音率”。但是这一规律似乎止于第20个元素钙，之后便开始出现一些偏差。

梦的启发

门捷列夫将破解元素周期的谜题视为己任。1869年，他想到一个点子，将当时已知63个元素的名称和序号分别写在纸牌的背面，以便尝试不同的排列位置。他曾试着用纵横的网格结构寻找元素的周期性，但没有成功。

有一晚，他在这些纸牌前研究时睡着了，做了一个有关纸牌游戏的梦，受到启发：何不试试相反的思路，与其试图将元素填进既定的网格，不如改变网格的形状以迎合元素的特性，并视需要空出位置，留给有可能尚待发现的新元素。新方法奏效了，据此绘制的元素周期表共有七列，对应七个族——具备同一“家族”特征的元素归为一族。第八族“稀有气体”后于19世纪90年代被发现，可完美填入门捷列夫的元素周期表。

该表最大的意义在于它让科学家得以根据元素在周期表中的位置反推该元素的特性。截至1888年，表中的三处空白被新发现的镓、钪、锗填满，证明了元素周期表的正确性。

元素周期表为化学科学带来了颠覆性的进展，让人类首次认识到元素原子量和其化学反应方式之间的联系。而门捷列夫对此起到的关键作用在近一个世

门捷列夫意识到元素周期表中缺失的拼图是尚待发现的新元素。

努力工作吧，**在工作中找到宁静与平和**；你会发现，除此之外别无他法。

德米特里·门捷列夫

纪后终于得到重视，1955 年人们以他的名字命名了一个新的人工合成元素：钔。

亨利·莫塞莱

1913年，26岁的亨利·莫塞莱测定了每个元素的原子序数。

莫塞莱（1887—1915）是一位杰出的英国物理学家和实验家。他使用X射线光谱仪发现元素是由其原子核内的质子数量定义（原子序数）的，而非原子量。由此，他将元素重新按照原子序数排列填入门捷列夫的元素周期表，结果严丝合缝，原先排列存在的偏差被悉数消除。

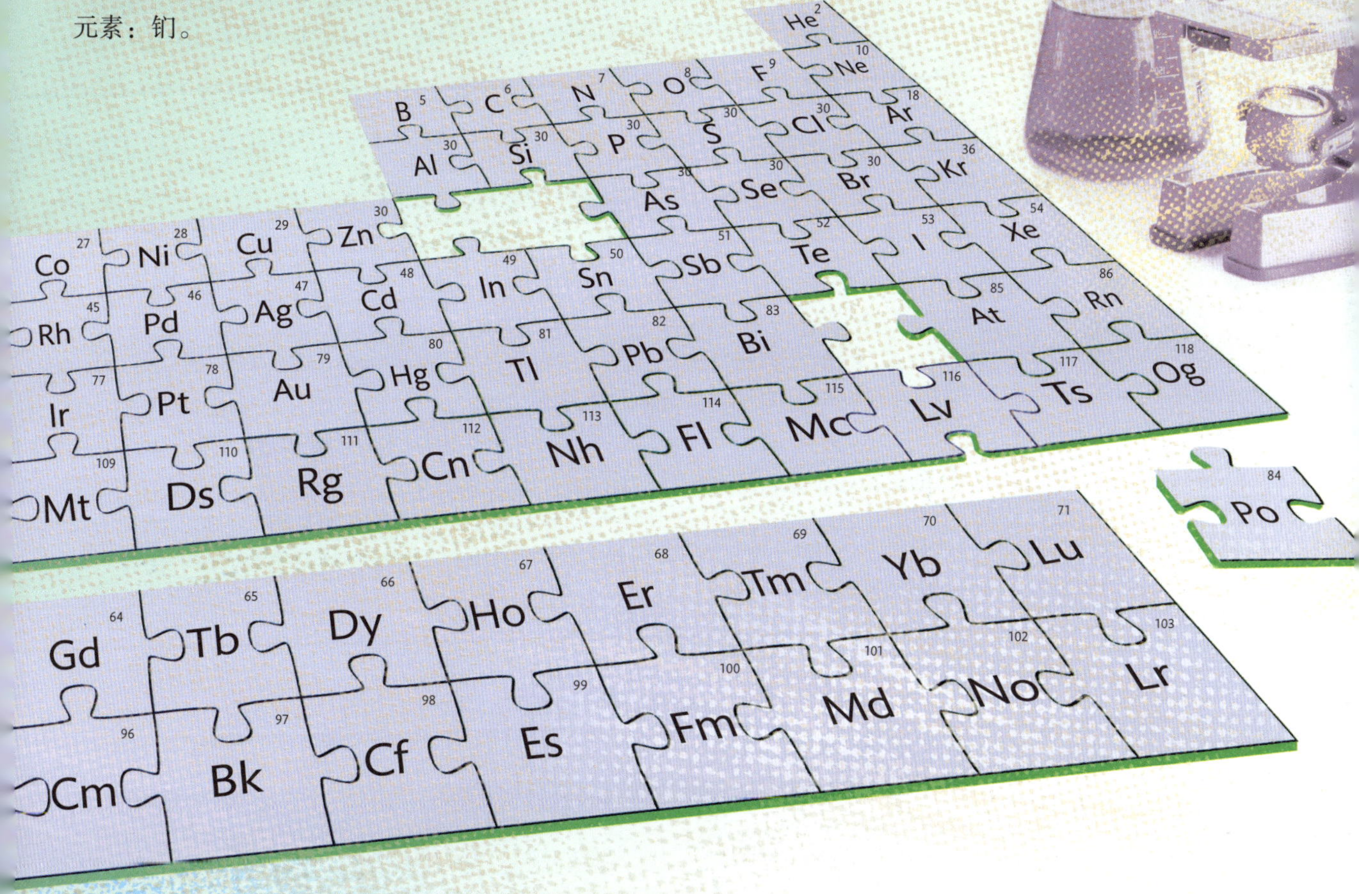

无论甘心与否，在科学中我们必须避免偏信出于某种角度更具主观吸引力的答案，而只能臣服于代表着理论和实验达成一致的结论……

德米特里·门捷列夫

“化学元素的周期性法则”，法拉第讲座，1889年

一位受人尊敬的学者，门捷列夫一生收获了数不清的荣誉称号和奖章。▸

亚历山大·格拉汉姆·贝尔

生于英国的工程师亚历山大·格拉汉姆·贝尔（Alexander Graham Bell）最出名的成就是获得世界上第一台电话机的专利权，除此之外，他还发明了光电话（一种无线通信装置），改良了留声机（后发展为电唱机），并在外科手术和航海工程领域进行了开创性的研究。

大事记

获奖专利
1876年为其发明的使用电线传输话音的技术获得专利。

公开亮相
1876年公开展示其发明的电话机，向16千米外的目的地拨打了电话。

成立公司
1877年凭借岳父的资金支持成立贝尔电话公司。

无线电话
1880年发明光电话，通过光实现话音的无线传播。

时任聋哑教师的亚历山大·格拉汉姆·贝尔于1874年开始探索研发一种装置，类似电报机，使用电线实现话音的长距离传输。同时在尝试发明这种装置的还有其他几位发明家，包括伊莱沙·格雷，他发明了一种液体传输机，后被贝尔借鉴用在了自己的实验中。贝尔最终还是率先制成了世界上第一台可用的电话机，并获得专利。为完成这项发明，贝尔聘请了托马斯·华生帮助设计实现他的构思。经过众多实验，贝尔发现通过让一个钢制的簧片继电器在数个旋转的磁铁上方震动，其产生的电流足以在传播一定距离后再将声音还原。正是这项创新让像发电报一样发送话音成为可能。

进一步实验后，贝尔设计了一台电磁传输机，之后将其用于他的黄油模电话机（得名于外观酷似用来制作黄油块的模具）。该电话机于1876年获得专利，是世界上第一台具备商业价值的电话机。贝尔的发明并未止步于此，1877年他改良了托马斯·爱迪生的留声机，实现了对声音的录制和回放；后来他又发明了金属探测仪，可用于确定人体内残留子弹的位置，在布尔战争和第一次世界大战期间被广泛使用。贝尔还建造了第一艘水翼船，联合成立国家地理学会；并设计了基于四面体几何的空间网架，启发了后来的一种施工技术，该技术推动了20世纪建筑和工程领域的变革。

华生先生，请过来！
我有事找你！

亚历山大·格拉汉姆·贝尔，1876年3月10日世界上第一通电话的通话内容

亚历山大·格拉汉姆·贝尔的实验性电话机用一块单一电磁铁将电力转化为声音。其功能集传输器和接收器为一体。

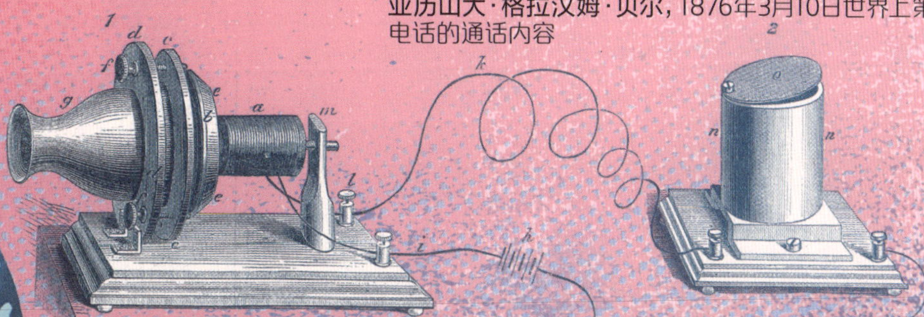

科学家目录

19世纪科学和工业的联系愈发紧密，推动了科学作为职业的发展。在各大学术机构的支持下，科学家互相分享信息，由此得以开始将众多的个人发现凝聚归纳出更加全面的系统理论。

亚历山大·冯·洪堡
1769—1859

亚历山大·冯·洪堡（Alexander Von Humboldt）生于普鲁士（今德国）柏林，是现代地理学和生态思维的创始人之一。他作为首批科学家率先研究了物理条件，如气候、海拔、纬度、土壤对生命分布的影响。作为探险家和科学家，他在南美五年间协助标记了安第斯山脉从海平线到高海拔地区的动植物分布情况。洪堡还指出地球自转不会影响洋流走向，并提出非洲和南美曾经相连。回到欧洲后，他用了大部分时间将自己的探索发现撰写成一部五卷巨著，名为《宇宙》。

汉斯·克里斯蒂安·奥斯特
1777—1851

丹麦科学家汉斯·克里斯蒂安·奥斯特（Hans Christian Qrsted）在哥本哈根大学授课时获得了有关电磁联系的重大发现。当时他正在演示电流通过伏打电堆（一种早期电池）可以使电线发热并发光的现象，他注意到电线旁的罗盘磁针会在每次电线通电时发生转动。之后的进一步研究让他确信电流通过电线时会产生环形磁场。奥斯特的发现转变了许多科学家对于电和磁的认识（二者先前被认为是自然界两种不相关的力）。后经迈克尔·法拉第和詹姆斯·克拉克·麦克斯韦的进一步发展，最终形成了现代电磁学理论。

汉弗里·戴维
1778—1829

英国化学家汉弗里·戴维（Humphry Davy)曾在布里托尔气疗研究所短暂任职研究气体，不久便受邀加入伦敦皇家研究院。他在那里发现了新元素钾和钠，所使用的研究方法后被称为电解法。戴维发现伏打电堆（一种早期电池）发电实为其内部发生化学反应的结果，而如果让该过程反向进行则可通过电力将化合物分解为构成该化合物的各个元素。许多先前未知的元素都使用此法发现。

弗里德里希·维勒
1800—1882

弗里德里希·维勒（Friedrich Wohler）生于法兰克福附近（今德国），毕业于医学专业，但在瑞典师从约恩斯·雅各布·贝尔塞柳斯后成为一名杰出的化学家。他因制备出铝单质而初露锋芒。后于1828年偶然用氨水和氰酸合成尿素，推翻了先前普遍认为生物有机复合物（如尿素）只能从生命有机组织中获取的观点。

尤斯图斯·冯·李比希
1803—1873

德国化学家尤斯图斯·冯·李比希（Justus Von Liebig）推动有机物质（指生命有机体内合成的物质）相关的化学研究取得了多项进展。李比希坚持认为有机化学的奥秘在于认识到即便是仅由碳和水（有时还有氧和氮）构成的物质，其特性的多变程度也不亚于其余所有元素叠加。他后来还断言终有一天化学家将能够合成糖，也能合成止痛剂水杨苷和吗啡。

理查·欧文
1804—1892

提出“恐龙”（dinosaur）一词的第一人理查·欧文（Richard Owen）用术

语“恐龙类”（Dinosauria，意为可怕的蜥蜴）归类19世纪早期发现的三块化石。他认为不同于普通的爬行动物，恐龙能够直立行走，且髋骨以上的脊骨融在了一起。欧文强烈反对查尔斯·达尔文的观点，并以恐龙为据反驳进化论，认为它们比现存的爬行动物更先进。

马修·方丹·莫里

1806—1873

海洋学先锋马修·方丹·莫里（Matthew Fontaine Maury）生于美国弗吉尼亚州，曾在海军服役直到因一场意外结束了出海生活。1842—1861年，莫里出任美国海军气象天文台的首任台长，全力投入北大西洋风向和洋流海图的绘制工作，分析了大量古老船只的航海日志。1855年发表《海洋自然地理》，被认为是世界上第一本海洋学的教科书。

西奥多·施旺

1810—1882

德国生理学家西奥多·施旺（Theodor Schwann）奠定了细胞学说的基础，他认为细胞是动物结构的基本单位。他定义了细胞的三个组成部分：细胞壁、细胞核、流动物质，并提出三者在动物和植物细胞中均存在。1839年，施旺发表论文——《关于动植物的结构和生长的一致性的显微研究》，阐述了著名的观察结论“一切生命体均由细胞和细胞的产物构成。”后来人们以他的名字命名了施旺细胞——一种形成髓鞘包裹在周围神经系统中轴突周边的细胞。

克洛德·贝尔纳

1813—1878

在法国出生的克洛德·贝尔纳（Claude Bernard）在实验医学领域开展了先锋研究，包括探索了人体的调节机制。以他的结论为基础，现代体内平衡概念被提出——机体维持体内环境相对稳定从而独立于外部变化的机制。贝尔纳还研究了消化过程的各个阶段，重点关注了胰腺和肝脏在其中发挥的作用，并阐述了化学物质经消化分解为更简单物质，后又重组构成新的分子为人体组织供能的过程。

威廉·汤姆森

1824—1907

物理学家威廉·汤姆森（William Thomson）（后成为开尔文勋爵），生于贝尔法斯特，成长于格拉斯哥。他的研究串联了物理学的多个领域，并提出任何物理变化在本质上都是能量的变化。他对热力学第二定律进行了详细阐述，认为在任何封闭系统内一切都终将趋于同一温度，并提出了热力学温标。后来人们以他的名字命名了该温标的单位。开尔文温标以绝对零度为起点（-273℃或-459℉），单位间隔和摄氏温标相同。汤姆森还曾监督了跨大西洋通讯电缆的铺设工程。

弗里德里希·奥古斯特·凯库勒

1829—1896

弗里德里希·奥古斯特·凯库勒（Friedrich August Kekule）生于德国达姆施塔特，是化学结构理论的主要创始人，曾在德国、法国、瑞士、伦敦求学，后任波恩大学教授。他研究了元素的原子价（该元素可结合的其他原子数量上限），并于1857年提出碳原子为四价原子。凯库勒最负盛名的发现是由碳原子组成的对称苯环结构。对此，据说他是在梦见一条蛇咬住自己的尾巴时想到了苯的环状结构。

卡洛斯·胡安·芬莱

1833—1915

古巴物理学家卡洛斯·胡安·芬莱（Carlos Juan Finlay）于1881年首次提出黄热病是由一种蚊子传播的。他于1860—1861年在巴黎求学，之后回到古巴从事全科医生的工作。后来他开始对传染病研究感兴趣，并注意到埃及伊蚊常在黄热病疫情暴发期间出现在屋子里。但他的观点直到20年后才引起重视，1900年美国军队黄热病研究委员会的多位研究员通过实验证明了该病与蚊子的关联——一些人在被埃及伊蚊叮咬后感染了黄热病。

奥古斯特·魏斯曼

1834—1914

德国生物学家奥古斯特·魏斯曼（August Weismann）被视为达尔文之后最重要的进化生物学家，他对生物学的毕生热爱始于孩童时期，为此选择学医。作为达尔文理论的支持者，魏斯曼证明了遗传的发生只能通过精子和卵子，而非人体细胞，其依据是他对五代老鼠进行了切尾巴实验，这些实验中被切掉尾巴的老鼠其后代出生时仍长有尾巴，由此说明后天获得的特征不会被遗传。

5

范式转移

1895—1925年

诺贝尔奖得主、神经科学家圣地亚哥·拉蒙·卡哈尔（Santiago Ramón y Cajal）利用显微镜，探索了神经系统组织。他开创性地发现：神经系统是由相互联通的独立神经细胞组成的。

大事记

转折点
1887年，在看到高尔基休晦涩的组织染色方法演示后，意识到该方法能让他的研究更进一步。

技术壮举
1887年，改良了高尔基的染色法，并用它绘制了人脑组织图。

质疑理论
1888年，证明神经细胞并不像主流理论描述的那样以连续的网状连接，而是独立的单元。

撰写巨著
1899年，出版了第一卷神经系统结构杰作。

获奖
1906年，因在神经系统结构领域的贡献，与高尔基共享诺贝尔奖。

圣地亚哥·拉蒙·卡哈尔生于西班牙北部，小时候非常叛逆，热衷于绘画。他想当一名艺术家，但他的父亲是一名医师和解剖学讲师，说服他去读了医学院。最终，卡哈尔的艺术才华和科学兴趣在迅速发展的神经科学领域得到了完美融合。

显微镜和染色法

在成为医生的学习过程中，卡哈尔第一次使用显微镜，这令他印象深刻，于是他用自己的积蓄买了一个，开始观察和绘制他所看到的越来越微小的肌肉组织结构。1885年，他得到了一个更现代的显微镜，他的工作便完全聚焦于组织学——微观层面的解剖学。不久之后，他开始研究神经系统。

在19世纪70年代以前，使用显微镜观察神经组织存在局限性——因为倍率低、分辨率差，导致很难确定组织结构的起始点和终结点。但这种情况随着光学镜片的进步和应用于组织样本的改良染色剂（增强单个细胞的可见度）而改变。

1887年，卡哈尔在巴塞罗那大学担任组织学和病理解剖学教授时，看到了用卡米洛·高尔

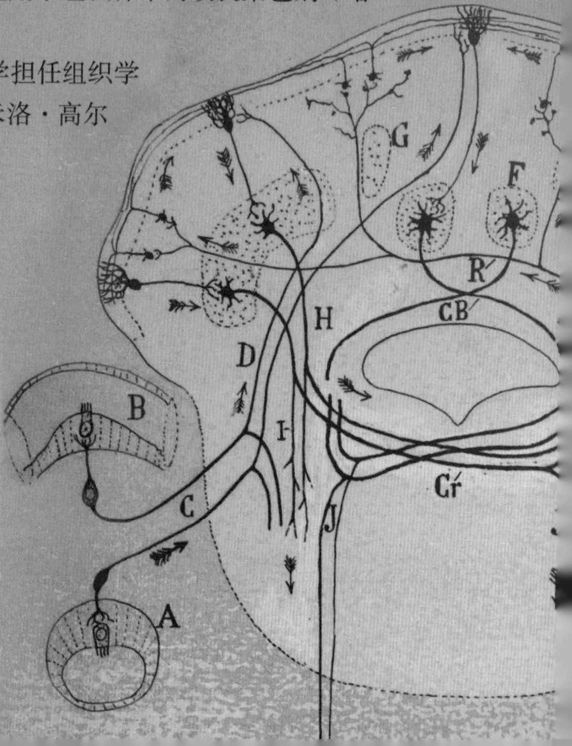

卡哈尔在改良了高尔基的组织染色技术后，绘制出了很多幅人类大脑和神经系统的插图。

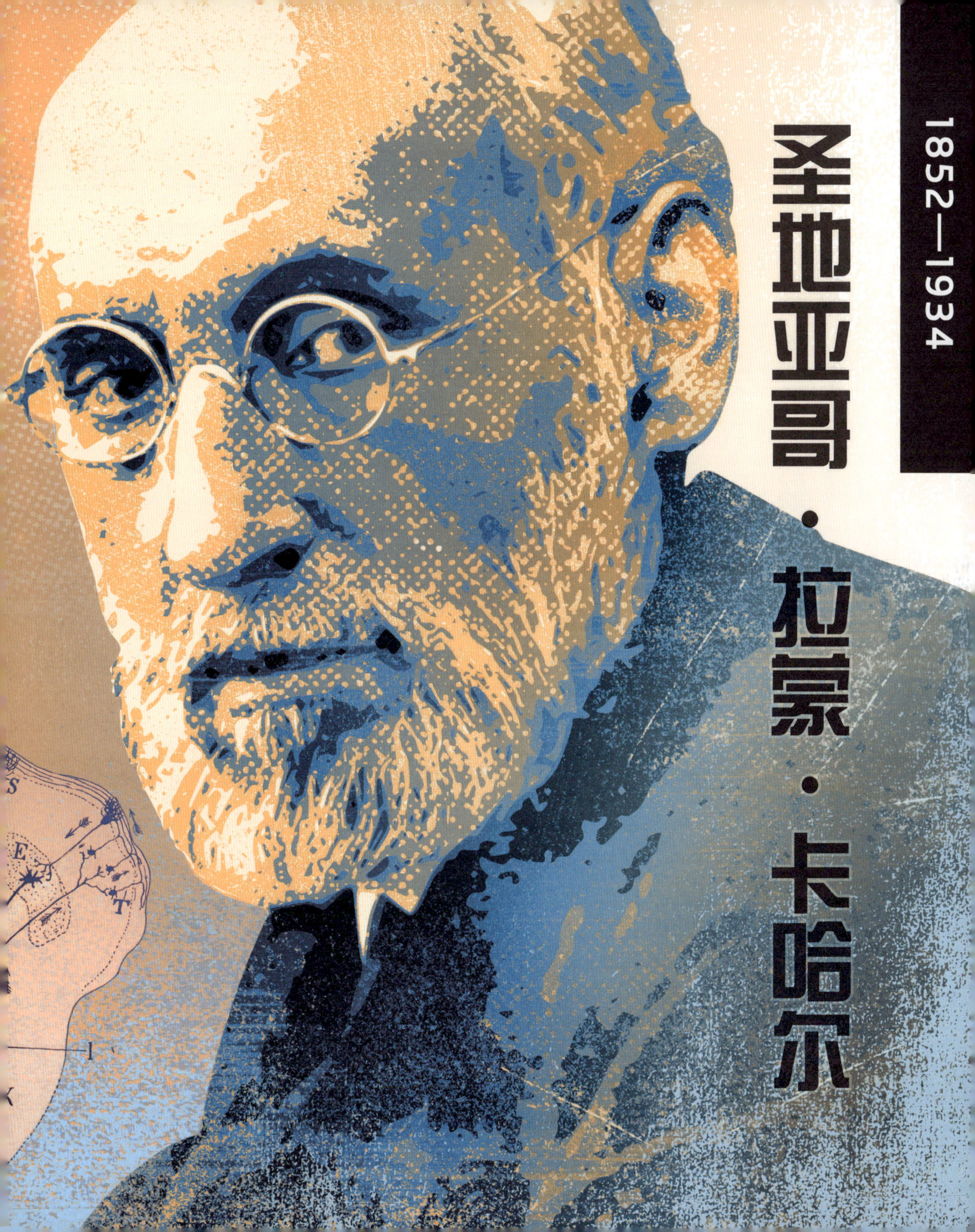

圣地亚哥·拉蒙·卡哈尔

1852—1934

每天花费长达15个小时记录他的观察

发表了约100篇文章，并绘制了2900多幅画

西班牙的卡哈尔研究所珍藏了30218项“卡哈尔遗产”

基方法染色的脑组织（见 167 页），他很惊讶。这对他来说是一个职业生涯转折点。他后来写道：“可以看到神经末梢。”“一眼就够了。我完全惊呆了，视线无法从显微镜上移开。”

在尝试应用了高尔基的方法后，卡哈尔对其进行了改进，直到可以完全看见鸟类和胚胎哺乳动物的大脑、眼睛、脊髓组织中的神经细胞。然后，他精细地绘制了从显微镜下看到的错综复杂的染色细胞，创作出精美的科学插图。

神经元学说

在六年的时间里，卡哈尔继续将他改良的染色技术应用于不同动物（包括人类）的其他神经组织。

1889 年，他已经观察并记录到大脑和神经系统由数十亿个独立的神经细胞组成，它们通过电和化学，在微小的间隙（现在称为突触）之间相互通信。卡哈尔的观察结果挑战了当时关于神经系统组成的主流理论——网状理论，声称神经纤维融合在一起形成一个连续的网络。

1891 年，德国解剖学家威廉·瓦尔德耶创造了“神经元”一词来表示神经细胞，并利用卡哈尔的发现证明了“神经元学说”。这说明神经系统的基本单位是离散细胞（神经元），它们具有非常特殊的连通性，决定了它们如何相互联系发出信号。到 19 世纪末，神经元学说已经取代了网状理论。在 20 世纪

50年代，当电子显微镜图像揭示出突触的存在时，神经元学说得到了广泛认可。如今，它已成为神经系统结构和功能的模型。

1906年，卡哈尔和高尔基因为分别研究神经系统而被共同授予诺贝尔生理学或医学奖。但是，高尔基是一位坚定的网状理论专家，仍然坚持认为神经细胞是物理相连的。

只要我们的**大脑**是一个**谜**，**宇宙**——大脑结构作用的反映，**也将是一个谜。**

圣地亚哥·拉蒙·卡哈尔，1920年

卡米洛·高尔基

意大利医生卡米洛·高尔基发明了一种组织染色技术。

在研究神经系统时，高尔基（1843—1926）希望神经细胞结构在显微镜下更清晰。1873年，他发现了用硝酸银将其染成黑色能让它们显现的方法，该方法后来被卡哈尔改进。尽管有越来越多的证据表明他错了，但高尔基仍坚持公认的网状理论，甚至在两人共享诺贝尔奖时，他依然反驳卡哈尔的理论。

***卡哈尔用笔和墨**以近乎拍摄的精度，再现了大脑和神经系统的复杂结构。他的绘画成为传播其观察结果到科学世界的有力工具。*

德国物理学家马克斯·普朗克（Max Planck）的量子理论驳斥了古典物理学思想，他表明，能量不是连续的而是以固定的数据包或“量子”发出的。量子理论从根本上改变了科学家解释亚原子世界的方式。

大事记

热学原理
1885—1889年，推进热学研究，同时担任基尔大学物理学副教授。

研究辐射
19世纪90年代，研究黑体辐射并计算出原子的振动频率。

突破
1900年，他展示了辐射分布定律，并将能量量子的概念引入物理学。

帮助爱因斯坦
1905年，他是第一批公开支持爱因斯坦相对论的杰出物理学家之一。

获得诺贝尔奖
1919年，因发现能量量子而获得诺贝尔物理学奖。

马克斯·普朗克出生于德国北部的基尔，是六个兄弟姐妹中最小的。9 岁时，全家搬至慕尼黑，普朗克就读于马克西米利安文理中学。在那里，他表现出对机械、数学和音乐的天分，并在导师的启发下，激发出对物理学的兴趣，于是他选择在大学学习该学科。21 岁时，他递交了博士论文——《关于热力学第二定律》（热量如何移动），获得了慕尼黑大学的博士学位。1889 年，他成为柏林大学理论物理学教授，并一直留在那里直到 1926 年退休。

黑体辐射

19 世纪 90 年代，物理学家都在努力解释光的吸收和发射，并全神贯注于“黑体”辐射。1859 年，德国物理学家古斯塔夫·基尔霍夫将黑体定义为吸收所有落在其上的电磁辐射（包括光）的假设物体。加热时，黑体以电磁波的形式辐射能量，其波长范围包括可见光、紫外光和红外光。

***普朗克在德国普及了**朋友阿尔伯特·爱因斯坦的著作，并于1914年在柏林大学专门为他设立了新的教授职位。*

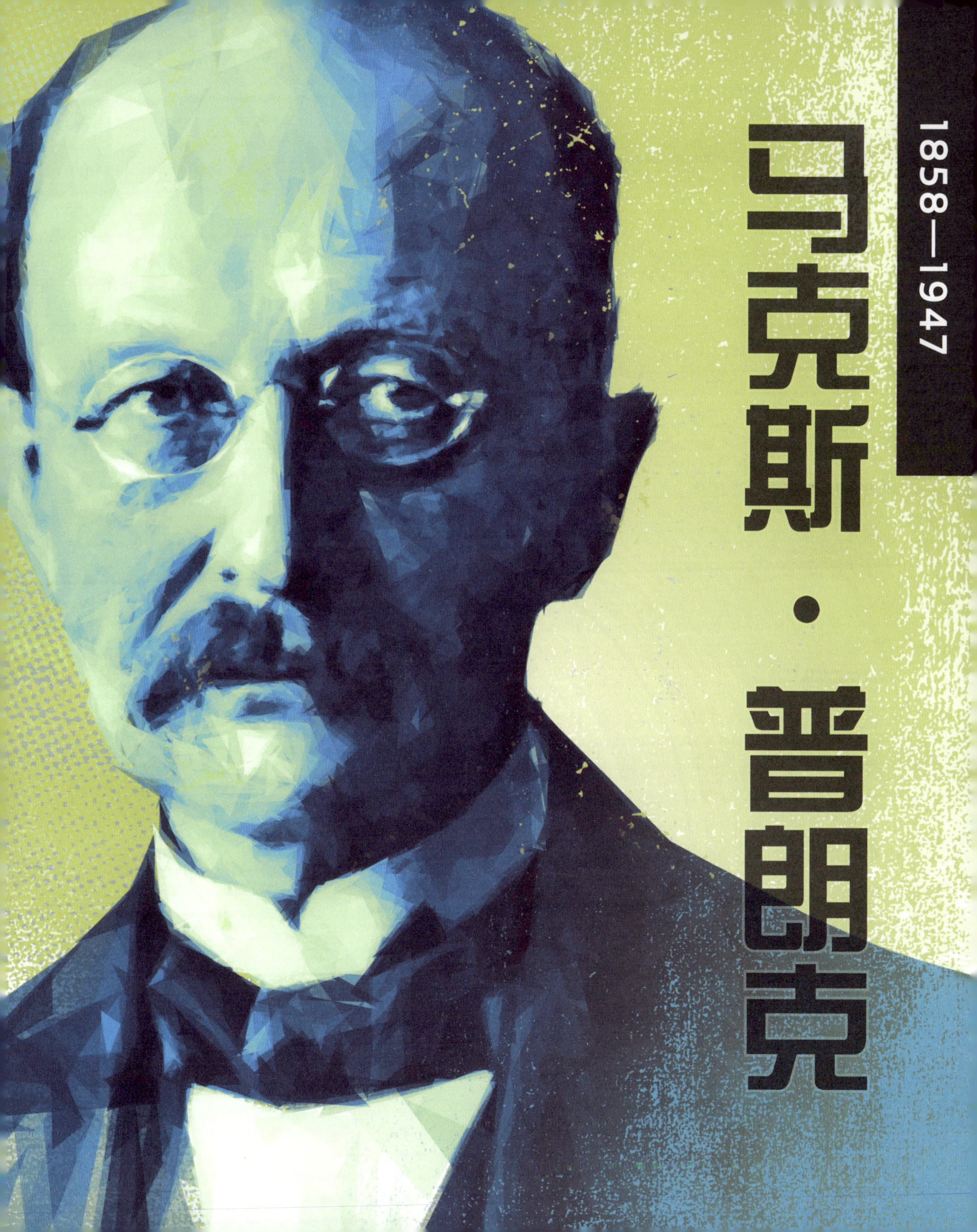
1858—1947
马克斯·普朗克

物理定律无视人类感觉，它们取决于事实……

马克斯·普朗克，1931年

但是，物理学家在实验中注意到，热物体辐射的波长与经典热力学理论所预测的波长不同。1894年，普朗克在柏林时将注意力转移到黑体辐射上，开始追求理论与观察相匹配。

普朗克研究了黑体发出的电磁辐射强度如何取决于黑体的温度和辐射的频率（光的颜色）。当时，物理学家认为辐射源是可以以任何频率连续振荡（振动）的原子。但是在1899年，普朗克注意到原子只能以他命名为“h”的基本频率的整数倍振动。例如，原子可以以10h的频率振动（因为10是整数），而不能是10.5h的频率。普朗克计算了h值，现在称为普朗克常数。它是一个基本的物理常数：其数值在已知宇宙到处都一样。普朗克还假设，与经典物理学所提出的观点相反，光子（光粒子）不会以光滑、连续的波发射能量，而是以可测量的量或数据包的形式发

保罗·狄拉克

英国物理学家保罗·狄拉克最著名的是狄拉克方程，该方程预测了反物质粒子（如正电子）的存在。

狄拉克（1902—1984）在研究生时期阅读了维尔纳·海森堡关于矩阵力学的论文，描述了粒子如何从一种量子态跃迁到另一种量子态。他可以看到与粒子运动的部分经典（量子前）理论的相似点。他找到了一种在量子水平上理解经典系统的方法，并创立了量子场论。他的狄拉克方程预测了“反物质”或“正电子”，即与物质的性质相同但电荷相反的粒子。1932年，狄拉克被任命为剑桥大学卢卡斯数学教授，并与埃尔温·薛定谔一起于1933年获得诺贝尔物理学奖。

射能量，后来称为“量子”（quanta，源自拉丁语“quantum”），意为“多少”。量子是最小的能量包。

普朗克辐射定律

该理论后来被称为普朗克辐射定律，最终解释了物体的温度与该物体以电磁辐射形式发射的能量之间的关系。普朗克将此关系呈现为一个数学方程：$E = h\nu$，即，光子中的能量（E）等于普朗克常数（h）乘以电磁辐射频率（ν）。

1900年，普朗克向德国物理学会提出了他的光理论，即“量化”的能量包。它推翻了过去的所有物理理论，从而引发了一场物理学革命。如今，它已被视为量子理论的起源。1905年，爱因斯坦扩展了普朗克的假设，以解释其光电效应：光传输过程中存在离散的能量包，从而验证了这一假设。

定义常数h可使普朗克设计一套新的物理单元。其中包括普朗克长度，可能的最小度量单位：1.6×10^{-35}米。光子以光速行进普朗克长度所花费的时间是普朗克时间的一个单位。这是最小的可测量时间单位：5×10^{-43}秒。

他的量子理论是20世纪科学的两大基石之一

曾获74次诺贝尔物理学奖提名

全球有83家马克斯·普朗克学院

***普朗克的理论**基于大胆的想法，即能源只能以固定的“数据包”（量子）获得，为太阳能等现代技术铺平了道路。*

引入量子理论并不会破坏物理学，而是要进行某种意义的重构。

马克斯·普朗克

《现代物理学的宇宙》，1931年

普朗克对光与能量之间关系的计算带来了量子理论和物理学的新纪元。▶

20世纪初，美国生物学家内蒂·史蒂文斯（Nettie Stevens）开创性地发现：动物的性别是由特定的染色体决定的。因其对遗传学的贡献，她成为被认可的女科学家，遗憾的是在有生之年她的贡献在很大程度上被遮盖了。

大事记

大学生涯
从事早期教学工作后，于1896年进入斯坦福大学学习生物学。

赢得博士学位
1903年，在遗传学家托马斯·亨特·摩尔根的指导下，获得布林莫尔学院的博士学位。

粉虫研究
1904年，由卡内基研究所赞助，研究粉虫的染色体行为。

主要发现
1905年，发表她对性别决定的发现，早于美国遗传学家埃德蒙·比彻·威尔逊。

不合时宜的结局
1912年，由于健康状况不佳而拒绝了布林莫尔学院研究教授的邀请，并在不久后离世。

内蒂·史蒂文斯于1900年毕业于斯坦福大学，获得生物学硕士学位，随后于1903年在布林莫尔学院获得博士学位。尽管她的科学生涯直到39岁才开始，但史蒂文斯因在早期遗传学领域的重要突破而受到赞誉。

性别决定

20世纪初期，科学家对生物性别由什么决定存在分歧。许多人认为它是由胚胎期的外部因素引起的，如温度或营养。史蒂文斯对粉虫染色体行为的研究结束了这场辩论。

在研究过程中，她注意到男性生殖细胞包括X和Y染色体，而女性仅产生X染色体。因此，她得出结论，生物体的性别取决于其从父母双方继承的染色体，并于1905年发表了她的发现。这项研究首次将物理特征和特定染色体联系起来。但是，史蒂文斯的发现直到她逝世后才得到广泛认可。

> 她的**贡献**会被**铭记。**
>
> 托马斯·亨特·摩尔根，1912年

***史蒂文斯**在显微镜下艰辛地研究生殖细胞，提供关键数据以支持染色体遗传学理论。她的研究覆盖了很多昆虫类别。*

内蒂·史蒂文斯
1861—1912

乔治·华盛顿·卡弗

非裔美国农业科学家和实验者乔治·华盛顿·卡弗（George Washington Carver）通过创新的土壤改良和农作物种植科学方法，帮助恢复了美国南部的经济。他还开发了商业上可行的产品，这些产品可以取材自种植的农作物而不是棉花。

大事记

继续教育

继续教育让他成为第一位就读于艾奥瓦州立农业学院的非裔美国第一人；1894年获得学位。

产品研究

1900—1920年，发明了287种花生衍生品和118种红薯衍生品。

美国认可

1921年在美国众议院面前为花生种植者辩护，受到拥护。

奖项与荣誉

获得了多项荣誉，包括1923年的斯平加恩奖章，表彰其卓越成就。

卡弗出生于密苏里州的一个种植园，奴隶身份，1865年废除奴隶制后他接受了教育。1896年他获得农业硕士学位后，被任命为由著名教育家布克·华盛顿经营的塔斯基吉研究所的农业主任。卡弗同时致力于改善南部农业。

恢复经济

19世纪末，美国南部的主要农作物是棉花，但是单纯种植这种农作物，会慢慢吸收土壤中的养分，单产创历史新低。卡弗鼓励农民种植花生、红薯和大豆，因为这些作物富含氮，将有助于土壤恢复。然后，鉴于农作物本身的商业化并不好，他开始研究这些农作物可以制成的衍生商品。卡弗的研究工作创造了400多种可销售产品，如油和染料，不仅提高了金融收益，还使南方成为美国农业经济的主要贡献者。

教育是打开通往自由**金门**的钥匙。

乔治·华盛顿·卡弗，1896年

***卡弗监管**亚拉巴马州塔斯基吉研究所的农业部47年。在他的实验室中，他教奴隶可持续的农业种植方法和技术，以实现自给自足。*

美国遗传学家和动物学家托马斯·亨特·摩尔根（Thomas Hunt Morgan）因在遗传领域的开创性研究而获得了诺贝尔奖。继格雷戈尔·孟德尔的研究之后，他证实了染色体的作用，并为现代遗传学奠定了基础。

大事记

早期实验
1891年在布林莫尔学院任教；从事实验胚胎学研究，专注于差异化。

蝇房
1904年移居哥伦比亚大学；1908年开始果蝇实验的育种计划。

开创性著作
1915年出版具有里程碑意义的著作，讲述遗传如何根据孟德尔定律运作。

海洋研究
1928年成为加州理工学院的生物学负责人；帮助创立海洋生物学研究部门。

获奖
1933年，因其对遗传特征的研究而获得诺贝尔生理学或医学奖。

托马斯·亨特·摩尔根于1866年出生于肯塔基州的一个富裕家庭。孩童时收集化石、青春期进行生物野外调查，他的乡村成长经历激发了他对自然界的终生迷恋。年仅16岁时，摩尔根便就读于肯塔基大学学习科学，然后被约翰·霍普金斯大学录取，开启形态学和生理学的硕士研究生涯。1890年，24岁的摩尔根，获得动物学博士学位。1891年，他成为布林莫尔学院的生物学副教授，在那里他将教学与胚胎学研究相结合。在布林莫尔学院任职期间，摩尔根在实验胚胎学上取得了重大进展。他后来在遗传学领域的研究工作，为他赢得了长久盛名。

遗传学问题

1904年，摩尔根移居纽约，在哥伦比亚大学担任实验动物学教授，正是在这里，他的开创性遗传学研究开始了。当时，现在众所周知的遗传学学科尚不存在——虽然对遗传特性已经进行了研究，但其中很多还没有定论或仅有部分定论。1866年，在研究豌豆植物的遗传特征后，奥古斯丁修道士格雷戈尔·孟德尔（见140—

*摩尔根在他的“蝇房”实验室培育**繁殖了**数百万只果蝇。果蝇能够在10天左右繁殖一批后代，是研究遗传的理想选择。*

托马斯·亨特·摩尔根
1866—1945

143 页）对“遗传粒子”（传承世代相传特质的微小粒子）进行了理论分析。

后来，包括德国生物学家西奥多·勃法瑞在内的科学家进一步推动了这项研究，但遗传过程仍不清楚。

摩尔根在其职业生涯的早期就对以前的许多研究表示怀疑，包括孟德尔的遗传理论和达尔文的自然选择理论。摩尔根天性爱批判，且对实验室的控制实验喜爱程度胜于观察科学，于是决定自己做实验来了解遗传。

即便要埋头苦干，我们遗传学家也该为之欢欣鼓舞。

托马斯·亨特·摩尔根，1932

“蝇房”

摩尔根选择的实验对象是黑腹果蝇，它们是理想的实验标本：因为它们表现出广泛的生理特征，只有少量的大染色体（以基因的形式携带可继承的遗传信息），并且高速、大量繁殖。1908 年，摩尔根在哥伦比亚大学建立了一个大型实验室，称为“蝇房”，他在那里饲养了上百万只果蝇。他将具有特定特征的果蝇杂交，并在显微镜下研究其染色体来分析其后代的变异。

发现遗传

他的关键发现来自白眼雄蝇与红眼雌蝇的繁殖。他发现所有后代的眼睛都是红色的。实验结果表明红色是显性颜色，而白色则是隐性颜色。然后，摩尔根杂交了其中两个后代：第二代后代中

赫尔曼·约瑟夫·马勒

美国著名的遗传学家赫尔曼·约瑟夫·马勒因其在基因突变领域的研究而获得了诺贝尔奖，这证明可以通过X射线人为地诱导遗传突变。

马勒（1890—1967）在纽约长大，1907年获得了哥伦比亚大学的奖学金学习生物，并于1916年获得博士学位。受到托马斯·亨特·摩尔根的研究启发，他从1920年开始，花了12年时间在得克萨斯大学研究基因突变。1926年，他进行了一系列实验，通过使用X射线诱导基因突变。这项经典而有意义的工作帮助他确立了著名遗传学家的地位。马勒还率先提出了人类长期暴露在辐射中的危险，并参与了限制核武器的运动。

***摩尔根的果蝇实验**使他能够跨代追溯遗传特征，并确定基因的确切行为。第二代杂种蝇表明，白眼特征通过雄性系遗传。*

有 1/4 拥有白色的眼睛，且所有白眼果蝇都为雄性。这表明白眼特征肯定与蝇的性别有关。进一步实验揭示了其他与性别相关的生理特征，摩尔根得出结论，所有这些特征都肯定是从负责性别确定的染色体上遗传下来的。雄性性染色体是 X 和 Y，而雌性性染色体都是 X，因此摩尔根可以推断 Y 染色体上一定带有白色眼睛和其他仅在雄性身上可见的特征。进一步的研究表明，基因占据了染色体上的特定位置，这使得基因图谱的产生成为可能。

摩尔根通过他的果蝇实验证实了染色体遗传理论，并承认孟德尔研究的价值和准确性。在拓展孟德尔的植物研究并将其应用于动物中，摩尔根的工作标志着遗传研究的转折点，并开创了遗传学领域。

研究果蝇17年

撰写了370篇科学论文

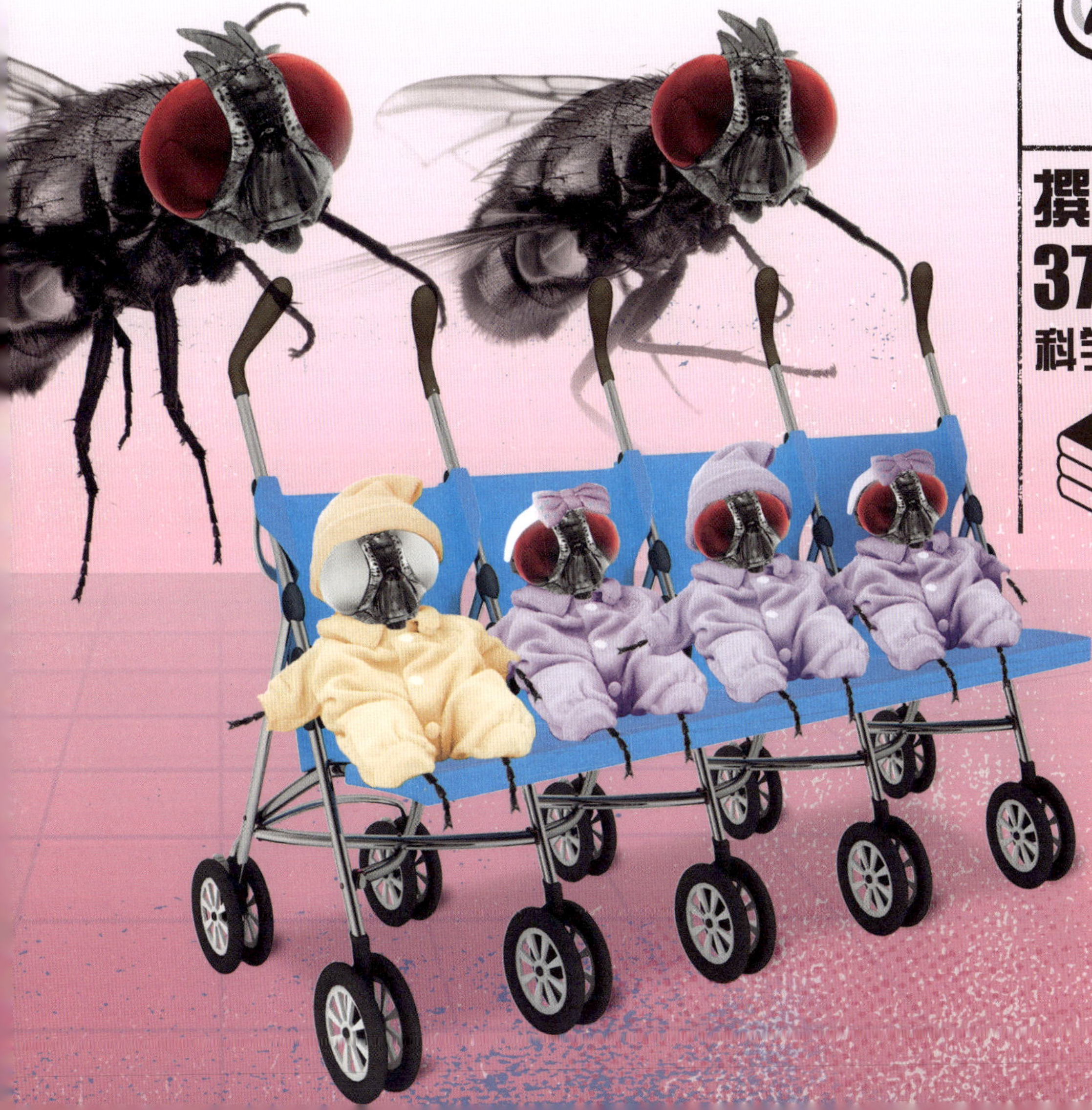

玛丽·居里

玛丽·居里（Marie Curie）是一位真正的先行者，她是一位充满激情和具有奉献精神的科学家，她对放射性的研究开辟了一个崭新的知识世界。她发现了两个新的放射性元素，为放射疗法在癌症治疗中的应用奠定了基础。

玛丽·居里出生于波兰，本名玛丽亚·斯克沃多夫斯卡（波兰语：Maria Skłodowska）。她从小命途多舛：10岁时，她的母亲和姐姐都去世了。尽管她很聪慧，但当时波兰的妇女不被允许上大学，玛丽只能在做女教师时偷偷学习。到23岁时，她存够了钱，去巴黎索邦大学上学。她获得了物理学和数学科学的学位，还结识并嫁给了物理学家皮埃尔·居里。这对夫妇成了出色的搭档。

亨利·贝克勒尔最早发现某些化学元素具有放射性，居里对此很着迷，她决定从事这一领域的研究，她的丈夫也加入了她的研究。他们孜孜不倦地进行铀矿石（称为沥青铀矿）的分析，并于1898年发现了其中的两个新放射性元素：钋（Po，以居里夫人的祖国波兰命名）和镭。这一发现为他们赢得了1903年诺贝尔物理学奖，该奖项授予居里夫妇和贝克勒尔。

大事记

新元素
1898年，与丈夫一起发现了两个新的放射性元素——钋和镭。

原子物理学
1898年，开创了原子物理学的新研究领域，并发明了“放射性”（rdioacfivity）一词。

诺贝尔奖
1903年，由于她和丈夫的非凡成就，获得了诺贝尔物理学奖。

癌症治疗
1910年与法国化学家安德烈-路易·德比尔恩合作，分离了镭，后来用于放射治疗。

再次获奖
1911年，再次获得诺贝尔化学奖，成为历史上首位两次获得诺贝尔奖的人。

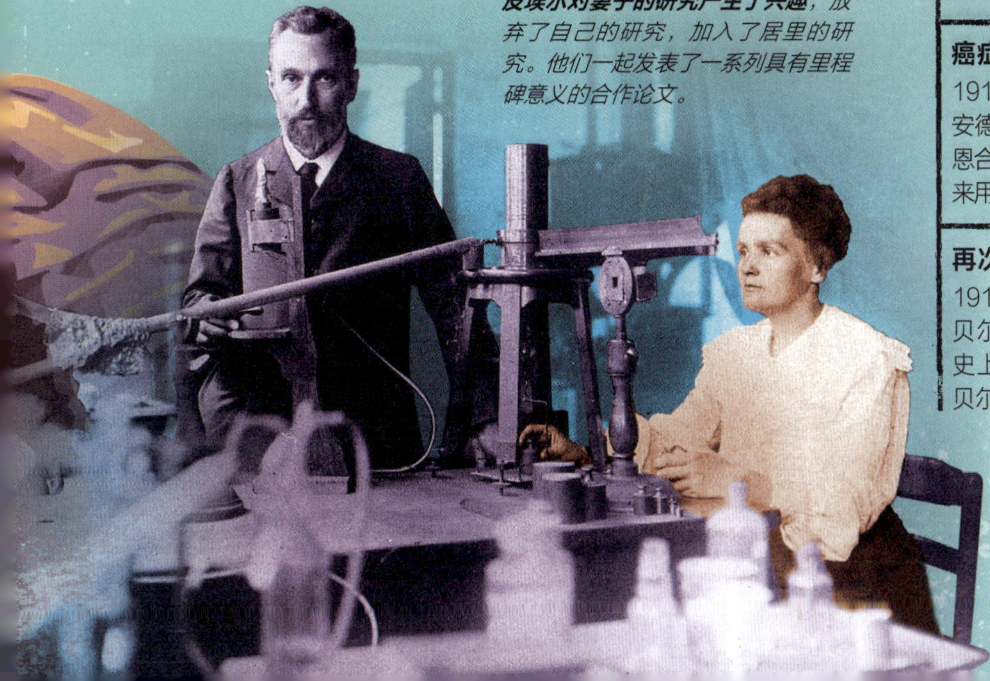

***皮埃尔对妻子的研究产生了兴趣**，放弃了自己的研究，加入了居里的研究。他们一起发表了一系列具有里程碑意义的合作论文。*

安东尼·亨利·贝克勒尔

法国物理学家安东尼·亨利·贝克勒尔是发现自然放射性的第一人。1896年，他在研究X射线时注意到铀会放射出放射性粒子。

贝克勒尔（1852—1908）对磷光（发光物质）感兴趣。他想看看磷光和X射线之间是否有联系。他拿了一种含铀的盐，使盐暴露在光线下有发光现象，然后他将其放在一些相片底片上，希望铀能吸收光并将其重新发射为X射线。他把含铀的盐放在一个黑暗的抽屉里，放了一整夜，第二天他惊奇地发现相片底片感光了。这证明盐中的铀已经发出了辐射。为了表彰他的贡献，放射性单位以他的名字命名——贝克（BQ）。

1906年，悲剧发生了：皮埃尔被马车撞死。居里独自抚养两个年幼的女儿，还接任了丈夫在索邦大学的物理学教授职位。她继续进行研究，最终于1910年分离出纯镭。由于她对该元素的提取和特性的出色研究，她于1911年第二次获得了诺贝尔奖，这次是诺贝尔化学奖。

放射性的危险和价值

尽管居里创造了“放射性”一词来描述当原子分解成另一种形式时是如何释放能量的，但她没有意识到处理放射性物质的危险，而是随身携带样品并将其放在桌子上。铀和其他放射性物质释放出的射线的穿透力具有潜在危险性，居里夫人开始有了放射病的迹象。尽管如此，包括居里夫人在内的科学家也开始意识到，如果这些元素使用得当，辐射在医学和科学领域都可能具有重要的应用。

人们没有注意到**已经做了什么**，而只看到**还有哪些需要做**。

玛丽·居里，1894年

努力挽救生命

居里夫妇认为知识应该共享，不应从研究发现中获利。第一次世界大战期间，居里夫人用她获得的诺贝尔奖奖金捐赠了 20 个绰号为“小居里”的移动 X 射线装置，送往战场为受伤的士兵进行扫描。她甚至驾驶其中一辆卡车，并培训其他人，包括她的女儿伊蕾娜，对伤员进行 X 射线检查。战后，成立了居里基金会（现居里研究所），率先研究使用镭治疗癌症。居里夫人两次访问美国，为这项研究筹集资金。

不幸的是，过多的辐射对人体有害，居里的工作对她来说是致命的。她在 66 岁时死于骨髓再生障碍性贫血，很可能就是因为长时间暴露在辐射下而造成的。

赢得诺贝尔奖的第一位女性

第一次世界大战中捐赠了她的诺贝尔奖奖金

1921年，1克镭价值100000美元

1894年，玛丽在巴黎遇到了皮埃尔。他们不久后即结婚并搭档研究。他们对放射性性质的共同研究使他们获得了1903年的诺贝尔奖。

欧内斯特·卢瑟福（Ernest Rutherford）通过研究物质的核心，改变了我们对原子的理解，确定了原子的组成并揭示了其内部结构。他证明了原子可以分解成更小的成分，并描述了该过程产生的两种辐射：伽马（γ）射线和贝塔（β）射线。

大事记

辐射粒子
1899年，发表了对α辐射和β辐射，以及元素分解的发现。

最高奖
1908年获得诺贝尔化学奖——被誉为化学家时，他感到很惊讶。

原子结构
1911年提出了原子的“卢瑟福模型”，指出电子围绕一个微小的核运行。

分割原子
1919年发现质子，并且证实了一种元素到另一种元素的嬗变：核裂变过程。

欧内斯特·卢瑟福出生于新西兰南岛布赖特沃特村的一个农民家庭。他获得坎特伯雷学院（今坎特伯雷大学）奖学金和三个理科学位，然后获得了海外奖学金，并前往英国剑桥大学与物理学家约瑟夫·汤姆逊共事。卢瑟福的研究质量给汤姆逊留下了深刻印象，汤姆逊在1898年推荐他为加拿大蒙特利尔麦吉尔大学的物理学教授。年仅27岁的卢瑟福被麦吉尔大学录用，启程前往加拿大。

在蒙特利尔，卢瑟福开展的研究工作为他赢得了诺贝尔奖——对元素衰变的研究。亨利·贝克勒尔刚刚发现了放射性（见182页），随后汤姆逊识别出了电子：带负电的亚原子粒子。在此之前，人们一直认为原子是不可分割的，但现在看来它们是由更小的部分组成的，并且放射性随着衰变而释放。卢瑟福研究了铀发出的辐射，发现它有两种类型，他称为阿尔法（α）辐射和贝塔（β）辐射。他还发现α辐射由带正电的粒子组成，当原子释放这些粒子时，它们会变小。这使他提出了原子分解，而辐射是该过程的副产品。卢瑟福还注意到，不同的放

*卢瑟福使用该设备（右图）实现了**元素的第一次转变**。氮原子通过与管内的α粒子碰撞变成氧气。这个窗口显示，质子释放出去了。*

我弄坏了机器，**却因此发现了物质的本质。**

欧内斯特·卢瑟福，1917年

欧内斯特·卢瑟福
1871—1937

这里讨论的变化**与以前化学处理过的任何变化都不一样。**

欧内斯特·卢瑟福, 1902年

***卢瑟福**向一薄层原子**发射**带正电的粒子。大多数粒子直接穿过原子，但有些粒子发生偏转，而有些粒子又反弹回来。他得出的结论是，原子主要由带有一个微小的带正电的中心（即原子核）的空间组成，原子核由电子云环绕。*

射性物质以不同的速度分解，他称其为“半衰期”，可以预测每种物质减少一半所需的时间。

原子内部

1907 年卢瑟福回到英国，成为曼彻斯特大学的物理学教授，在那里他做出了最著名的发现。当时，公认的原子模型是卢瑟福的前导师汤姆逊提出的。汤姆逊想象原子是带正电的弥散云，其中嵌入了电子，这就是“梅子布丁模型”（Plum pudding model）。为进行测试，卢瑟福的两名学生向一块超薄的金箔薄膜上发射了 α 粒子。他们希望这些粒子能够穿过金原子，尽管存在微小的偏转，但是，一些粒子穿过了，一些粒子却被反弹了，这表明它们遇到了阻碍。卢瑟福总结出原子的质量和正电荷都集中在其中心很小的体积中，他称其为“核”。

原子结构的转变

1911 年，卢瑟福发表了他的原子模型，他将其比作一个微型太阳系：大部分是空的空间，电子围绕一个微小的原子核运行，所有这些原子都通过能量聚集在一起。这一思想是一个巨大的飞跃，因为它表明在最根本的层面上，物质并不牢固——这个概念对于大多数科学界人士来说太过激进了，他们喜欢“梅子布丁模型”，并认为卢瑟福的原子模型不能站稳脚跟。

卢瑟福于 1919 年接替汤姆逊担任剑桥大学卡文迪许实验物理学教授，并在那里继续他的研究。他发现，如果氮和其他轻元素被 α 粒子轰击，它们会释放出氢核。氢是最简单的元素，卢瑟福推测其原子核必定是所有元素的组成部分。氢核带有正电荷，因此他将其命名为质子。他后来提出存在带中性电荷的粒子，这些粒子与质子并列在原子核内。1932 年，在卢瑟福的指导下，卡文迪许实验室的詹姆斯·查德威克最终确定了中子（这种粒子的名称）。

尼尔斯·玻尔

丹麦物理学家玻尔与卢瑟福一起在研究原子结构方面发挥了重要作用。

玻尔（1885—1962）意识到经典物理学无法解释卢瑟福的原子模型，于是转向量子物理学寻求解释。1913年，他提出电子具有固定的能量等级，并在轨道“壳”中以固定的距离绕核运动。电子通过吸收或发射定义的能量（量子）包而改变为更高或更低的轨道。

证明原子并非坚不可摧

发现原子核和质子

以他的名字命名的合成元素：𬬻，符号为RF

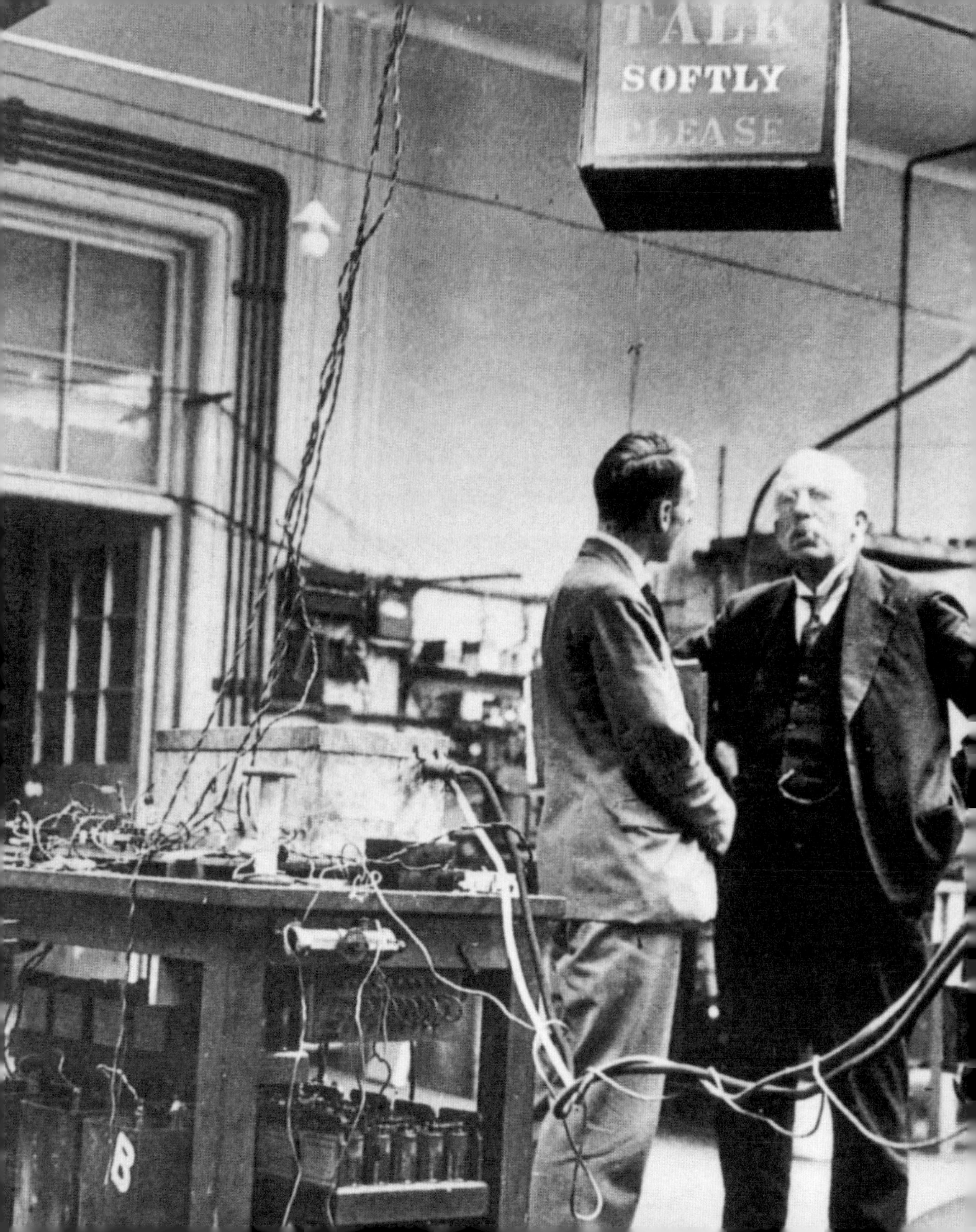
TALK
SOFTLY
PLEASE

我从小把原子看成一位不错的伙伴，根据口味，或者为红色或灰色。但是，为了阐释事实，不能把原子看成一堆物质。

欧内斯特·卢瑟福

1934年的一次晚宴后演讲

◂卢瑟福（右），拍摄于1934年剑桥大学卡文迪许实验室

安东尼奥·埃加斯·莫尼斯

葡萄牙神经学家安东尼奥·埃加斯·莫尼斯（António Egas Moniz）因他在脑成像方面的开创性研究而受到高度评价，他还进行了有争议的外科手术——额叶前部脑白质切断手术。他的手术技巧在20世纪40—50年代，经由其他神经科医生改进，成为精神病治疗的核心部分。

里斯本大学的第一位神经学教授安东尼奥·埃加斯·莫尼斯于1927年发明了一种血管造影照片，一种用于检查血管的X射线。这项发明是由莫尼斯对如何更好地确定脑肿瘤的位置以提高其成功切除概率的兴趣所推动的。他认为，如果可以通过射线照相看到大脑的血管，就可以精确定位肿瘤。他对人类被试者进行了不透射线染料的注射实验，发现25%的碘化钠溶液可以提供最安全、最清晰的结果。直到1975年CT成像问世，莫尼斯的技术才成为唯一的用于对脑血管成像和识别阻塞动脉的诊断工具。

莫尼斯也是心理外科领域的先驱。他相信自己可以通过对精神病患者的额叶进行手术来根除某些精神状态，如痴迷和抑郁。他设计了一个带有金属丝环的针，即脑白质切断器，用于切开但不切除叶的连接组织。他对患有抑郁症、焦虑症和精神分裂症的患者进行的开颅手术（也称为脑白质切断手术）被认为可以改变相关的人格特质和行为。直到20世纪60年代，该技术在美国进一步发展，才成为治疗精神疾病的标准方法。但是，只有1/3的患者受益，其他人则受到了严重伤害。

大事记

血管图像

1902年，在佩德罗·阿尔梅达的帮助下开始进行血管成像实验。

血管造影论文

1927年，他在法国杂志《神经洛基》上发表了第一篇有关血管造影的论文。

险些丧命的枪击

1939年，被一名精神分裂症患者射击。他的脊椎被打碎，但他仍继续行医。

诺贝尔奖

1949年，因发明前额叶切除术而获得诺贝尔生理学或医学奖。

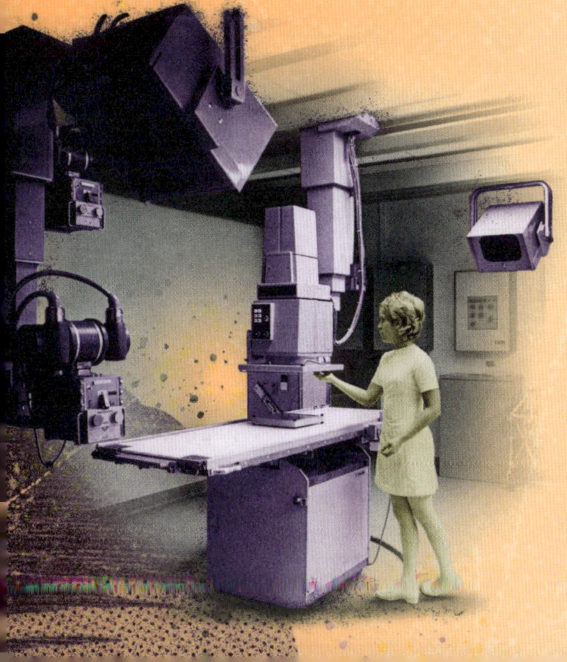

***在脑扫描仪之前**，莫尼斯发明的血管造影术是研究大脑内部异常的最佳方法。*

他一生**非常多产**；他的名字将因为他的**两个伟大贡献**而被铭记……

杰弗里·杰弗逊爵士, 1955年

奥地利理论核物理学家莉泽·迈特纳（Lise Meitner）创造了“核裂变”一词，并提出了解释铀原子核分裂背后的科学的理论。该理论最早由她的同事于1938年提出。

大事记

柏林研究
1907年，移居柏林，在马克斯·普朗克物理研究所担任部门助理。

部门主管
1917年，获得莱布尼茨奖，并担任柏林大学物理系主任。

瑞典安家
1938年7月，当奥地利公民完全臣服德国法律时，她逃离了德国，前往瑞典。

革命性论文
1939年2月11日，与侄子奥托·弗里施一起在《自然》期刊上发表了核裂变理论。

期待已久的奖项
与哈恩和斯特拉斯曼一起，获得了美国原子能委员会1966年的费米奖。

莉泽·迈特纳在维也纳的一个犹太家庭中长大，在八个孩子中排行第三。她的父亲菲利普是一名律师，与妻子赫德维格共同为孩子们营造了一个激发智力的环境。迈特纳和她的兄弟姐妹经常出现在作家、律师、立法者、政治人物和象棋选手的定期家庭住宅聚会中。

迈特纳 8 岁时，在枕头下放了一个数学笔记本，开始质疑和探索关于周围世界的问题，包括与反射光和浮油图案光泽有关的问题。菲利普发现了她的才智，并认为女儿应该和儿子一样享受同等教育，因此迈特纳在 14 岁的时候开始接受私人辅导。当时奥地利女孩在那个年龄是被禁止接受公立学校教育的。

女开拓者

迈特纳进行私人补习的目的是通过维也纳大学的入学考试。她于 1901 年 7 月通过考试，当时 23 岁，成为首批学习该大学物理课程的女性之一。在出色的理论物理学家路德维希·玻尔兹曼的指导下，迈特纳于 1906 年 2 月成为大学里第二位获得物理学博士学位的女性。她的论文关于热量如何通过不均匀的固体（其中的颗粒分布不均匀）进行传播，并证明了它们以与电类似的方式传导热量。这与詹姆斯·克拉克·麦克斯韦（见 148—151 页）开发的公式相符。1906 年剩余的大部分时间，迈特纳都投入进一步的研究上，包括研究 α 辐射和 β 辐射。

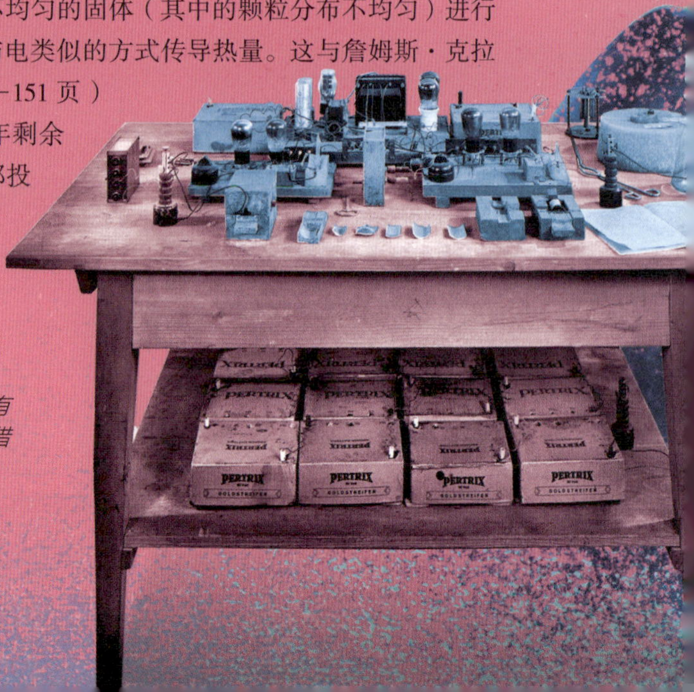

逃到瑞典后，迈特纳最初没有看到她的核裂变实验结果。借助她与哈恩通信获得的数据，最终，解释了裂变的过程。

莉泽·迈特纳
1878—1968

1924—1965年被提名48次诺贝尔奖

1926年，成为德国第一位女性物理学教授

辐射研究

1907年，迈特纳受到柏林大学物理学教授马克斯·普朗克（见168—173页）的邀请，进行放射性物质的博士后研究。与当时的女职员一样，迈特纳没有薪水，但是与她共事的都是当时的领导者。爱因斯坦（见198—203页）与她同是柏林时代的人。她很快被引见给德国放射化学家奥托·哈恩，并在接下来的30年与之共事。二人组研究了放射性元素的物理性质，发现了许多新的同位素（同一元素的不同形式）。1913年，迈特纳赢得与哈恩同职同酬待遇。1917—1918年，曾在第一次世界大战期间担任X射线技术员的迈特纳与哈恩合作发现了放射性元素镤（Pa）的新同位素。1922年，她继续发表关于俄歇效应的发现，使电子从原子的外壳中发出。

尽管迈特纳在1908年皈依了基督教，但是20世纪30年代纳粹威胁日益严重，意味着她在德国的处境十分危险。1938年奥地利被吞并后，在物理学家尼尔斯·玻尔 和迪尔克·科斯特的帮助下，她逃到了瑞典。

核发现

迈特纳在斯德哥尔摩的诺贝尔研究所担任研究员，但仍与柏林的哈恩保持联系。1938年12月24日，她收到了哈恩的报告，研究结果出乎意料。该研究是她敦促哈恩继续进行的。当铀被中子轰击时，铀似乎“爆炸”并形成钡，钡是一种轻得多的元素。迈特纳与侄子丹麦物理学家奥托·弗里施讨论了此事。她运用爱因斯坦的相对论，认识到质量并没有损失，而是转化为能量。 当铀原

恩里科·费米

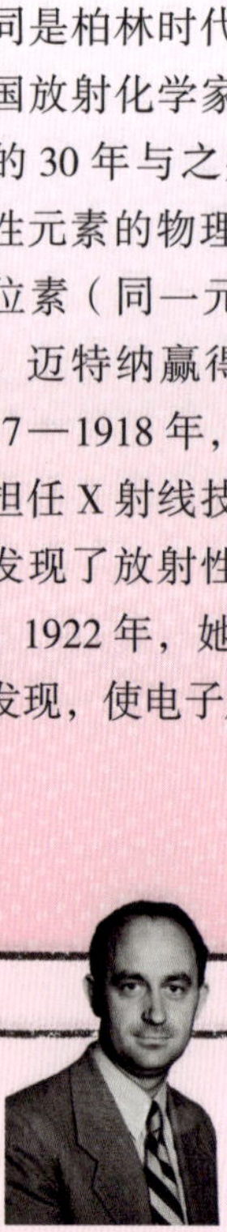

1942年，意大利物理学家恩里科·费米创造了第一个可运行的核链反应堆。

费米（1901—1954）于1934年就实现了核裂变，但他没有意识到这一点。继迈特纳和弗里施在1939年取得突破性进展之后，费米和一群物理学家开始认真地开发核能。1942年，他们成功地用中子分裂了铀原子，引发了自持链反应。这使美军确信了原子弹的可行性，并确信了纳粹德国率先制造原子弹的危险性。

子进行裂变（核裂变），分裂成两个新的原子核，它们的总质量比裂变前的原始铀核的质量小，这个质量差转化成了大量的能量。弗里施在哥本哈根的实验室中重现了这一结果，迈特纳在1939年年初发表了关于铀核裂变的联合发现。这一发现的消息迅速传播，最终美军制造出原子弹。

1944年，奥托·哈恩因发现核裂变被授予诺贝尔奖。迈特纳的贡献几十年来一直未被认可，但是她对自己被疏忽似乎并不痛苦，她说："科学可以为生活带来快乐和满足。"

科学使人们无私地追求**真理和客观性。**

莉泽·迈特纳，1953年

***在哈恩1938年的实验中**，迈特纳解释了核裂变的过程，当核被中子轰击然后分裂，释放出大量能量时，就会发生核裂变。*

阿尔伯特·爱因斯坦

重要的是**不要停止质疑。**

阿尔伯特·爱因斯坦，1955年

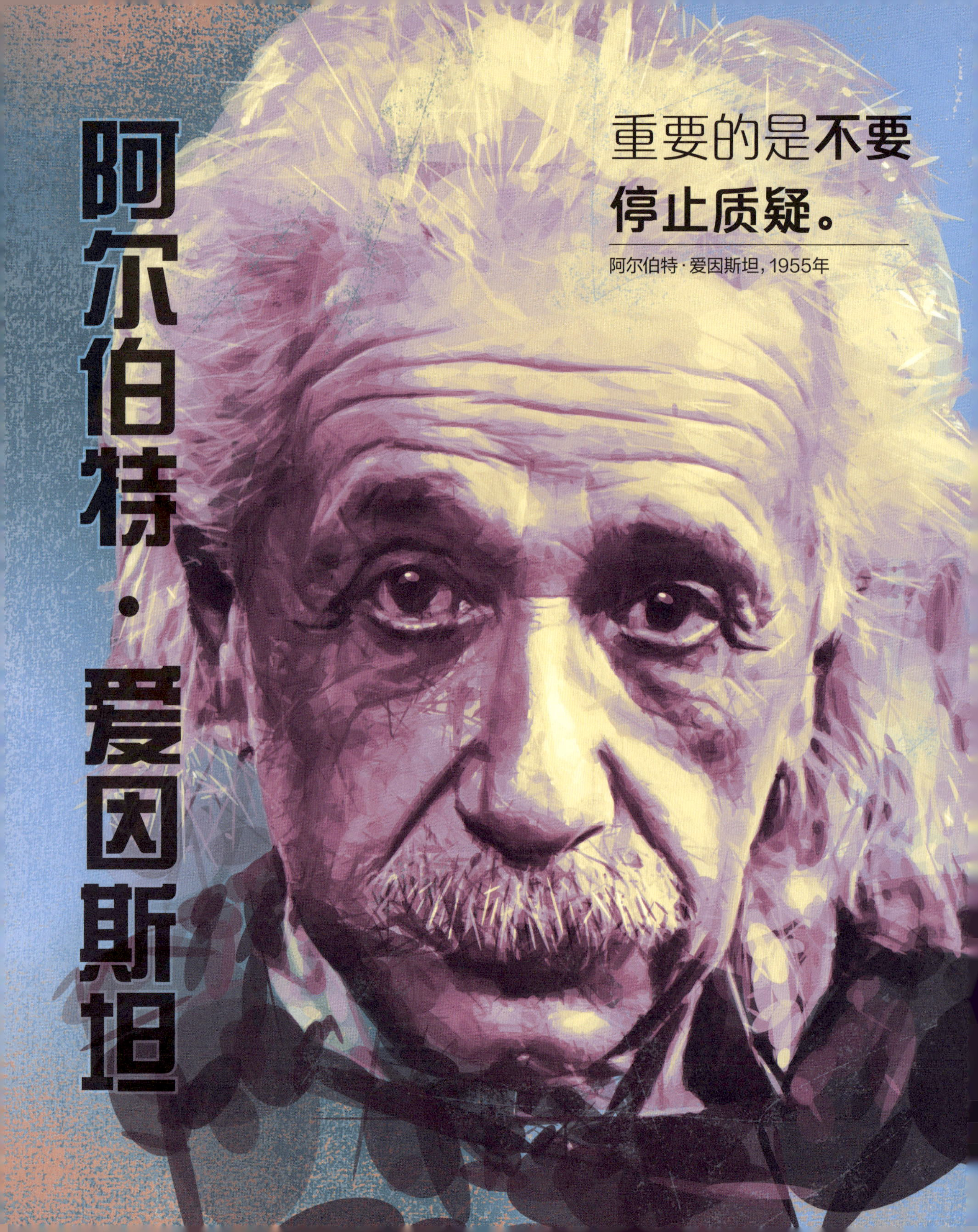

物理学家阿尔伯特·爱因斯坦（Albert Einstein）出生于德国，开创了广义和狭义相对论，彻底改变了空间、时间和引力的概念。他的思想在20世纪物理学中具有最深远的影响力，为诸如核能和太阳能之类的突破性技术铺平了道路。

大事记

发表论文
1905年，撰写了4篇科学论文，引起了世界各地学者的关注。

开创性的著作
1915年，在担任柏林大学教授期间，出版了《相对论通论》。

全球认可
1921年，因对理论物理学的贡献而获得诺贝尔物理学奖。

离开德国
由于纳粹主义的兴起和犹太人在德国被压迫，1933年移民到美国。

倡导和平
1955年，签署《罗素·爱因斯坦宣言》，提醒公众注意发展核武器的危险性。

阿尔伯特·爱因斯坦生于德国南部乌尔姆，父母都是犹太人，天生具有数学天赋并热爱学习。由于父亲在电气工程商业上的失败，他们举家搬到了瑞士。他在慕尼黑和意大利先后渡过了一段困难时期后，在瑞士完成了学业。获得教师资格后，他无法获得教学职位，于1902年开始在瑞士专利局担任职员。

爱因斯坦是三等技术专家，职位相对较低，这给他提供了一定的时间来实施自己的研究。通过考虑解决不可测试问题的可能解决方案（直观的“思想实验”），在接下来的几年中，他取得了一系列突破，将改写物理学的基本定律。

具有里程碑意义的发现

1905年，爱因斯坦在苏黎世大学提交了他的博士学位论文，并在《物理年鉴》杂志上发表了4篇具有里程碑意义的论文。其中2篇解释了

*1908年，**爱因斯坦成为**瑞士伯尔尼大学的讲师。他复杂的理论和古怪的性格为他赢得了忠实的追随者。*

困扰科学家很久的现象："光电效应"和"布朗运动"。为了阐明光电效应，爱因斯坦增加了量子理论的基础：涉及光，原子和亚原子粒子的物理领域。第二篇论文通过布朗运动证明了分子和原子的存在。

第三篇论文概述了狭义相对论，解释了恒速运动物体的相对运动。他证明了无论观察者相对于光源移动的速度有多快，光速都是恒定的。但是，时间并非以单一速度运行——彼此相对移动的

萨特延德拉·纳特·玻色

萨特延德拉·纳特·玻色生于印度的加尔各答，他在1924年写给爱因斯坦的论文中写了光子（光粒子）的行为，爱因斯坦对此印象深刻，于是把这篇论文进行了发表。

玻色（1894—1974）的公式使爱因斯坦预测了除已知状态（固体、液体、气体和等离子体）之外的第五种物质状态。爱因斯坦理论认为，当拥有非常低能量粒子（以玻色的名字命名为"玻色子"）的密集集合的物质被超级冷却至接近绝对零度的温度时，就会形成第五种状态，即玻色-爱因斯坦冷凝物（BEC）。科学家于1995年首次制造BEC粒子，预示着超流体和超导体的新领域。

生活就像骑自行车。为了保持平衡，必须不断前进。

阿尔伯特·爱因斯坦，1930年

时钟以不同的速率滴答秒数，尽管这种效果只有在极高的相对速度下才能观察到。这让爱因斯坦得出结论，空间和时间在“连续体”中有内在联系。

能量等于质量

爱因斯坦的第四篇论文是狭义相对论的扩展，证明了质量和能量是相对的，并且是同一性质的不同方面。他将其表示为 $E=mc^2$，即物体的能量（E）等于其质量（m）乘以光速的平方（c^2）。由于 c^2 是一个巨大的常数（约9000亿），因此，即使很小的质量也可以包含大量的能量。这是核动力的基础：原子核被分解并失去质量，从而产生大量能量。

在接下来的10年中，爱因斯坦发展了相对论以包括重力。尽管艾萨克·牛顿率先描述了引力，但他无法解释引力的起源或控制引力的物理学定律。爱因斯坦在其1915年的广义相对论中解释说，在强烈的引力场中时间会变慢，这会导致时间、物质和光在靠近非常巨大的物体（如太阳）时发生弯曲。

检验理论

爱因斯坦的预言于1919年接受检验，当物理学家从多个地点观测到日全食时，他们注意到恒星似乎由于它们发出的光线绕着太阳弯曲而错位了。这种转变在牛顿的引力理论下是没有意义的，但与爱因斯坦的广义相对论完全吻合。

12岁时学习欧几里得几何定理

出版300多篇科学论文

爱因斯坦在广义相对论中提出，*通常被视为一种力的引力，也可以理解为由质量较大的物体引起的时空变形，例如躺在橡胶板上的大球会使较小的球体向其滚动。*

想象力比知识更重要。因为知识是有限的，而想象力是无限的，它包含了一切，推动着进步，是人类进化的源泉。

阿尔伯特·爱因斯坦
宇宙宗教，1931年

◂爱因斯坦移居美国后，在新泽西州普林斯顿找到了自己的永久住所，这张照片摄于1940年。

阿尔弗雷德·魏格纳

气象学家和北极探险家阿尔弗雷德·魏格纳（Alfred Wegener）第一个提出了系统的大陆漂移理论。尽管他没有接受过地质学方面的训练，但他是一位创新思想家，并且能够从广泛研究中收集支持证据。与许多创新者一样，他的思想直到去世很久后才被世人接受。

阿尔弗雷德·魏格纳出生于德国柏林，五个孩子中排行最小。他在柏林大学获得了天文学博士学位，然后转到气象学领域（研究天气和气候），在贝斯科镇的气象站工作。在这里，他与他的兄弟库尔特一起率先使用天气气球研究空气流动。

1906 年，魏格纳被派去进行一次气象考察，以绘制格陵兰岛东北海岸的气象图。这是一次重要的学习经历，在此期间，他在格陵兰岛建立了第一个气象站。回到德国后，他成为马尔堡大学的气象学教授，在那

***魏格纳于1930年第四次前往格陵兰**，这是他的最后一次探险。在他50岁生日后没几天，他穿越冰层寻求额外的补给，就再也没有回来。接下来的探险是由他的兄弟完成的。*

大事记

化石记录
1911年，发现化石证据，为他关于非洲和南美曾经合在一起的理论提供支持。

关键著作
1912年，发表2篇论文，并在一系列演讲中阐述了大陆漂移。

职业中断
在第一次世界大战中入伍加入德国军队，但在受伤后于1914年退伍。

开创性图书
1915年，出版了《大洲和海洋的起源》，并附有各大洲如何结合的地图。

学术角色
1924年，担任奥地利格拉茨大学气象学和地球物理学教授。

这个理论还很不成熟，**而且受到了很多怀疑。**

阿尔弗雷德·魏格纳，1915年

***食蟹猴**是一种大型的类似狗一样的爬行动物，大约生活在2.5亿年前。在南非和南美地区都有发现其化石。*

里他开始质疑为什么各大洲形成了当今模样。他已经注意到，西非和南美东部的海岸线相互映照，就像拼图游戏一样，他想知道它们曾经是否为结合在一起的。他想知道地球上的所有大陆是否曾经连接在一起。他并不是第一个注意到非洲－美洲图案的人，实际上早在16世纪就被观察到了，并且在19世纪在这两个地方发现了相同类型的化石也引起了关注。先前的解释，包括大陆是被《圣经》中的洪水分开的，或者曾经被陆桥连接在一起，但陆桥随后沉入海中。

大陆漂移

魏格纳深入研究，在不同的科学领域中寻找更多证据。在化石记录中，他在不同的大陆上发现了相同物种的更多实例，并在非洲和南美沿岸发现了相同的古老岩层。他还发现了未连接大陆上的古代山脉地带，以及在赤道处的冰川沉积。所有这些发现都支持大洲已经迁移的观点。1912年，魏格纳提出了大陆漂移理论：大陆曾经是一个单一的陆块或“超大陆”，他称其为泛大陆。但是，他的观点并不受欢迎。地质学家以其业

为今天的板块构造理论奠定基础

通过计算得出，大约3亿年前所有大陆曾经是一个单一的陆块

余身份为由驳斥了他，并指出他无法解释各大洲如何移动或为何移动。为了寻找更多证据，魏格纳又进行了三次对格陵兰的考察，最后一次是在1930年，他因过度劳累而死。在20世纪50—60年代，出现了支持魏格纳理论的新证据。人们发现，地壳是由巨大的构造板块构成的，随着对流将熔融的熔岩带到地表，这些构造板块会移动。魏格纳离世几十年后，拼图游戏才得以解决。

玛丽·萨普

玛丽·萨普是一位地质学家和制图师，绘制海底图。她的地图确定了大西洋中部裂谷——大陆漂移理论的有力证据。

在第二次世界大战期间，鼓励美国女性就读“男性”学科，萨普（1920—2006）毕业于石油地质专业。她还学习了技术制图，并得到了一份工作，利用原始数据绘制海底手绘图。1953年，她有了一个非凡的发现——大西洋中部有一条16000千米的山脊，其中心有一条深裂谷。尽管她从未为大陆漂移理论争论过，但她的发现显然支持了这一观点。

科学家目录

到19世纪之交，科学已经与进步紧密地联系在一起。随着20世纪的发展，前沿研究推动了基本观念的重大转变。这一时期有很多发明，尤其在亚原子和宇宙学领域，很多理论都被重写。

威廉·康拉德·伦琴
1845—1923

1895年，德国物理学家威廉·伦琴（Wilhelm Conrad Rontgen）发现了X射线，并且在物理学和医学上取得了重要的发现。他发现了带电的真空管发出的射线，会使荧光屏发光。这些电磁射线可穿过人体皮肤，但会被金属和骨头所阻挡。尽管这一发现为他赢得了1901年第一届诺贝尔物理学奖，但他将奖金用于科学研究，并且从未申请X射线的专利。伦琴在机械、热和电领域的发现也很著名。

伊万·巴甫洛夫
1849—1936

出生于俄罗斯的伊万·巴甫洛夫（Ivan Pavlov）放弃了宗教事业，于1890年成为圣彼得堡军事医学院的教授。他在担任实验医学研究所生理学系主任时，开始研究狗的消化道分泌物。他发现狗能够将发放食物与钟声联系在一起。一阵过后，即使没有食物，狗听到这个铃声，也会流口水。现在称为古典或巴甫洛夫式调理。1904年，巴甫洛夫的研究获得诺贝尔生理学或医学奖。

北里柴三郎
1853—1931

日本医学家和细菌学家北里柴三郎（Kitasato Shibasaburo）在东京和柏林进行研究，使用血清疗法来预防破伤风和白喉。1890年，他发现注射破伤风血清，其中含有在暴露于破伤风细菌的动物血液中产生的抗毒素，可以赋予动物免疫力。他继续采用相同的原则来预防白喉杆菌。

朱尔·亨利·庞加莱
1854—1912

数学物理学家亨利·庞加莱（Jules Henri Poincare）出生于法国南希。他在试图证明太阳系稳定的时候注意到，即使系统初始状态发生微小的变化，也往往会导致结果出现无法预测的巨大变化。换句话说，他的结果展现出混乱的行为。他于1908年发表了关于混沌的发现，最初没有受到人们的重视，但几十年后，这些发现成为混沌理论的基础。他还撰写了有关电磁学的论文，为爱因斯坦的相对论研究提供了信息。

约瑟夫·汤姆逊
1856—1940

英国物理学家约瑟夫·汤姆逊（J. J. Thomson）是较早描述原子结构的科学家。他使用阴极射线管识别了“微粒”，后被称为电子。该颗粒具有负电荷，重量约是氢原子的1/2000。在他的梅子布丁模型中，汤姆逊提出每个原子都由许多电子和一定数量的正电荷组成，以平衡其负电荷。他认为正电荷遍布整个原子，电子存在于其中，就像梅子布丁中的梅子一样。他的发现彻底改变了原子和电的理论。他还证实了同位素的存在——每种元素都有几种类型的原子，化学性质相同，但重量不同。

斯万特·阿伦尼乌斯
1859—1927

斯万特·阿伦尼乌斯（Svante Arrhenius）在祖国瑞典的乌普萨拉大学学习物理学后，成为斯德哥尔摩大学的物理学教授。19世纪90年代，他提出过去的冰河时代可能是由于火山喷发次数减少（火山喷发时会将二氧化碳等气体排入大气）引起的。他指出，这些气体会保留热量，因此减少这种气体的排放会使地球温度降低。他还指出，燃烧化石燃料会产生这些气体，并使地球升温。他以这种方式，将人类活动与全球气温上升联系起来，为现代人们对气候变化的关注铺平了道路。

安妮·詹普·坎农
1863—1941

美国天文学家安妮·詹普·坎农（Annie Jump Cannon）是 20 世纪的恒星光谱领域的权威。她出生于美国特拉华州，曾在韦尔斯利学院学习物理学和天文学，并于 1896 年加入哈佛大学天文台，成为受雇处理天文学数据的几名女性之一。她以她的“1901 系统”开创了恒星分类的先河，为哈佛光谱分类系统奠定了基础。在过去的 44 年中，她对 350000 颗恒星进行了分类。

亨丽爱塔·斯万·勒维特
1868—1921

亨丽爱塔·斯万·勒维特（Henrietta Swan Leavitt）在马萨诸塞州剑桥的拉德克利夫学院学习期间，对天文学产生了兴趣。她检查了哈佛大学天文台成千上万张摄影板中星星的发光度。她看出造父变星（脉动星）表现出规律的正态性。她的研究对于测量地球与其他星系之间的距离至关重要。勒维特发现了 2400 多颗变星和 4 颗新星（恒星之间明亮、短暂的互动）。她还制定了摄影测量标准，现在称为哈佛标准。但她的研究在她有生之年没有得到认可。

哈丽特·布鲁克斯
1876—1933

哈丽特·布鲁克斯（Harriet Brooks）生于加拿大安大略省，1901 年毕业于麦吉尔大学，成为加拿大第一位女性核物理学家。她曾师从于英国剑桥的汤姆逊和加拿大的欧内斯特·卢瑟福，并从 1906 年开始在巴黎玛丽·居里的实验室工作。她发现一种元素可以通过核衰变变成另一种元素。她的一些发现在她去世以后才被认可。

斯里尼瓦瑟·拉马努金
1887—1920

斯里尼瓦瑟·拉马努金（Srinivasa Ramanujan）出生于印度的马德拉斯（今泰米尔纳德邦），尽管没有接受过正规培训，但他对数学分析和数论做出了重大贡献。在寄给数学家戈弗雷·哈罗德·哈代一封信和 120 个数学定理之后，他于 1913 年应邀去了剑桥大学。在 1916 年，拉马努金被授予理学学士学位，之后很快成为第二个被选为皇家学会会员的印度人。他于 1916 年患上结核病，两年后返回印度，于 1920 年去世。

埃尔温·薛定谔
1887—1961

埃尔温·薛定谔（Erwin Schrodinger）于 1887 年出生于奥地利维也纳，在维也纳大学学习物理学。他移居德国，然后搬到瑞士苏黎世大学，在那里他开始从事最重要的工作——新兴的量子物理学研究。薛定谔的波动方程，使人们对某些粒子的行为有了新的认识。波动方程表明，轨道、壳和子壳实际上是概率的“云”，告诉我们在特定位置发现特定电子的可能性，而不是想象电子排列在壳和子壳中围绕着原子核运行。薛定谔的波动力学方程式改变了我们观察世界的方式，并为当今的量子力学奠定了基础。

罗纳德·费希尔
1890—1962

英国统计学家和遗传学家罗纳德·费希尔（Ronald Fisher）率先将统计学应用于科学实验。1918 年，他发表了一篇论文，阐述了使用统计工具来调和查尔斯·达尔文的自然选择思想与植物学家格雷戈尔·孟德尔最近重新发现的实验之间的明显矛盾之处。费希尔于 1952 年被封为爵士。

哈罗德·尤里和斯坦利·米勒
1893—1981；1930—2007

1953 年，美国化学家哈罗德·尤里和斯坦利·米勒（Harold Urey And Stanley Miller）在实验室中模拟地球早期状态，用电火花模拟了闪电。他们使用一系列封闭的相互连接的玻璃烧瓶与大气隔绝，并在其中放入水和被认为存在于地球原始大气中的混合气体——氢、甲烷和氨。他们的研究表明，只要有足够的热量和能量，就可以生产出简单的赋予生命的碳基化合物。

6

战争与现代科学

1925—1950年

英国细菌学家亚历山大·弗莱明（Alexander Fleming）意外发现了第一种抗生素——青霉素，这是抗击疾病的重要突破。但是直到十年后，其他科学家才设法将他的研究转化为一种可以挽救数百万生命的奇迹药物。

大事记

偶然发现
1928年，他在实验室的一个废弃培养皿中偶然发现了青霉菌。

主要著作
1929年，在《英国实验病理学》杂志上发表了他的发现。

首次治疗
1941年，阿尔伯特·亚历山大是接受青霉素试验的第一人，但因供应不足而死。

战争伤员
1943—1945年，用青霉素治疗数十万战争受伤者。

共享诺奖
1945年，与弗洛里和钱恩共同获得了诺贝尔生理学或医学奖。

亚历山大·弗莱明出生于苏格兰艾尔郡一个贫穷的农民家庭。16岁时，他去了一家航运公司上班。4年后，他从叔叔那里继承了一些遗产，决定学医。1906年，他在伦敦圣玛丽医院医学院学习，取得了优异的成绩。

第一次世界大战爆发后，弗莱明加入皇家陆军医疗队。他跟随驻扎在法国的一家军事医院，目睹了士兵因伤口感染而大批死亡，这深深地触动了他。他意识到，处理深层伤口时使用的防腐剂会造成伤害。战争结束

我没有发明青霉素。我只是“**意外**”**发现了它。**

亚历山大·弗莱明

*在第二次世界大战期间，**青霉素用于治疗受伤的士兵**。1944年，供诺曼底登陆时的部队使用，极大地降低了死亡人数。*

亚历山大·弗莱明

1881—1955

后，他回到圣玛丽的研究室，决心研究这种“细菌杀手”。1923 年，他鉴定出具有抗菌特性的天然酶溶菌酶，但该研究取得的成绩十分有限。

1928 年 9 月 3 日，一次偶然的发现改变了一切。弗莱明休了几个星期的假，一回来他就开始整理凌乱的实验室。他休假前正在研究金葡球菌，其菌株会引发许多疾病，含有细菌的培养皿被放在水槽中，等待清洗。

意外发现

弗莱明注意到一些令人惊讶的事情。其中一个盘子已经被某种霉菌感染，但

新事物，一定会诞生。

亚历山大·弗莱明

区域却没有被感染细菌。弗莱明培养了霉菌的样本，将其鉴定为一种青霉菌，并确认它通过分泌一种叫作抗生素（青霉素）的物质杀死细菌。这不是科学家

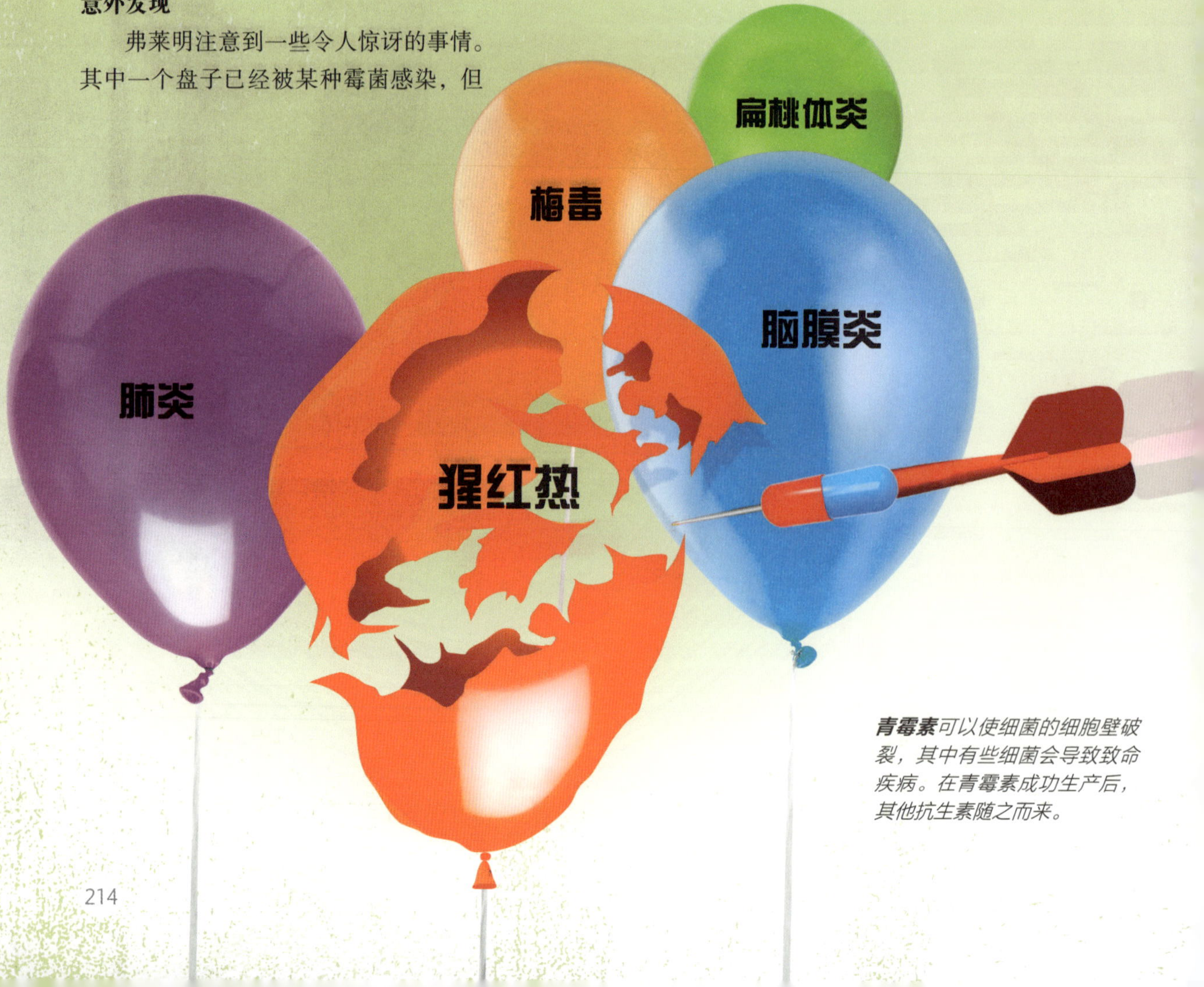

***青霉素**可以使细菌的细胞壁破裂，其中有些细菌会导致致命疾病。在青霉素成功生产后，其他抗生素随之而来。*

第一次注意到霉菌具有抗菌性能。确实，比如传统的治疗感染的方法，包括用发霉的面包或水果来治疗伤口。当弗莱明于1929年发表他的发现时，最初，开发抗生素的前景喜忧参半：霉菌难以培养，青霉素的产量很小，无法长期保存。所以，弗莱明丧失了兴趣，并在接下来的十年中放弃了该项目。

幸运的是，1939年，该研究又有了新突破：霍华德·弗洛里（见215页）带领的一支牛津大学研究员团队，偶然发现了弗莱明的研究成果，并从根本上改进了青霉素的培养、提取和纯化工艺。1941年，这种抗生素试用在了一位患有脓肿和血液中毒的男子阿尔伯特·亚历山大身上。青霉素注射液起了巨大作用，但因为供量不足，未能挽救阿尔伯特的生命。

霍华德·弗洛里

澳大利亚人弗洛里带领团队研究了如何量产青霉素。

牛津大学病理学家弗洛里（1898—1968），与生物化学家恩斯特·钱恩一起研究天然抗生素。在诺曼·希特利的帮助下，他们拥有了制造和提纯青霉素的技术。他们使用各种设备，并且获得了美国的资助，制成了足够数量的青霉素，先对小鼠再对人体进行试验。弗莱明和弗洛里都因他们的贡献而被封为爵士。

第二次世界大战期间，三分之二胸口受伤的士兵被青霉素拯救

1942年，青霉素的产量是10剂；1945年，有6000亿剂

但是，接下来的五名患者中，有四名被感染患者康复。制药公司开始产生兴趣，并投资开发了高产青霉菌株。最后，青霉素实现了大规模量产。它被证明对多种细菌感染非常有效，包括猩红热、脑膜炎和肺炎。曾经无法想象的事情现在变成可能：细菌感染可以得到有效治疗。医学的图景已经改变。

1882—1935

埃米·诺特

数学家埃米·诺特（Emmy Noether）拥有出色的思维能力。她能够以全新的方式建立概念之间的联系，极大地改变了抽象代数和理论物理学领域。

阿马莉·埃米·诺特出生于德国的埃尔兰根。她拥有数学博士学位，但却受到学术界对她的歧视（因为她是女性）。她无薪工作了多年，不得不以一位男同事的名字任教。尽管如此，她的工作还是赢得了人们的尊重。她以诺特定理闻名，该定理将物理学中的两个关键概念联系在一起：守恒定律和对称性。每个定律都可以与特定的对称性相关，反之亦然。爱因斯坦称诺特为“数学创造天才”。

大事记

女博士
1907年，获得数学博士学位，成为第二位获得该学位的女性。

划时代的定理
1918年，证明了她的定理，成为粒子物理学和广义相对论的基础。

获得认可
1932年，获得了备受推崇的阿克曼-托伊布纳纪念数学奖。

逃离德国
1933年，因纳粹被迫离开德国，移居美国并在那里任职。

> **我的方法实际上是工作和思考的方法。**
>
> 埃米·诺特，1931年

英厄·莱曼

1888—1993

地震学家英厄·莱曼（Inge Lehmann）的精准数据分析揭示了地球中心的秘密——地球的核心。

英厄·莱曼生于丹麦的哥本哈根，获得了数学学位，然后继续研究地震。科学家已知，地震产生的冲击波——初级波（P）和次级波（S）穿过地球，并且可以在地球的另一侧被检测到。他们还观察到在阴影区几乎没有检测到波，认为这是因为冲击波被液态的地球核心偏转了。但是，这不能解释初级波在阴影区中的发生。1936 年，莱曼提出，这些初级波被地心的内部和外部区域之间的边界所偏转，并且内部区域是固态的而非之前认为的液态。

大事记

地震震动
分析了1929年新西兰大地震的数据，并解释了地震初级波（P）。

突破性论文
1936年，发表了关于地震“初级波”的论文，表明地球一定有一个内核。

核心边界
1959年，发现了另一个边界，位于地表以下220千米（137英里）。

魔法大师。

贝尔塔·斯韦尔斯，1994年

***莱曼发现**地心比想象的更有趣，因为内核是单独运转的。*

印度物理学家钱德拉塞卡拉·文卡塔·拉曼（Chandrasekhara Venkata Raman）因其在光散射领域的贡献以及发现以他的名字命名的效应（拉曼效应）而被授予1930年诺贝尔物理学奖。他促进了印度科学的发展。

大事记

天才少年
1904年，获得马德拉斯大学的学位，三年后获得硕士学位。

新方向
1917年，从会计师转行成为加尔各答大学的物理学教授。

推动科学
1926年，创办《印度物理学》杂志；1934年，成立印度科学院。

光学实验
1928年，发表了有关光子行为的领先研究；这使他在1930年获得了诺贝尔奖。

研究机构
1948年，成为位于班加罗尔的“拉曼研究所”的创始人和第一任院长。

钱德拉塞卡拉·文卡塔·拉曼出生于印度南部的马德拉斯州（今泰米尔纳德邦），14 岁便就读于马德拉斯大学。毕业后，他继续攻读硕士学位。1907 年，他成为会计师，但在业余时间继续从事科学研究。拉曼是一位杰出的物理学家，并于 1917 年成为加尔各答大学的物理学教授，在那里他对声学和光学进行了深入的研究。

看见光

1921 年，拉曼前往伦敦，这次航行使他深受启发，开始思考大海为什么看起来是蓝色的。他发现，当一束光照射在透明的物质上时，一些会散射，而少量会改变波长。因此，他进行了一系列实验来测量光如何被液体、固体和气体散射，并最终发现了拉曼效应。当光子（光的基本粒子）从分子吸收能量或向分子散发能量时，就会发生拉曼效应。以不同的能量和波长散射。这就解释了为什么海洋中的水分子会散射太阳光，而产生的光主要落在光谱的蓝色部分。很多人认为拉曼效应验证了爱因斯坦的量子理论，同时也是进行物体分析时的一项关键技术。1930 年，拉曼成为第一个获得诺贝尔奖的亚洲人。他之后的职业生涯就是教授学生，创办学术出版物和成立研究机构。

***拉曼——此处照片**摄于拉曼研究所。他发现了拉曼效应——现已成为拉曼光谱学实验室技术的基础。*

1888—1970

科学……是（人的）**美学和智力的融合**，致力于**代表自然。**

拉曼

钱德拉塞卡拉·文卡塔·拉曼

埃德温·哈勃

美国天文学家埃德温·哈勃（Edwin Hubble）在20世纪初的精心研究重新定义了我们对宇宙的理解。他证明宇宙是由数百万个星系组成的，而不仅仅是银河系（我们的银河系），而且它还在不断扩展。这些发现构成了现代宇宙学的基础。

埃德温·哈勃生于密苏里州，曾在芝加哥大学学习数学和天文学，后移居英国，为了让父亲开心，在牛津大学读法律哲学。他于1913年回到美国，决定继续做天文学研究，并于1917年获得了耶克斯天文台的博士学位。两年后，他以研究员天文学家的身份加入加利福尼亚州的威尔逊山天文台（世界上最大的天文仪器——胡克望远镜的所在地），并在此度过了他的整个职业生涯。

在20世纪20年代初，关于宇宙的组成，天文学家分为两个学派：一个学派认为银河系是整个宇宙；另一个学派认为银河系只是宇宙中众多星系之一。哈勃最终证明了哪种理论是正确的。他研究的核心问题是螺旋星云（现在称为螺旋星系）是否位于银河系之外。

大事记

第一次发现
1924年，使用胡克望远镜观察到宇宙比之前认为的还要大。

分类星系
1926年，设计了哈勃序列，按形状、光和距离对星系进行了分类。

发表关键论文
1929年，将红移与其与地球的距离联系起来：这成为宇宙膨胀的第一个证据。

拜访爱因斯坦
1931年，在威尔逊山天文台与爱因斯坦会面；分享他关于宇宙膨胀的证据。

人探索他周围的**宇宙**，并称之为**冒险科学**。

埃德温·哈勃, 1929年

***哈勃**使用强大的胡克望远镜拍摄到空中的星云，并且他第一个意识到它们不是人们所认为的银河系中的气体云或遥远的恒星，而是星系。*

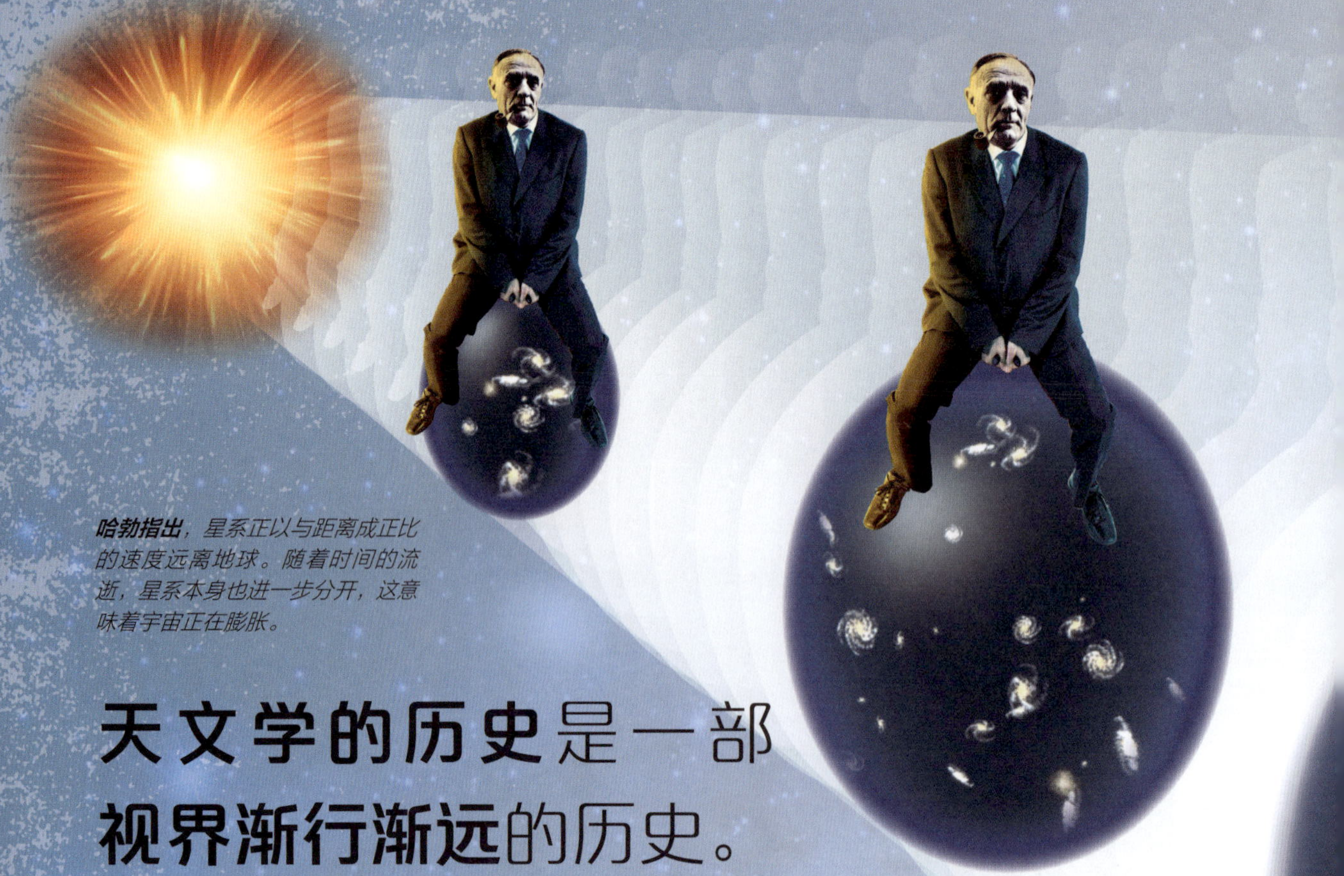

__哈勃指出__，星系正以与距离成正比的速度远离地球。随着时间的流逝，星系本身也进一步分开，这意味着宇宙正在膨胀。

天文学的历史是一部视界渐行渐远的历史。

埃德温·哈勃, 1936年

乔治·勒梅特

乔治·勒梅特是比利时天文学家、宇宙学家和罗马天主教神父，他是最早提出宇宙膨胀和大爆炸理论的科学家。

1927年，勒梅特（1894—1966）发表了一篇论文，假设宇宙在膨胀。在当时，他的理论在很大程度上被忽略了，但如今科学家赞成勒梅特应与哈勃分享这一发现的荣誉，因为哈勃的发现于两年后才发表。1931年，勒梅特提出宇宙从一个单一的致密粒子开始，所有能量和物质都由此而生。这一观点构成了大爆炸理论的基础，大爆炸理论的证据于1964年被发现。

1923 年，哈勃用胡克望远镜观察到螺旋星云中的造父变星（由脉动引起亮度变化的恒星）。通过绘制造父变星的变化周期（一个周期的时间），他确定了该恒星的绝对大小（完整亮度），然后将其与它们的视星（从地球上观测到的亮度）进行比较，以计算它们之间的距离。结果表明，仙女座星系是一个巨大的独立星系，其大小与银河系相当，并且远离银河系——距离近 100 万光年。毫无疑问，这证明了宇宙比以前想象的要大得多。

调查红移

红移是天文学中的重要概念，由美国天文学家维斯托·斯里弗提出。在观测到螺旋星云发出的光移向电磁波谱的红色端（表示向地球移动）后，他提出：螺旋星云离开了地球。哈勃还研究了星系到地球的距离与其红移（当它发出的光的波长增加时）之间的关系。他在其他天文学家的研究基础上，验证了斯里弗的发现。他从其他星系中收集了新数据，并绘制在一张图表上，以显示它们相对于红移的距离。

宇宙膨胀

哈勃的图表揭示出一个线性模式，表明星系越远，其红移越大，因此它从地球退回的速度就越快。这种现象被称为“哈勃定律”。哈勃将这些令人惊讶的结果发表在1929年的具有划时代意义的论文中。这些结果清晰地表明：现有的关于稳定和静止的宇宙的观点是不正确的，我们生活在一个庞大、充满活力的宇宙中，该宇宙不断向各个方向膨胀。自哈勃的发现以后，科学家就利用他的成果来计算可观测宇宙的大小，确定其年龄并预估其产生的时间。

研究了46个星系的红移

计算出仙女座星系距离我们有90万光年

预估宇宙已有20亿年历史

弗雷德里克·班廷

1891—1941

1921年，加拿大医生弗雷德里克·班廷（Frederick Banting）爵士分离出的激素胰岛素，迅速成为治疗糖尿病的通用药物。

弗雷德里克·班廷在多伦多大学学习医学。当时，有报道称糖尿病是由于缺乏胰岛素（一种控制糖代谢的激素）引起的，但没人知道如何从胰腺中提取糖，因为其他消化酶破坏了它。1920 年，班廷意识到，关闭胰管会杀死胰腺的产生消化酶的腺泡细胞，但会使分泌胰岛素的细胞完好无损。班廷开始对狗进行手术，先关闭其胰管，后再次手术提取胰岛素。然后，他将胰岛素注射到患糖尿病的犬身上，成功降低了它们的血糖水平。1922 年，年仅 14 岁的伦纳德·汤普森成为首位接受胰岛素注射治疗糖尿病的人。班廷获得了 1923 年的诺贝尔奖。

大事记

成为医生
1916年，从神学转向医学，在多伦多大学获得医学学位。

军事英雄
服务于加拿大陆军医疗队，并于1919年获得军事十字勋章。

糖尿病研究
1920年，他向多伦多大学的约翰·麦克劳德教授解释了分离胰岛素的想法。

诺贝尔奖获得者
1923年，获得诺贝尔奖，并与他的助手查尔斯·贝斯特分享了这笔奖金。

***班廷喜欢狗**，用狗进行胰岛素试验，让他感到不安。*

生活中最大的快乐就是获得成就感……

弗雷德里克·班廷，1928年

爱丽丝·鲍尔

1892—1916

美国化学家爱丽丝·鲍尔（Alice Ball）从大风子中提炼出可以注射的油类萃取物，被称为“鲍尔法”，但直到20世纪40年代，它才成为麻风病的关键疗法。

爱丽丝·鲍尔生于西雅图，曾在华盛顿大学学习化学。后来，她移居夏威夷，1915年成为从夏威夷学院（现为夏威夷大学）毕业，并获得理学硕士学位的第一位女性和第一位非裔美国人。在当地任教时，她研究了一种方法，可以使注射的大风子油具有耐受性。医生知道这种油可以治疗麻风病，但注射时会聚在皮肤下，形成水疱。鲍尔将油中的脂肪酸暴露于催化剂下，生成水溶性乙酯（化合物）。当注入人体时，油便分散了。到1922年，她的技术已经得到了广泛使用。

1916年，鲍尔于该发现一年后去世，她的大学校长因这项技术而享有盛誉。2007年，夏威夷大学追授她杰出勋章。

大事记

第一位女硕士

1915年，成为获得硕士学位的第一位女性和第一位非裔美国人。

鲍尔法

1916年，分离出大风子油中的化学物质，制成可注射的形式，用于治疗麻风病。

英年早逝

死于1916年，年仅24岁，之后她的疗法开始在世界范围内推广。

获得认可

在她去世84年后的2000年，夏威夷州州长宣布将2月29日定为“爱丽丝·鲍尔日”。

谁知道她还能取得怎样出色的成就。

保罗·维尔马格，2017年

华莱士·卡罗瑟斯

由美国化学家华莱士·卡罗瑟斯（Wallace Carothers）领导的研究小组，合成了世界上第一种氯丁橡胶和第一种全合成纤维尼龙。他的研究促进了有机化学的进程，并带来了廉价塑料和其他合成材料的新时代。

华莱士·卡罗瑟斯出生于艾奥瓦州，曾是哈佛大学的化学讲师。1928 年，杜邦化学公司聘请他研究天然材料的化学特性，试图生产人造材料。因此，他研究了聚合物——在结构和化学特性尚未全部知晓的所有生物中都能发现的物质。1929 年，卡罗瑟斯得出结论：聚合物是由非常大的分子组成，由较小的分子结合，形成的一条很长的重复链。

1930 年，他的观点在实验室得到验证，当时发现试管中含有类似于天然橡胶中发现的异戊二烯的聚合物。该团队制造了一种合成橡胶，后来被称为氯丁橡胶。杜邦公司指派卡罗瑟斯寻找丝绸的合成替代品。1934 年，在对成百上千种化学成分进行了试验之后，他找到了一种超强弹性聚合物的配方，该聚合物可以拉成细线并编织成细纤维。杜邦公司为其申请专利名为“尼龙”。

全国最好的有机化学家。

罗杰·亚当斯

大事记

加盟杜邦
1928年，被任命为有机化学研究所主任，负责聚合物研究。

发表研究成果
1929年和1931年撰写了有关聚合物理论的文章，奠定了现代聚合物科学的基础。

发现氯丁橡胶
1930年，他和团队使用聚合工艺意外发现了人造橡胶。

制造奇迹纤维
1934年，制造出第一根人造纤维尼龙。第一个商业应用是牙刷刷毛。

1940年5月，尼龙丝袜首次在美国开始销售，卖了80万双。需求持续增长，“尼龙”一词成为丝袜的代名词。

培西·朱利安

1899—1975

非裔美国人培西·朱利安（Percy Julian）跨越了种族障碍，成为20世纪非常伟大的研究化学家之一。

作为德堡大学的一名研究员，培西·朱利安是第一个用化学方式生产出抗青光眼药物——毒扁豆碱的人，并使其得到广泛应用。然而，种族偏见迫使他离开德堡大学，来到了一家生产大豆油的公司。在这里，他率先从植物中大规模合成人造激素，并成为世界级的研究科学家。

大规模制药

1940 年，朱利安设计了一种经济高效的方法，从大豆油中提取类固醇豆甾醇，并将其转化为工业规模上的激素黄体酮。他从自然界中提取资源，进行人工激素的合成，并进行了推广。

大事记

化学博士

1920年，作为毕业生代表从德堡大学毕业；1931年，在维也纳大学获得化学博士学位。

药物合成

1935年，完成了毒扁豆碱（一种眼科缩瞳药）的合成；在论文中发表了这一具有里程碑意义的研究结果。

人造激素

20世纪40年代，主持了从植物产品中合成人造激素的关键研究。

植物类固醇

1953年，成立了自己的公司朱利安实验室，继续合成植物类固醇的研究。

国家认可

1973年，当选为美国国家科学院的第一位非裔化学家。

我们**敢于**做一些**大胆**的事情。

培西·朱利安, 1965年

在一次意外中发现豆固醇是大豆油副产物。水漏到油箱中，形成白色固体；朱利安鉴定其为植物来源的类固醇。

美国领先的遗传学家巴巴拉·麦克林托克（Barbara McClintock）的创造性发现，改变了我们对基因及其行为的理解。

巴巴拉·麦克林托克研究了植物遗传学，特别是玉米的染色体。1931年，她撰写了一篇论文，提出染色体是遗传学的基石，并确立了自己在该领域的领导地位。后来她发现，遗传信息不是静态的，而是可以在染色体内或染色体之间移动的，这种现象被称为“跳跃基因”。她的研究还表明，某些遗传因素会影响其他遗传因素。这些发现当时被认为过于激进，因此，直到20世纪60年代，她的研究成果才被同行所接受。1983年，麦克林托克成为单独获得诺贝尔生理学或医学奖的首位女性。

他们觉得我疯了，绝对疯了。

巴巴拉·麦克林托克，1983年

大事记

成为植物学家

1925年，从康奈尔大学毕业并获得理学硕士学位；1927年，获得植物学博士学位。

跳跃基因

1931年，发表论文，证明在性繁殖之前发生了染色体交叉。

植物遗传学

1941年，在长岛任职；在玉米遗传方面有重要发现。

领域领导者

1944年，成为国家科学院成员的第三位女性。

全球认可

她的开创性工作最终被认可，于1970年获得了国家科学奖章。

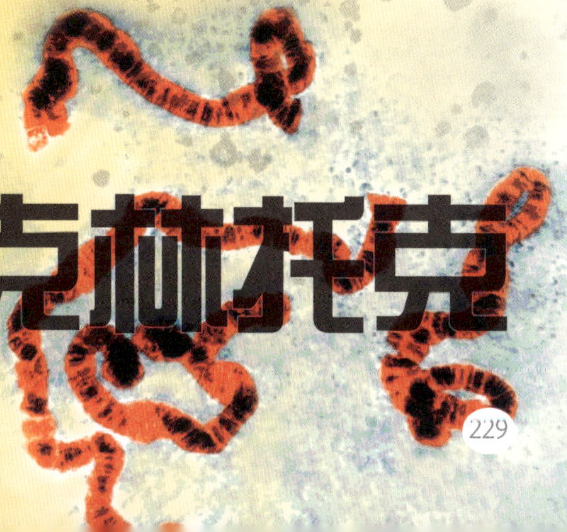

***麦克林托克观察到**，遗传信息世代相传，发生变化，从而导致物理特征的突变。*

巴巴拉·麦克林托克

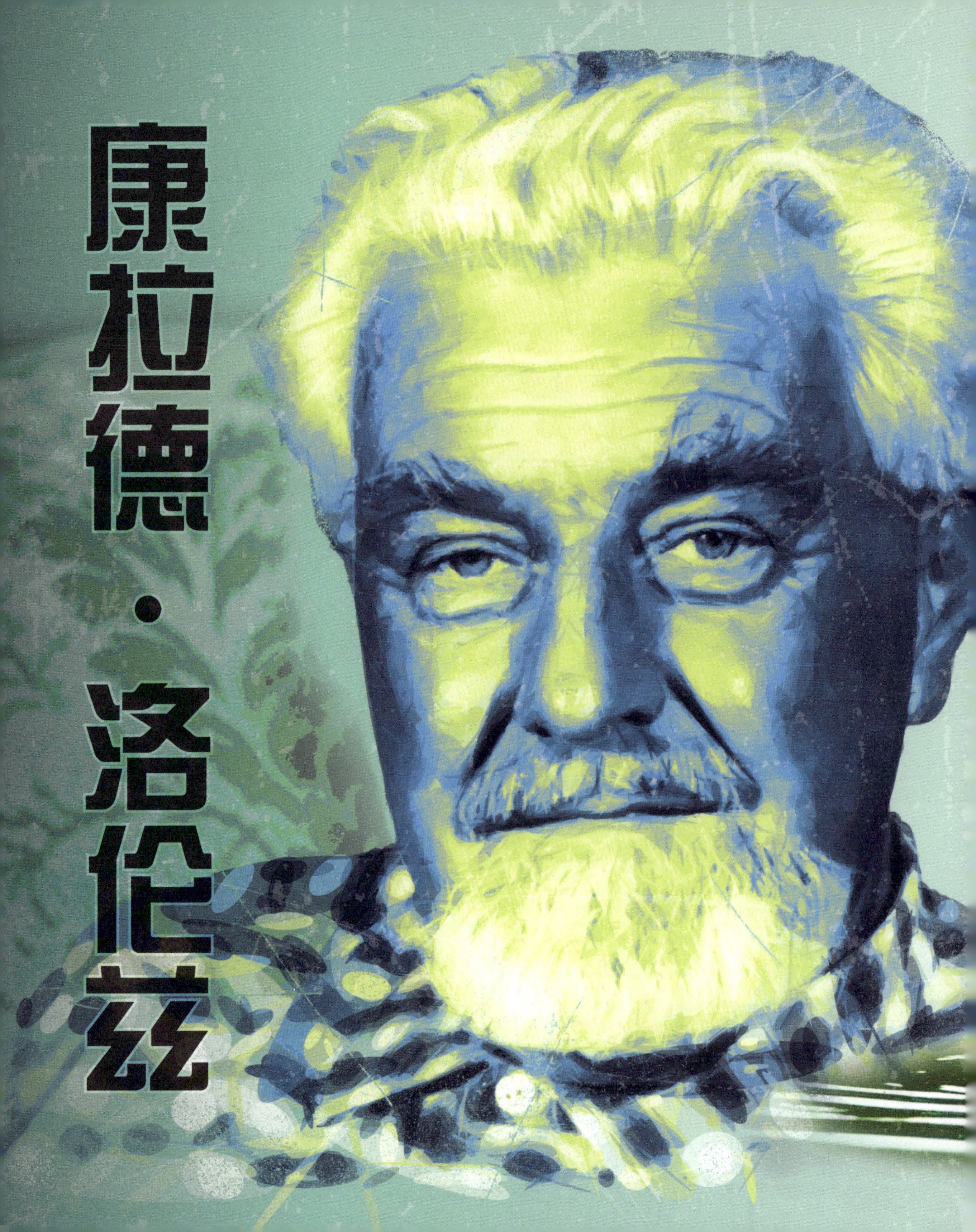
康拉德·洛伦兹

奥地利动物学家康拉德·洛伦兹（Konrad Lorenz）是动物行为学（研究自然环境中的动物行为）领域的先驱。他以对幼鸟的研究而闻名，他发现其中许多幼鸟的行为既有先天的（本能的），又有从环境中习得的。

康拉德·洛伦兹生于奥地利维也纳，父亲是一位富有的外科医生。按照父亲的意愿，他学习了医学，获得资格后，他又取得了动物学博士学位。动物，尤其是鸟类，一直是他的兴趣所在，童年和青年时期，建造了一个大型动物园。

先天行为与学习行为

在洛伦兹之前，生物学家对两种动物行为做出了明显区分：先天（本能）行为（部分是遗传的）和学习行为（取决于经验）。但是，洛伦兹通过对幼鸟的研究表明，某些行为更为复杂。他强调了一种在特定年龄发生并由环境触发的本能行为。

孵化后便会走路的鸟（如鸭和鹅），与它们在关键时期看到的第一个移动物体形成了联系。通常，这是它们的母亲，但是洛伦兹发现，刚孵出的灰雁会与周围移动的物体产生联系，哪怕是火车的模型，这一过程后来被他称为“铭记”。他观察到，按照他所谓的“固定动作模式”，鸟类的求偶行为同样具有阶段性和本能性。自那时起，科学家一直在寻找其他动物（包括人类）行为的类似模式。

大事记

印迹实验
1935年，对鹅进行了首次实验，之后对鹅和寒鸦进行了更多研究。

战时医生
曾在德国军队当医生，1944年被苏联俘虏，并囚禁了4年。

流行科学
1949年，出版《所罗门王的指环》。这本书为大众而写，是他最著名的书。

诺贝尔奖
与卡尔·冯·弗里希和尼古拉斯·廷贝亨一起，获得1973年诺贝尔生理学或医学奖。

***洛伦兹**用灰雁进行了他最著名的行为实验。幼鹅在孵化时，如果最先看到移动物体灰雁，就会本能地认为它是“母亲”，到处跟着它。*

理论物理学家J.罗伯特·奥本海默（J. Robert Oppenheimer）学识广博，在分子物理学、量子理论、黑洞领域均有建树，掀开了印度教的神秘面纱。他是美国主导的原子武器计划——曼哈顿计划的策划人。

大事记

物理学博士

1927年，获得德国哥廷根大学的博士学位，导师是马克斯·玻恩。

武器研究

1942年，开始召集科学家，开展曼哈顿计划的艰巨工作。

战后学术

1947年，被任命为新泽西州普林斯顿高级研究所的所长。

重获荣耀

在冷战期间失去了政府的信任；后来又重获信任，并赢得了1963年的费米奖。

罗伯特·奥本海默于1904年出生于纽约的一个犹太家庭，从小就对矿物、物理和化学着迷。12岁那年，他应邀到纽约矿物学俱乐部做讲座，因为该俱乐部认为收到高层信件的作者一定是个成年人。1922年，奥本海默以第一名的优异成绩从高中班毕业，之后就读于哈佛大学。在那里他学习了拉丁语、希腊语、东方哲学、诗歌和科学，并于1925年主修化学。但是，理论物理学是他真正的兴趣所在，因此他去了英国剑桥大学攻读该学位的研究生。

那时，欧洲顶尖的物理学家正在研究量子理论，奥本海默受邀加入德国哥廷根大学，与著名的物理学家马克斯·玻恩一起合作。1927年，他们一起发明了波恩-奥本海默近似法，正如奥本海默所说，它解释了“为什么分子是分子”。将量子力学扩展到单个原子之外以描述化合物的

科学虽然不是万能的，
但是如此美丽的。

J.罗伯特·奥本海默，1966年

*位于新墨西哥州的“**三位一体**”核试验场是世界上第一个进行核爆炸试验的现场。奥本海默（中间偏左）将其爆炸的可怕力量，比作梵文《薄伽梵谭》中的一句话：“我是死神，我是世界的毁灭者。”*

J.罗伯特·奥本海默
1904—1967

物理学家已经认识到了罪恶……他们不会忘记

J.罗伯特·奥本海默，1947年

能量，这一理论证明，对简化用于计算分子能量的方程式至关重要。奥本海默在加州理工学院和哈佛大学、荷兰和瑞士研究生毕业后，于1929年定居美国，在加州理工学院和伯克利任教。

核黎明

奥本海默的研究范围从亚原子粒子的能量过程（包括宇宙射线、电子和正电子）到黑洞和中子星。然而，直到1939年，莉泽·迈特纳（见194—197

页）和奥托·哈恩发现了核裂变，最终决定了他的职业生涯。

当时，美国在1941年参加第二次世界大战，奥本海默进行了原子武器研究，他认为这是使用科学的“一种良好、诚实、实用的方法”。1942年7月，他已成为盟军核武器计划——曼哈顿计划中的领军人物。

原子先驱

奥本海默的雄心和才智非常适合这一计划中大规模的跨学科合作。1943年，他被任命为新墨西哥州秘密机构Y项目的负责人，负责制造原子弹。他的领导才能和对科学、军事和工程细节的把握成为该项目成功的关键。

两种武器得到了完善：一种使用“枪式”铀法，另一种使用触发核链式反应的内爆型钚法。前者用于1945年8月6日摧毁日本广岛的原子弹，后者用于7月16日的“三位一体”测试，原子弹于8月9日投掷在日本长崎，促使了日本投降。

和平时期的悔恨

最初的欣喜之后，他开始对原子弹造成的破坏感到震惊。1945年下半年，他不再继续曼哈顿计划，开始转向学术界和原子咨询。在他提出反对继续研究氢弹之后，舆论开始反对他。1953年，他失去了安全许可，并被美国原子能委员会解雇。

万尼瓦尔·布什

在第二次世界大战期间和之后，尤其是曼哈顿计划中，万尼瓦尔·布什作为成功的发明家和工程师，是美国科学管理领域的杰出人物。

1940年，罗斯福总统任命布什（1890—1974）领导国防研究委员会。1941年，他向总统提交了英国穆德委员会的报告。该报告总结到，在第二次世界大战的预期时间内，原子弹是可行的，这直接促进了曼哈顿计划的创立。1945年，他概述了一种称为记忆延伸的台式计算机设备的构想，该设备在40年后帮助启发了蒂姆·伯纳斯-李的万维网。

***奥本海默**领导了大规模、复杂的Y项目，该项目后来拥有超过6000名员工，也是有史以来聚集最多的诺贝尔奖获得者。*

领导了一支由**3000名**原子弹科学家组成的队伍

提名3项诺贝尔奖但从未获奖

西班牙裔美国生物化学家塞韦罗·奥乔亚（Severo Ochoa）因发现一种合成核糖核酸（RNA）的细菌酶而获得了诺贝尔奖。核糖核酸是所有生命必不可少的分子。虽然他的发现部分有缺陷，但在揭示遗传信息在细胞中编码的过程方面是有价值的。

大事记

卡哈尔的影响
他对生物学的兴趣受到圣地亚哥·拉蒙–卡哈尔神经系统研究的启发。

分析酶
1955年，在研究磷酸盐的同时，发现了一种合成RNA的细菌酶。

获得诺贝尔奖
1959年，因核糖核酸的研究而共享诺奖；是首位获得这一荣誉的西班牙裔美国人。

挫折
1955年，研究得出酶不能合成核糖核酸，而是降解核糖核酸，这与之前在试管中实验得出的结论是相反的。

塞韦罗·奥乔亚出生于马德里，曾在欧洲和美国的几所大学相继任教，之后成为纽约大学生物化学教授，该大学以其酶学研究而闻名。1954年，即弗朗西斯·克里克 和詹姆斯·沃森证明DNA的螺旋结构的那一年（见264—269页），奥乔亚开始对解密遗传密码产生兴趣，并决定开始进行合成核酸的研究。

1955年，在实验室经过复杂的筛选过程后，奥乔亚选择了葡萄曲霉菌来尝试分离一种他称为多核苷酸磷酸化酶的酶。在试管条件下，人们发现这种酶可以合成核糖核酸或RNA，该分子与DNA一样，在遗传信息的传递中起着重要的作用。

有争论的发现

当奥乔亚进行实验时，美国生物化学家阿瑟·科恩伯格用另一种细菌获得了相似的结果。科恩伯格分离出的酶似乎可以解释合成DNA的机制。两人因他们的发现，共享了1959年诺贝尔生理学或医学奖。但不久之后，通过观察发现，这两种酶的作用无法确定。不过，奥乔亚对酶的研究对他后来的遗传密码研究工作提供了很大帮助。

奥乔亚和他的团队*在听到他们的研究工作获得诺贝尔奖提名后很高兴，这也表明核糖核酸是可以人工合成的。*

可以考虑**多核苷酸磷酸化酶……有助于解开遗传密码。**

塞韦罗·奥乔亚，1980年

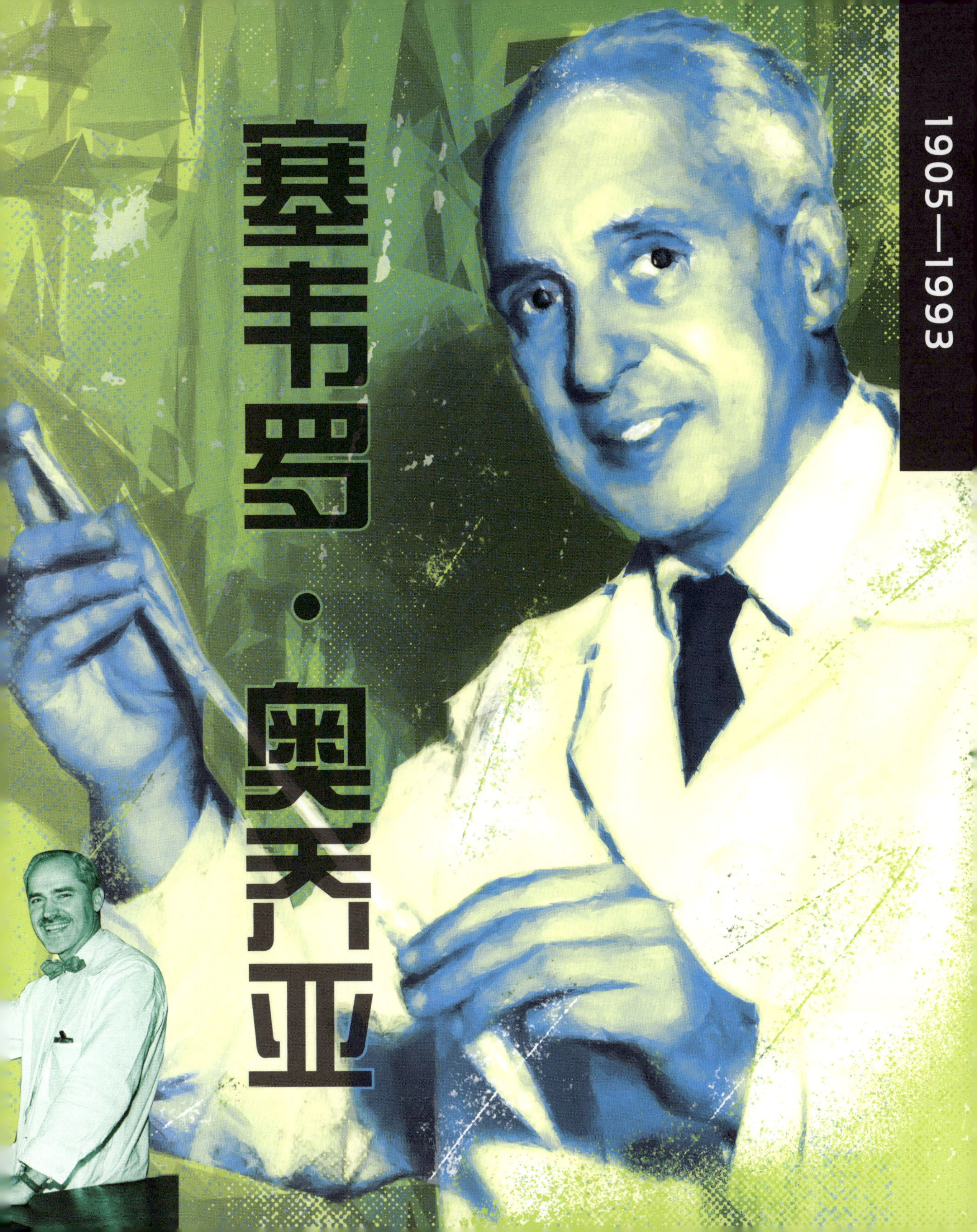
塞韦罗·奥乔亚
1905—1993

玛丽亚·格佩特·梅耶

玛丽亚·格佩特·梅耶（Maria Goeppert Mayer）出生于德国，是一名理论物理学家，第二位获得诺贝尔物理学奖的女性。她创建了核壳层模型，解释了某些同位素（元素的变体）如何比其他同位素更稳定，以及为什么某些同位素可能具有放射性。

玛丽亚·格佩特·梅耶出生于卡托维兹（今波兰），在哥廷根大学先后学习数学和物理学。该大学是量子力学这一新领域的研究中心。她师从著名物理学家马克斯·伯恩。1930年，她在博士论文中提到，一些原子可以同时吸收两个光子（最小的光单位），从而进入更高的能量状态。直到1961年，激光的发明，使在金属铕晶体中证明其效果成为可能，这一理论从此得到证实。此后，多光子吸收技术被用于人体扫描和生成聚合物（由重复单元制成的化学物质）。

格佩特·梅耶于1930年移居美国，当时她的丈夫在约翰·霍普金斯大学担任化学助理教授，她在约翰·霍普金斯大学和哥伦比亚大学无偿担任研究员多年。在此期间，她发表了多篇科学论文，包括1935年的关

大事记

转换方向
1924年，参加了一场鼓舞人心的量子力学研讨会后，转而攻读物理学。

带薪职位
经过多年的无偿工作，1946年在伊利诺伊州的阿贡国家实验室担任高级职务。

催化剂问题
同事的询问促成了她的核壳层模型；1950年，在《物理评论》上发表了她的理论。

诺贝尔奖
1963年，因她在核壳层原子核壳体结构方面的发现，共享诺贝尔物理学奖。

在“曼哈顿计划”期间，格佩特·梅耶与爱德华·泰勒的团队一起在新墨西哥州的洛斯阿拉莫斯实验室工作，以协助开发第一个氢弹：一种使用核聚变和核裂变技术的强力炸弹。

> 物理学是**解决难题的方法**……但是这是**自然界**而不是人类头脑所**创造的难题**。
>
> 玛丽亚·格佩特·梅耶

发现2，8，20，28，50，82和126个质子和中子使核稳定

在54岁时，被任命为物理学教授

仅有的3名女性诺贝尔奖获得者中的1名

于一种称为双 β 衰变的放射性衰变的论文。1942 年，她受邀参加了正在制造世界上第一个原子武器的“曼哈顿计划”。加入哥伦比亚大学的科学家团队，研究将铀 -235 同位素与天然铀分离，以进行制造原子弹的研究。

核壳层模型

20 世纪 40 年代后期，格佩特 · 梅耶在阿贡国家实验室和芝加哥核研究所工作。她研究了为什么原子核中带有一定数量的质子和中子，其中某些同位素（同一元素的不同形式）比其他同位素更稳定。她发现了 7 个这样的数字。当原子核中的质子或中子的数量是这 7 个数字之一时，同位素将具有特别稳定的核结构，但她无法完全解释其原因。1949 年，核物理学家恩里科 · 费米（见 196 页）问她：“是否有自旋轨道耦合的迹象？”格佩特 · 梅耶受到这一问题的启发，第二天提出了核壳模型理论。众所周知，电子表现出自旋轨道耦合——它们成对地绕原子核旋转，一个顺时针旋转，另一个逆时针旋转。格佩特 · 梅耶认为，质子和中子对在原子核内的同心壳状结构中以相同的方式表现。后来她将质子和中子对形容为类似于跳舞，在不同的方向上徘徊并同时旋转。

格佩特 · 梅耶在其理论中指出，当原子核的外壳充满（含有 7 个幻数之一，或质子或中子）时，它将非常稳定。当它不充满时，核将不稳定。这有助于解释为什么氦、氧和钙等元素很常见：它们具有适合此数字模式的稳定核。格佩特 · 梅耶的数学背景和对量子物理学的研究，使她认识到自旋轨道耦合正是解决方案的关键。这一突破对核物理学极为重要。

1963 年，格佩特 · 梅耶与

尤金 · 维格纳

美国数学物理学教授尤金 · 维格纳进一步发展了原子核和基本粒子的理论，为此他于1963年共享了诺贝尔物理学奖。

维格纳（1902—1995）在哥廷根大学工作。1933年他得出结论，核子（质子和中子）的结合力取决于它们之间的紧密程度。人们认为他为格佩特 · 梅耶描述的稳定数量的核子创造了“幻数”一词。1939年，维格纳等人鼓励爱因斯坦给罗斯福总统写信，罗斯福总统促成了“曼哈顿计划”。

汉斯·延森（提出相同的核壳层模型）、尤金·维格纳（见 240 页）一起获得了 1963 年诺贝尔物理学奖。

获诺贝尔奖远不如完成这项**工作本身更令人兴奋。**

玛丽亚·格佩特·梅耶

格佩特·梅耶注意到，*具有一定数量的质子或中子的同位素特别稳定且更丰富。这些数字在当时是莫名其妙的，被称为“幻数”。对这种情况的原因进行研究后，格佩特·梅耶提出了核壳模型。*

美国数学家、计算机科学家和海军官员格蕾丝·赫柏（Grace Hopper）是计算机技术领域的先驱。她开发了最早的计算机语言，使计算机可以用普通的词进行编程。

大事记

哈佛任职
1944年，接受海军职位被派遣到哈佛；开发和编程“马克一号”计算机。

开发UNIVAC I
1949年，加入埃克特-莫齐利计算机公司，帮助设计了第一台商用电子计算机。

编译程序
1955年，与她的团队一起开发了Flow-Matic语言（计算机科学技术），这是第一个英语语言数据处理编译器。

计算机语言
1959年，共同开发了第一种标准计算机语言COBOL，并在全球范围内推广了它。

全球认可
获得了许多奖项和荣誉。1969年，成为第一位计算机科学年度人物。

从纽约瓦萨学院毕业后，格蕾丝·赫柏就读于耶鲁大学，1934年获得了数学博士学位。1943年，加入美国海军预备队。在她漫长的职业生涯中，不仅获得海军上将的职位，而且成为这一时代非常有影响力的计算机程序员。

开创性技术

1944年，赫柏被派往哈佛大学，在那里她帮助开发了计算机马克系列。“马克一号”是最早的机电计算机，也是电子计算机的原型。1949年，她加入了埃克特-莫齐利计算机公司，帮助打造UNIVAC 1，这是美国最早的用于商业和行政办公用途的计算机。此后不久，她改进了计算机编译器，即将符号数学指令转换为计算机可以直接读取的代码的程序。这是开发计算机语言的关键一步。

赫柏倡导让计算机进入非技术市场，她于1955年设计了Flow-Matic语言，这是第一种用英语单词命令的编程语言。然后，她帮助开发、完善和推广了COBOL（一种已广泛使用的面向商业的语言）。赫柏具有远见卓识和出色的技术能力，简化了编程并推进了计算机技术的广泛商业使用。

不同于同时代的大多数人，*格蕾丝·赫柏意识到计算机商业应用的潜力，并通过正在进行的编译器工作，拓展了计算机的用途。*

1906—1992
格蕾丝·赫柏

汤川秀树

日本物理学家汤川秀树（Hideki Yukawa）的诺贝尔奖获奖研究增进了我们对自然界中四种基本力中的其中两种的认识，即强核力和弱核力。他提出了一种新型的亚原子粒子介子的存在，以解释原子内部质子和中子的作用。

汤川秀树于1935年在大阪帝国大学任物理学讲师，发表了有关核力量的开创性论文。质子是在1919年被发现的，中子是在1932年被发现的，物理学家已知原子核包含两个粒子。然而，当时尚不清楚带正电的质子如何在核内相互作用而不相互排斥。汤川秀树的理论提出，质子和中子通过交换中间的“载体”粒子（后被称为介子）相互作用。

介子的存在得到确认

1937年，一组美国科学家在宇宙辐射中发现了一个新粒子，其质量接近汤川秀树所预测的介子的质量。这似乎证实了汤川秀树的理论，他的声誉也传出了日本。但是，后来发现，一种现在称为介子的不同粒子反而参与了细胞核的结合。汤川秀树在核动力方面的研究得到证实后，于1949年被授予诺贝尔物理学奖。

大事记

预测粒子
1935年，发表的论文中提出，介子具有将原子核保持在一起的特殊性质。

获诺贝尔奖
1949年，因发现介子获得诺贝尔物理学奖，成为日本首位诺贝尔奖获得者。

成为主席
1953年，被任命为日本基础物理研究所第一任主席。

自然本质上是简单的。

汤川秀树，1959年

***1949年，汤川秀树**成为纽约哥伦比亚大学的物理学教授，在那里他教授介子理论的研究生课程。2014年，他在那里使用过的黑板被移至大阪大学。*

两次获得诺贝尔奖的美国理论物理学家约翰·巴丁（John Bardeen）的半导体研究对于创建第一个晶体管至关重要。他的研究成果使这项技术可用，引发了电子领域的一场革命：晶体管是从无线电到航天飞机的各种现代电子设备必不可少的组成部分。

大事记

寻求解决方案
意识到原始放大器设计中的缺陷；1945年，开始在贝尔实验室工作，寻找替代品。

突破
1947年，完成了“魔术月”实验，制造出点接触晶体管。

团队分裂
与肖克利发生冲突，因其阻止他从事感兴趣的项目，于是他于1951年离开贝尔实验室。

无线电冲击
收听广播时，才得知自己于1956年获得诺贝尔物理学奖。

BCS超导理论
1957年，与利昂·库珀和约翰·罗伯特·施里弗发表了超导理论。

约翰·巴丁在威斯康星州麦迪逊市长大，学习电气工程。1933年，他在普林斯顿大学的导师尤金·维格纳（见240页）提出了一个问题：“金属内部的电子如何相互作用？”巴丁把这个问题作为他一生的研究议题。他在博士期间计算了金属的功函数（去除电子所需的能量）。1939年起，他开始更加关注超导性。1911年以来，虽然人们已经意识到一些金属在接近绝对零度的条件下能够成为超导体，电流在零电阻的情况下通过它们（这暗示电子行为异常），但是直到巴丁于20世纪50年代才发现并解释了原因。

半导体

1945年，巴丁加入贝尔电话实验室的固态小组。该公司使用玻璃真空管来放大电话信号，但它们体积庞大且经常被烧坏。该小组的任务是发明一种使用半导体的固态放大器：一种在某些情况下充当电导体的材料，使其非常适合放大电流或将其打开或关闭。负责该项目的科学家威

威廉·肖克利（中间）聘请了约翰·巴丁（右）和沃尔特·布拉顿（左）来贝尔实验室工作。在与肖克利发生专利方案的纠纷后，巴丁与该团队分裂。

约翰·巴丁

1908—1991

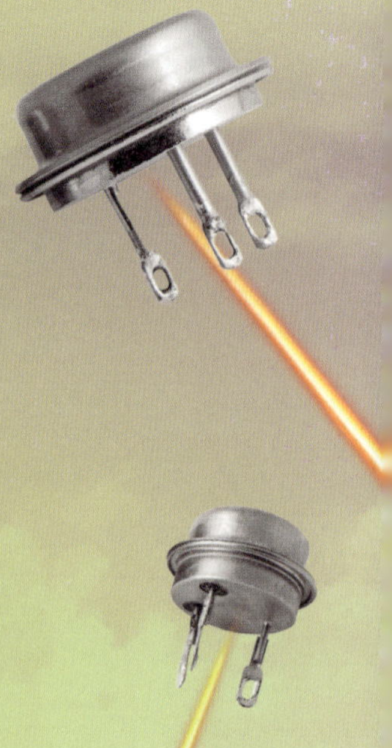

科学是一个**不断发展**的领域，**其边界不断扩展**。此外，科学是具有国际性的。

约翰·巴丁，1972年

廉·肖克利设计了一种“场效应”的放大器：他认为靠近涂有半导体硅的圆柱体，产生的强电场会影响其导电性。当设备不起作用时，肖克利请巴丁和团队中的另一位科学家沃尔特·布拉顿进行调查。

在一系列密集的实验中，负责这项研究理论的巴丁和负责实验的布拉顿对该仪器进行了重新设计。他们创造了一个“点接触”晶体管，该晶体管使用由薄金箔制成的触点在锗晶体（一种半导体）的表面上传递小电流。这改变了半导体，使得更大的电流通过第二个金触点流出，而第二个金触点与第一个金触点有一根头发直径宽度的距离。他们在1947年制造了第一台固态放大器（不带真空管），称其为晶体管（“传输和电阻”的简称），因为它具有电导和电阻的双重特性。

肖克利很生气，因为原始发明没让他参与，于是他独自开发并改进了设计。他在商业上更为成功的是结型晶体管，用不同的半导体进行组合，像“三明治”一样。晶体管最初被用作助听器和收音机的放大器，不久后便用于计算机、电话，以及几乎所有其他电子设备。巴丁、布拉顿和肖克利的研究工作是20世纪电子和计算机革命的基础。

超导体

巴丁于1951年离开贝尔实验室，出任伊利诺伊大学电气工程教授。他继续进行超导体的研究，并研究为什么在极低的温度下它们的电导率会增加。他和两个同事利昂·库珀和约翰·罗伯特·施里弗于1957年研究出了超导性的

BCS 理论（取他们的姓氏首字母）。巴丁提出，尽管电子通常会相互排斥，但在极低的温度下它们会相互吸引。库珀认为，电子在所谓的库珀对中协同工作。施里弗表示，库珀对以单波形式协同运动，因此电阻消失了。1972 年，这三位物理学家因其理论共同获得了诺贝尔奖。如今，超导体被广泛应用，包括用于磁悬浮在轨道上方的磁共振（MRI）机器和磁悬浮列车中的强大电磁体中。

威廉·肖克利

美国物理学家和发明家威廉·肖克利帮助制造了第一个晶体管。

肖克利（1910—1989）曾做过雷达研究和固态电子产品研究，并且是较早将硅用作半导体材料的人之一。在贝尔实验室工作期间，他帮助发明了晶体管，然后进一步开发了该晶体管，以生产结型晶体管。1955年，他创立了肖克利半导体实验室，它是当今硅谷的首批电子公司。

巴丁和布拉顿的晶体管高1.25厘米（0.5英寸）

设计了超导的第一个成功模型

仅有4人两次获得诺贝尔奖，他是其中之一

***巴丁的晶体管**掀起了电子行业的一场革命。它的尺寸和可靠性优于真空管，大多数电子设备将在25年内成为基于晶体管的产品。*

多萝西·霍奇金

1910—1994

大事记

知名团队

1947年，当选为英国皇家学会会员，以表彰她对青霉素的工作。

科学认可

1964年，获得诺贝尔化学奖。一年后，被授予英国最高荣誉的荣誉勋章。

全球事业

1976—1988年担任追求世界和平的“帕格沃什会议”主席。

英国化学家多萝西·霍奇金（Dorothy Hodgkin）是晶体学的领导者，她揭示了包括胰岛素在内的复杂分子的结构。

小时候，多萝西·霍奇金就对晶体产生了浓厚的兴趣，并使用矿物测试分析了花园中的石头。之后，她在牛津大学学习物理和化学，在那里她学习了如何使用X射线晶体学对晶体结构进行建模。她获得了博士学位，并成为这个新领域的专家。1942年，霍奇金开始分析青霉素盐的晶体，经过三年的研究，她成功了。当时，青霉素被描述为是使用该方法的最大分子。霍奇金继续确定维生素B12的结构，并于1969年确定了激素胰岛素（她35年前就开始研究其结构）。她认为这是她最大的发现。霍奇金是社会平等的拥护者，她晚年致力于倡导裁军与世界和平。

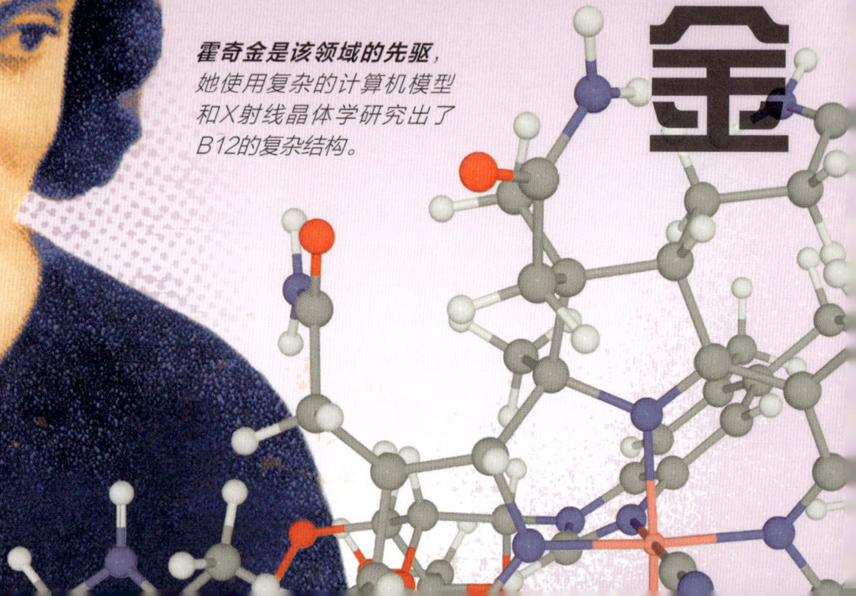

霍奇金是该领域的先驱，
她使用复杂的计算机模型和X射线晶体学研究出了B12的复杂结构。

苏布拉马尼扬·钱德拉塞卡

1910—1995

杰出的印第安裔美国天体物理学家苏布拉马尼扬·钱德拉塞卡（Subrahmanyan Chandrasekhar）研究了恒星如何演化，并发现超过一定质量的白矮星会变成更密集的物体。

苏布拉马尼扬·钱德拉塞卡出生于拉合尔（今巴基斯坦），他是一名神童，14 岁时便在印度的马德拉斯（今金奈）攻读物理学。1930 年，他获得了一笔奖学金，于是去剑桥大学攻读天体物理学的博士学位。在去英国的船上，他确定了白矮星的最大质量，这一计算后来为他赢得了诺贝尔奖。

恒星用完核燃料后，首先会脱落大部分质量，然后在自身引力作用下开始坍塌。甚至太阳大小的恒星也将缩小为白矮星。在 1930 年，物理学家认为，每颗恒星的“简并电子压力”（由其电子密集堆积而引起的向外力）都可以防止其进一步坍塌。然而，钱德拉塞卡意识到，一定大小以上的恒星将进一步坍塌，并且当恒星的质量（坍塌后）超过太阳质量的 1.44 倍时，就会发生这种情况。这个数字被称为钱德拉塞卡极限。他的理论被他的同时代人嘲笑，他们认为不可能将物质压缩到钱德拉塞卡预测的密度。但是在 1971 年，人们发现了第一个黑洞，钱德拉塞卡的理论才被认可。

大事记

关键发现

1931年发表的《理想的白矮星的最大质量》中定义了钱德拉塞卡极限。

发展期刊

1952—1971年，担任《天体物理学杂志》的编辑；他将其打造为领先的国际出版物。

晚期认可

与威廉·福勒共同获得1983年的诺贝尔物理学奖，他的早期工作也终于获得了赞誉。

在科学中，**美丽常常是快乐的源泉。**

苏布拉马尼扬·钱德拉塞卡，1975年

路易斯·阿尔瓦雷茨

1911—1988

路易斯·阿尔瓦雷茨（Luis Alvarez）是美国实验物理学家，因在亚原子粒子领域的贡献而获得诺贝尔奖。他也是提出“陨石导致恐龙灭绝”假设的第一人。

在获得芝加哥大学物理学博士学位后，路易斯·阿尔瓦雷茨加入加州大学伯克利分校的辐射实验室，担任实验物理学家。他专门研究亚原子粒子，并于1937年揭示了放射性原子转变为新元素（K电子捕获）的过程。当原子核捕获轨道电子时，会改变原子的结构，从而产生一个新的元素。他还使用粒子加速器证明了氦-3同位素是稳定的（不具有放射性）。在第二次世界大战期间，阿尔瓦雷茨开发了雷达系统和钚（Pu）炸弹的引爆装置。在20世纪50年代后期，他设计了一个氢气泡室，使观察和分析加速器外部的亚原子颗粒成为可能。这使阿尔瓦雷茨和其他人发现了许多新粒子，并为他赢得了诺贝尔物理学奖。1980年，在6500万年前的岩层中发现铱（陨石中发现的一种金属）后，阿尔瓦雷茨提出了陨石导致恐龙灭绝的理论。10年后，他的理论得到了证实。

大事记

早期的职业生涯

1936年，加入加利福尼亚大学；为研究亚原子粒子做出了重要贡献。

国际赞誉

由于他在基本粒子物理学中的发现而获得1968年诺贝尔物理学奖。

灭绝理论

1980年，与他的儿子沃尔特合作，提出了一种理论来解释恐龙的灭绝。

***阿尔瓦雷茨的恐龙灭绝理论**是基于对意大利岩层的分析。1990年，在墨西哥发现了一个巨大的火山口，证实了他的假设。*

大事记

核物理

1936年，在伯克利大学学习；1940年获得博士学位和核物理经验。

重要工作

1956年，进行了一项反对“宇称守恒”理论普适性的实验。

获得荣誉

1975年，获得国家科学奖章；成为美国物理学会的第一位女性会长。

1912—1997

华裔美国核物理学家吴健雄是科学界的女性先驱者，她以反驳物理学基本原理的普遍性而赢得了国际赞誉。

吴健雄于1936年从中国移居美国进行学习。她在加州大学伯克利分校获得了核物理博士学位，她的研究包括分解铀原子以产生放射性同位素。之后，她开始在普林斯顿大学任教，成为该大学的第一位女讲师。1944年，她前往哥伦比亚大学从事曼哈顿计划（致力于原子弹的研究），在那里她帮助开发了辐射探测器和盖革计数器。1956年，她进行了物理实验，从而为科学做出了重要贡献。她证明了物理学的基本原理（宇称守恒）并非普遍有效。该原理一直被认为支配着所有亚原子粒子的行为，直到吴健雄的实验证明它并非在所有的情况下都适用。她的发现使她赢得了全球赞誉，并帮助物理学家杨振宁（见284页）和李政道获得了诺贝尔奖，她证实了他们的理论。

这个**奇迹**……可能是一生的回报。

吴健雄，1957年

吴健雄

数学家和逻辑学家艾伦·图灵（Alan Turing）是计算和人工智能领域的先驱，他开发了密码破解机，帮助扭转了第二次世界大战的局势。他写了关于如何对计算机进行编程以执行任务的蓝图，预示着计算机时代的到来。

大事记

图灵机
1936年，发表的论文《关于可计算数字》中概述了"通用计算机"。

密码破解
1938年，开始在破解代码的数学和计算方法中发挥重要作用。

早期编程
1947年，编译缩写代码指令，这是有史以来的第一种计算机编程语言。

图灵测试
1950年，在《计算机械与智能》中撰写了一项评估人工智能的测试方法。

首次计算
1951年，对第一台商业销售的数字电子计算机进行了编程。

图灵于1912年出生于伦敦，9岁时被女校长称为天才，他表现出对数学和复杂棋类问题的浓厚兴趣。他在剑桥大学国王学院读数学，在1934年获得了一等学位，1935年，因为一篇有关概率论的论文当选为国王学院院士。1936年，他转向"决策问题"，这是大卫·希尔伯特提出的一个尚未解决的逻辑问题。尽管图灵险些被美国逻辑学家阿隆佐·丘奇击败，但他最终成功地解决了这个问题。更重要的是图灵的方法：他使用计算机的思想解决了该问题，通过计算机编程可以执行任务。

通用计算机

图灵设想了一种机器，该机器可以读取和输入打印在长条纸上的数字和符号，然后根据算法（一组规则）执行预定的任务。图灵谈到他的机器时说："我们只需将规则视为能够被提取，并与其他规则进行交换，

机器让我不断感到惊讶。

艾伦·图灵，1950年

***在布莱切利园**，图灵是解密德国密码这项重要工作的科学天才。20世纪70年代，他的角色一直保持隐秘，直到他去世50年后才被公布。*

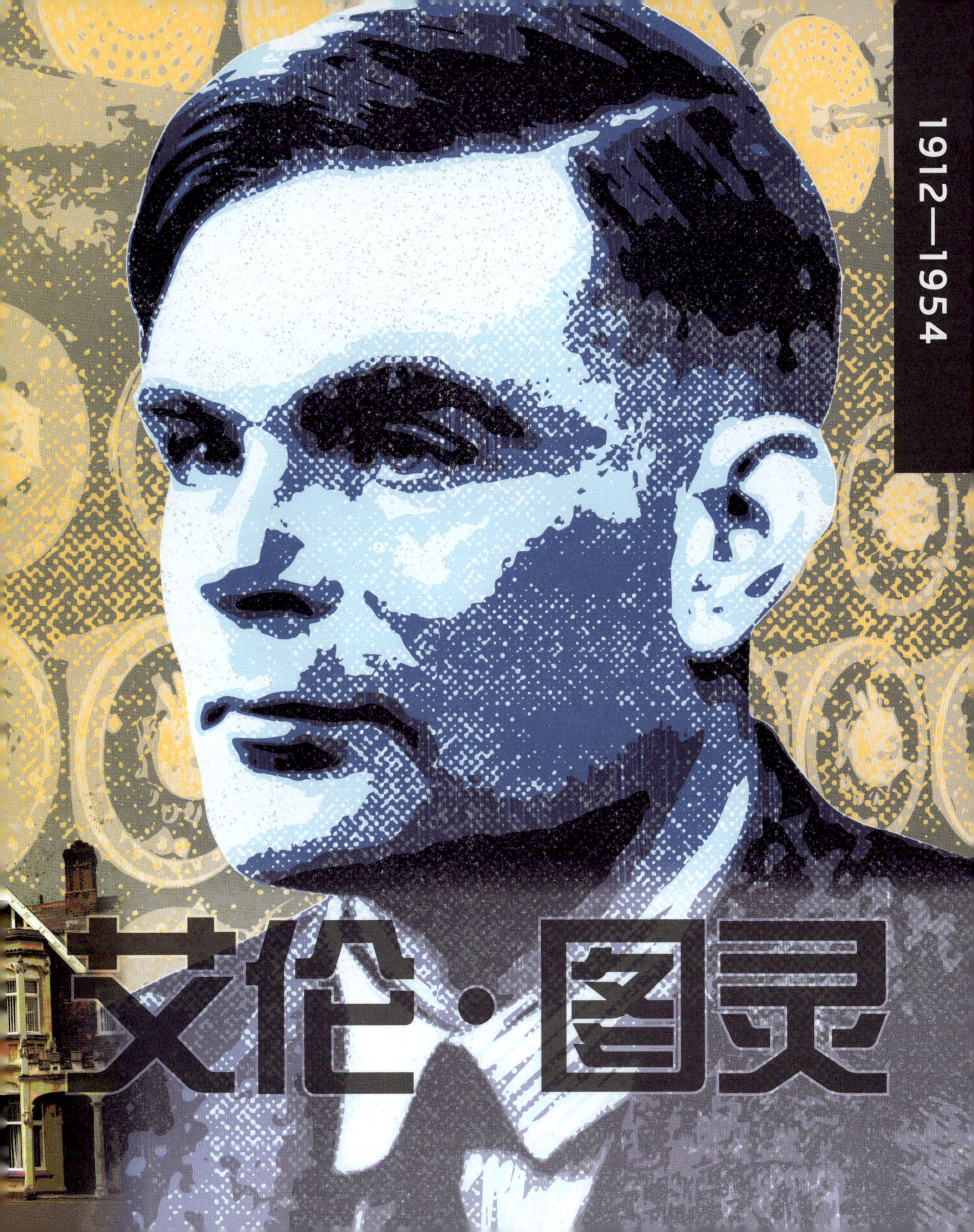
1912—1954
艾伦·图灵

我们只能看到前方很短的距离，但是我们可以看到那里**需要做很多工作。**

艾伦·图灵，1950年

密码破译者

1938 年，图灵在美国普林斯顿大学获得博士学位的两年后，英国政府密码和暗号学校（GC&CS）联系到他。这所学校的设立是为了破译德国军方的编码无线电信息。当时德国人正在使用一种称为恩尼格玛密码机（Enigma）的加密设备，每天以不同的方式扰乱他们的信息。德国人甚至夸口说恩尼格玛密码牢不可破。面对这一艰巨的任务，图灵离开了剑桥大学（他在那里一直在制造机

我们就拥有与通用计算机非常相似的东西。”尽管尚不存在构建该机器的技术，但“图灵机”暗示了计算机科学未来领域的无限潜力。

械计算设备）并加入了布莱切利园的暗号学校。1939 年 9 月 4 日，即英国向德国宣战之后的第二天，他开始在一个由数学家和代码破译者组成的小组中工作，该小组在解密恩尼格玛消息方面已经取得了一些成功。

通过使用逻辑和概率，图灵意识到要找出恩尼格玛密码的所有可能组合，他必须构建一台能够复制 60 台恩尼格玛机器的计算机。为此，他和同事戈登·维尔赫曼增强了“Bombe”（1938 年由波兰密码学家制造的计算机）的功能。第一台改进的 Bombe 机于 1940 年 8 月准备就绪，不久之后便开始解密恩尼格玛消息。到战争结束时，布莱切利园昼夜运作着 200 多台 Bombe 机，甚至破解了更复杂的 U-boat 密码。

数字计算

图灵还曾在布莱切利园现场关注 1944 年“Colossus”密码破解机的进展，这是第一台可编程数字电子计算机。他

破解了150×10^{18}的恩尼格玛组合 每天帮助破译3000条德国军事信息

***恩尼格玛密码机（最左侧）**是20世纪20年代德国军队使用的一种加密设备。到第二次世界大战时，它已非常复杂，以至于德国人相信恩尼格玛密码永远不会被破解。但是，同盟国使用他们自己的计算机——图灵Bombe机破译了它们。*

康拉德·楚泽

德国工程师楚泽生于柏林，在完全独立工作的情况下设计并制造了可编程计算机，并在父母的公寓中制造了原型机。

楚泽（1910—1995）设想制造一台计算机，可以自动进行复杂的计算，以方便他早期作为土木工程师时的工作。1936年，他辞去了航空公司的工作，并于1938年开始构建他的计算机，制造Z1。他在第二次世界大战期间为德国军队工作，并于1941年实现了Z3（世界上第一台完全可编程的工作计算机）。他接着开发了第一种高级编程语言——PLANKALKÜL。

看出了电子技术可以帮助他更快地实现他于1936年设计的通用机器的想法。1945年，随着战争的结束，图灵开始在英国国家物理实验室工作，在那里他提交了自动计算机引擎（ACE）的详细计划，该计划可以通过存储在电子存储器中的指令进行编程。这意味着与笨重的Colossus（必须重新布线才能执行每个新任务）不同，ACE可以像现代计算机一样，只需访问其内存中的另一个程序即可从数字工作切换为代数或下象棋。尽管1950年的Pilot ACE是他设计的较小版本，但实际上ACE从未被制造出来，这让图灵非常沮丧。

机器智能

在1948年移居曼彻斯特大学后，图灵领导着Ferranti Mark I（世界上第一台商用数字电子计算机）的编程团队。在那里，他通过思想实验探索了如何证明机器会思考，在本次思想实验中，计算机试图说服面试官它是人类：成功则意味着它是智能的。众所周知，图灵测试对在美国开创的新兴领域人工智能具有影响力。

图灵还表现出了广泛的学术兴趣。他对神经病学和生物学着迷，并于1952年撰写了一篇有关数学形态发生学的论文，即关于形态和图案（如老虎的条纹）如何在自然界中出现的理论。同年，图灵因与一名男子发生性关系而被定罪，当时这是非法的。他于1954年自杀，年仅41岁。2013年，图灵获得了皇家赦免。

设计了一种评估人工智能的方法

在第二次世界大战期间，2年大获成功，获得信誉

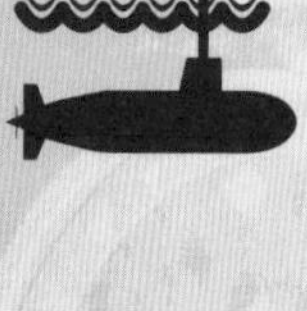

据估计，破解恩尼格玛密码拯救了超过1400万条生命

我相信，到20世纪末，单词的运用和通识教育将会极大地改变，人们将能够运用机器思维进行思考，而不会出现矛盾。

艾伦·图灵

《计算机械与智能》，出自《心灵杂志》，1950年

科学家目录

第二次世界大战期间，各国政府增加了对研究的投资和支持，以期获得战术上的优势。各国科学家之间的激烈竞争为人们和军队带来了宝贵的发现，并且这一现象在战争结束之后仍在继续。

沃尔夫冈·泡利
1900—1958

瑞士和美国理论物理学家沃尔夫冈·泡利（Wolfgang Pauli）出生在奥地利，以其对原子结构的研究而闻名。他提出了“泡利不相容”原理，即原子中没有两个电子同时处于完全相同的状态。泡利（和独立的德国理论物理学家阿诺尔德·索末菲）设计了一个原子模型来解释金属的电学和热学性质。泡利还是第一个提出亚原子粒子中微子存在的人。1945 年，他被授予诺贝尔物理学奖。

狄奥多西·杜布赞斯基
1900—1975

俄罗斯人口遗传学家狄奥多西·杜布赞斯基（Theodosius Dobzhansky）是进化生物学领域的核心人物。他出生于乌克兰，于 1927 年移居美国。在很大程度上，他通过果蝇实验，帮助弥补了遗传与进化之间的鸿沟。他证明了突变在创造遗传多样性中，为自然选择提供了可能。这样，他帮助调和了遗传学的发现与查尔斯·达尔文的进化论，后者着重于自然选择。

霍华德·艾肯
1900—1973

美国电气工程师霍华德·艾肯（Howard Aiken）于 1944 年制造了哈佛“马克一号”计算机。这是专为第二次世界大战而开发的半电子、半机械的计算机。这台计算机的研制表明，编程机器能够系统、可靠、自动解决很多问题。它为当今的计算机发展奠定了基础。艾肯与计算机编程的发起者之一格蕾丝·赫柏进行了密切合作。

维尔纳·海森堡
1901—1976

1901 年，维尔纳·海森堡（Werner Heisenberg）出生于德国南部的维尔茨堡，曾在慕尼黑和哥廷根大学学习数学和物理学。1922 年，在哥廷根与他未来的合作者尼尔斯·玻尔见面。海森堡因研究哥本哈根诠释（研究受概率定律控制的量子系统如何与大规模世界相互作用）和不确定性原理（即粒子的速度或位置仅知其一，不能同时知道）而著称。他还为量子场论做出了贡献，并设计出自己的反物质理论。32 岁的他被授予诺贝尔物理学奖，成为非常年轻的获得者。

莱纳斯·鲍林
1901—1994

化学家莱纳斯·鲍林（Linus Pauling）出生于美国波特兰，曾两次获得诺贝尔奖，一次是化学奖，另一次是和平奖（因其尝试调解美国和越南冲突而获得）。鲍林是早期在化学领域拥护量子力学的先驱者。他于 1939 年出版的《化学键的本质》，是非常有影响力的化学著作之一。他提出了五个寻找离子晶体结构的规则，并描述了共价化合物中的原子轨道如何结合形成分子轨道。据鲍林的说法，当两个原子形成共价键时，它们共享电子，但位置不固定。相反，电子可以移动到更有利的位置进行键合。

凯瑟琳·朗斯代尔
1903—1971

凯瑟琳·朗斯代尔（Kathleen Lonsdale）在伦敦皇家学院威廉·亨利·布拉格的指导下，借助 X 射线技术来研究化合物的结构。1929 年，她得出结论，苯中的碳原子排列成规则的六边形环。她继续将 X 射线晶体学应用于膀胱结石和放松肌肉的药物的研究。1945年，她成为伦敦皇家学会的两名女性成员之一，该学会以前只接纳男性。

约翰·冯·诺伊曼
1903—1957

出生于匈牙利的杰出数学家约翰·冯·诺伊曼（John Von Neumann）致力于早期高速电子数字计算机的设计和开发。从1930年开始，他就居住在新泽西州的普林斯顿，与美国的气象学家朱尔·查尼一起，将第一个基于计算机的天气预报汇总在一起。1945年，他设计了一个计算机模型，可以存储程序和数据。从那时起，所有计算机都基于该模型，即冯·诺伊曼结构。

温德尔·斯坦利
1904—1971

温德尔·斯坦利（Wendell Stanley）出生于美国印第安纳州，通过X射线衍射确定了病毒的分子结构。由于对烟草花叶病毒的研究，他于1946年共享了诺贝尔化学奖。在第二次世界大战期间，他对病毒是传染病起因的看法，帮助了抗流感疫苗的开发。战争结束后不久，他移居加州大学伯克利分校，并在1954年，他和合作者结晶了脊髓灰质炎病毒，这成为研究人员开发出针对该疾病疫苗的重要一步。

丽塔·列维-蒙塔尔奇尼
1909—2012

丽塔·列维–蒙塔尔奇尼（Rita Levi–Montalcini）在与认为女性应该待在家中的父亲抗争之后，去了都灵大学学习医学，并在神经生长因子（NGF）领域取得了重要发现。1947年，她移居美国，并被华盛顿大学聘为教授。起初，神经生长因子在很大程度上被忽略，后来被认为在包括阿尔茨海默氏病、不育症和癌症在内的多种疾病中发挥重要作用。列维–蒙塔尔奇尼与帮助分离神经生长因子的生物化学家斯坦利·科恩一起，被授予1986年诺贝尔生理学或医学奖。

鲁比·佩恩-斯科特
1912—1981

澳大利亚的鲁比·佩恩–斯科特（Ruby Payne–Scott）在20世纪40—50年代，曾是无线电物理学家，虽一生短暂却极富成果。1941年6月，她是悉尼大学放射物理学实验室聘用的仅有的两名女性物理学家之一。在第二次世界大战中，她帮助开发了用于澳大利亚海岸线的雷达，1946—1951年，她参与了测量太阳和恒星无线电辐射方法的开发。

乔纳斯·索尔克
1914—1995

美国病毒学家乔纳斯·索尔克（Jonas Salk）开发了第一种安全有效的脊髓灰质炎疫苗。这种疫苗是一种灭活疫苗，不注射活的病毒。早期试验表明，这种疫苗对这种疾病具有免疫力，但并不持久。1954年，开始进行大规模试验。超过100万名儿童注射了这种疫苗。事实证明，这种疫苗对麻痹性小儿麻痹症的疗效高达90%。同时，阿尔伯特·沙宾在使用减毒（弱毒）活病毒开发针对小儿麻痹症的口服疫苗。经过另一项重大试验，该疫苗也被认为是成功的。由于比索尔克的疫苗更易于管理，到20世纪60年代初，沙宾的口服疫苗已取代了索尔克的疫苗。

小莱曼·斯皮策
1914—1997

美国著名的天体物理学家小莱曼·斯皮策（Lyman Spitzer Jnr）是第一位提出太空望远镜概念的科学家。他提出了通过地球大气，探测不可见的辐射问题。1946年，他提出的解决方案是将望远镜放入太空。他知道这一想法可能遇到的障碍，包括太空航行、设计一种能够通过地球远程控制在太空中运行的仪器等。1977年，他为太空望远镜所做的努力终于获得了回报，美国国会决定为哈勃太空望远镜提供联邦资助。

罗伯特·爱德华兹
1925—2013

英国生理学家罗伯特·爱德华兹（Robert Edwards）成功试行了“试管”怀孕的技术。从1955年开始，爱德华兹就致力于研究受精条件，并花了20年的时间，研究怎样才是在子宫外的人工受精卵合适的条件。1968年，他开始与外科医生帕特里克·斯特普托合作。斯特普托使用匙孔手术从女性志愿者那里收集卵子。第一个试管婴儿于1978年7月出生，爱德华兹等待30多年，终于在2010年获得诺贝尔生理学或医学奖。

7

万物理论

1950至今

弗朗西斯·克里克

1916—2004

英国诺贝尔奖得主、生物物理学家弗朗西斯·克里克（Francis Crick），因1953年共同发现DNA的分子结构而闻名于世，这一成就也是科学发展史上非常重要的突破。

弗朗西斯·克里克曾就读于伦敦大学物理专业，随后在此继续攻读博士学位，研究水的黏性。第二次世界大战期间，他应召进入皇家海军协会，帮助研制磁学和声学水雷，之后决定改学生物学。1949 年，他加入剑桥卡文迪许实验室，开始新的博士项目，从事蛋白质 X 射线衍射研究。1951 年，也是在这里，克里克认识了詹姆斯·沃森，后来与他共同解开了一大科学奥秘。二人一拍即合，联手加入 DNA 分子结构研究的竞赛。1954 年，克里克完成博士学习，为当时进行中的遗传密码课题做出了突出贡献。1976 年，他搬到加利福尼亚，在那里开始研究发育神经生物学和人类意识。

> **遗传密码**是打开分子生物学之门的**钥匙**。
>
> 弗朗西斯·克里克，1966年

大事记

剑桥经历

1949年，加入卡文迪许实验室开始博士研究项目；1951年，与沃森相遇，开始研究DNA。

双螺旋结构

1953年4月25日，在《自然》杂志上联名发表重要论文，揭示了DNA结构。

至高荣誉

1962年，获得诺贝尔奖；1972年、1975年分别获得皇家奖章。

教授生涯

1977年，成为加州索尔克生物研究所杰出的研究教授。

美国遗传学家、生物物理学家詹姆斯·沃森（James Watson）开创性地联合发现DNA的双螺旋结构，由此开启了生物学研究的新纪元，并因此获得诺贝尔奖。

大事记

病毒专家
1950年，在印第安纳大学从事病毒研究，为日后解密DNA结构积累了必不可少的专业知识。

DNA领域的突破
1953年，同克里克成功建模，展示了DNA的分子结构。

生物学讲师
1953—1955年，在加州理工学院任高级研究员；1956年，转入哈佛教授生物学。

生物学研究
1968年，在一所分子研究领域的前沿研究中心担任主任；1989年，牵头进行人类基因组计划。

詹姆斯·沃森15岁时申请进入芝加哥大学，1947年，获得动物学学士学位，1950年，完成病毒研究方向的博士学位。1951年，他转入剑桥的卡文迪许实验室，在那里同弗朗西斯·克里克建立了紧密的伙伴关系，共同进行研究，取得了诸多进展。在两人共同发表了有关DNA结构的重要论文后，沃森短暂移居加利福尼亚，之后又回到卡文迪许实验室与克里克研究病毒重组。同时，沃森还在哈佛大学授课，1960年成为生物学教授，后发表了数篇具有影响力的生物学领域文章。1989年，人类基因组计划在沃森的领导下启动，这一国际性的研究项目旨在测定并绘制构成人类染色体的全部基因。

> 科学里的答案**只有一个**，它必须**是正确的。**
>
> 詹姆斯·沃森，1987年

詹姆斯·沃森

克里克和沃森发现“DNA由一个双螺旋结构组成”，这是20世纪非常伟大的科学发现。DNA（或称脱氧核糖核酸）是存在于细胞内、决定一切生命体遗传方式的化学物质。对其结构的发现帮助了科学家认识到它能够复制并传递遗传信息，也提出了有关遗传原理的重要观点。

DNA研究竞赛

早在1951年克里克和沃森相识之前，在全球范围内，就已经掀起一场研究DNA结构的竞争。1944年，美国免疫学家奥斯瓦尔德·埃弗里发现了DNA携

有关DNA双螺旋结构的**重要发现**促成了诸多新兴科研技术的发明，如基因测序和基因工程。它还拓宽了众多研究领域，开始涉及遗传病史。

带遗传信息，然而当时尚不清楚 DNA 的结构，研究未能继续推进。直到 20 世纪 50 年代，这场 DNA 研究竞争的主要参与者有美国化学家莱纳斯·鲍林，以及伦敦国王学院的罗莎琳德·富兰克林和莫里斯·威尔金斯。

当时科学家已经知道 DNA 可以携带遗传信息，并进行自我复制，也认识到其分子由多个部分构成：一个磷酸和糖交替组成的“主干”和四个化学“碱基”，即腺嘌呤（A）、胸腺嘧啶（T）、鸟嘌呤（G）、胞嘧啶（C）。但人们不清楚这些部分如何相互联结构成整体，以及 DNA 分子如何复制。

充满活力的组合

克里克和沃森的研究方法十分专一，他们收集其他科学家的证据和研究结论，并整合自身的跨学科知识，如病毒遗传学、物理学，以及 X 射线晶体学，在此基础上进行数据分析。但有一点创新之处是，相比之前科学家一头扎进无尽的实验，克里克和沃森另辟蹊径，根据已知 DNA 的化学属性，通过搭建大型的 3D

西德尼·布伦纳

南非生物学家西德尼·布伦纳是最早见到沃森和克里克DNA模型的人。

在牛津大学获得博士学位之后，布伦纳（1927—2019）在发育遗传学和分子生物学领域开展了前沿性研究。1961年，他与克里克发现了一种蛋白质氨基酸的编码过程。布伦纳最著名的工作成果是：通过研究秀丽隐杆线虫认识到器官的发育和细胞的凋亡，为此他于2002年与他人共同获得诺贝尔奖。

我们发现了生命的奥秘。

弗朗西斯·克里克，1953年

研究发现DNA分子结构仅用时18个月

构建最终的DNA模型仅用时3天

发布开创性研究结论的论文篇幅仅1页

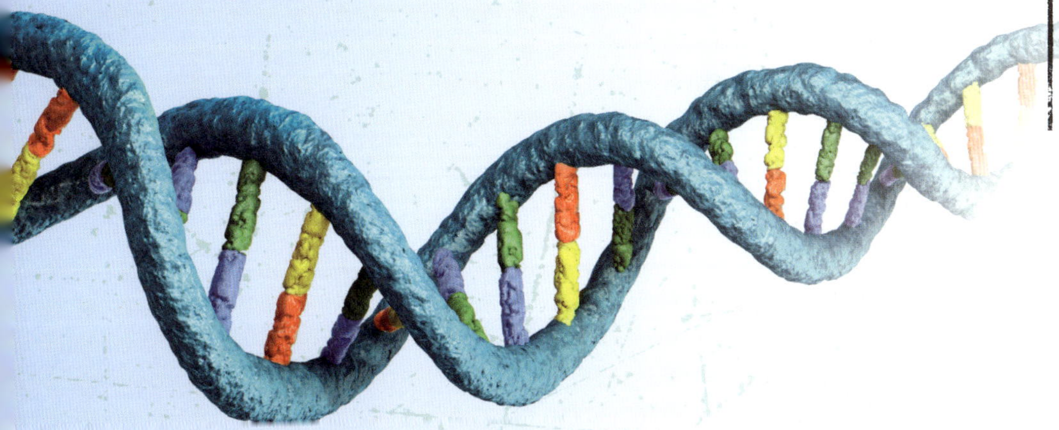

这一结构具有相当大的**生物学意义的特征。**

弗朗西斯·克里克和詹姆斯·沃森，1953年

模型尝试并仿制不同的DNA结构。经过两次失败的探索之后，罗莎琳德·富兰克林（见270—273页）的一份实验数据为他们带来了成功的曙光。X射线晶体学专家富兰克林于先前拍摄了清晰的DNA晶体衍射图片“照片51号”，显示了DNA的双螺旋结构。他当时和莫里斯·威尔金斯合作开展研究，但二人彼此有敌意，威尔金斯在富兰克林不知情的情况下向克里克和沃森展示了“照片51号”。尽管先前沃森和克里克已经尝试了双螺旋结构，但并未成功。富兰克林的照片帮助他们确定了双螺旋的研究方向，直至最终完成他们的模型。

双螺旋结构

DNA的双螺旋结构形似一个扭曲的梯子，其中磷酸和糖链构成梯子两边的“扶手”，而成对的“碱基”组成中间的阶梯。以上结论的关键在于认识到碱基是成对存在的——奥地利科学家埃尔文·查戈夫早前注意到腺嘌呤（A）和胸腺嘧啶（T）总是以同比例出现，而鸟嘌呤（G）和胞嘧啶（C）也是这样。由此，沃森和克里克想到，梯子的每一级阶梯必定由两个碱基联结构成（“A和T”或“G和C”），而碱基的排列次序构成了遗传信息的编码。他们还由此推断当梯子一分为二时（也称分子“解旋”），它们各自与新形成的DNA成分聚合，从而形成两个遗传信息相同的双螺旋。

科学突破

克里克和沃森于1953年3月完成了DNA的双螺旋模型，4月在一篇具备里程碑意义的论文中公布了他们的发现。富兰克林的照片以及对此的贡献仅得到短暂的认可。克里克和沃森的研究成果被认为是20世纪伟大的科学发现，标志了人类对遗传学认知的一个转折点，也为日后分子生物学取得多项重大进展奠定了基础。1962年，他们和莫里斯·威尔金斯（富兰克林已于1958年离世）一道被授予诺贝尔生理学或医学奖。

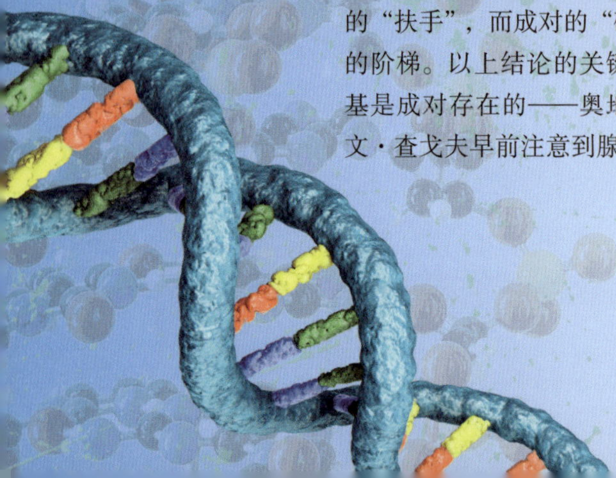

***克里克（右）和沃森用**多种材料（包括纸张和金属板）搭建了3D模型。*

罗莎琳德·富兰克林

罗莎琳德·富兰克林（Rosalind Franklin）是一位英国化学家，她具有启示性的工作成果对于DNA结构的发现起到了至关重要的作用，但她所做的贡献在有生之年被极大地低估了。

罗莎琳德·富兰克林于1920年出生于伦敦，1941年毕业于剑桥大学，获得物理化学学位，后主攻碳和石墨的化学结构的研究，1945年获得剑桥博士学位。1947年，她搬到巴黎学习X射线晶体衍射技术——使用X射线检验物质的结晶体，从而测定其分子结构。正是富兰克林在该领域的专业技术，使其得以对20世纪伟大的科学发现（DNA结构）做出关键的贡献。

DNA研究竞赛

20世纪50年代，在全球范围内有数位科学家共同参与发现脱氧核糖核酸（DNA）分子结构的竞赛中。这一化学物质被发现存在于所有生命体中，对遗传信息进行了编码。1951年，剑桥大学的詹姆斯·沃森和弗朗西斯·克里克正尝试搭建DNA的3D模型；与此同时，在伦敦国王学院，富兰克林受任接管使用

大事记

化学研究
1942年，成为不列颠煤炭利用协会研究员。

新的事业
1947年，在法国工程师雅克·布林门下学习，后成为X射线晶体学家。

伦敦国王学院
1951年，在原项目负责人莫里斯·威尔金斯不知情的情况下受任接替其领导X射线研究。

DNA研究突破
1952年，拍摄到首张清晰的DNA晶体衍射图像，揭示了其双螺旋形状。

前沿研究
1953年，转入伦敦大学伯贝克学院，牵头有关主要作物病毒的开创性研究。

__1951年，富兰克林开始在伦敦国王学院__研究拍摄DNA链，当时很多物理学家、生物学家和生物化学家都致力于推动生物物理学（用物理学研究生物分子）的前沿发展。

科学与日常生活不能也不应被分开。

罗莎琳德·富兰克林，1940年

……有史以来拍摄到的最美丽的X射线衍射图像。

J.D.贝尔纳，1958年

“照片51号”是揭示了DNA结晶体结构的第一张清晰图像，被认为是科学领域很重要的照片。

X射线技术的DNA研究，并因此与该项目原先的负责人莫里斯·威尔金斯关系紧张。随着富兰克林X射线技术的精进，她于1952年拍摄到首张DNA的清晰图像，命名为“照片51号”。根据照片显示出的“X”形结构，富兰克林认为DNA是一个螺旋（呈螺旋状上升或下降），是双链，而非之前人们认为的三链。她还提出DNA的“主干”分布于分子结构的外侧。1953年年初，莫里斯·威尔金斯在富兰克林不知情的情况下向克里克和沃森展示了“照片51号”，以及富兰克林尚未发表的关于DNA形状的猜想。这些信息帮助克里克和沃森坚定了DNA双螺旋结构的研究方向，最终二人于1953年完成模型，同年4月发表了研究成果。而这背后来自富兰克林的关键贡献却鲜为人知。

DNA研究之外

1953年，富兰克林转入伦敦大学伯贝克学院，研究多种病毒的结晶体结构。凭借其晶体衍射技术，她就烟草花叶病毒（TMV）的分子结构提出了开创性的新模型。该结论的正确性后来得到证实，

遗憾的是富兰克林已于 1958 年离世。她还研究了其他植物病毒和人类小儿麻痹病毒的结晶体结构，其有关小儿麻痹症的研究在 1959 年该病毒的结晶体结构被测定后获得认可。1962 年，沃森、克里克、威尔金斯因 DNA 结构研究共同获得诺贝尔奖。由于诺贝尔奖不追赠逝者所以富兰克林不具备获奖资格。但时至今日，富兰克林仍以其在病毒学（病毒研究）领域取得的巨大成就，以及对 DNA 结构研究这个伟大的科学发现所做出的重要贡献而受到赞誉。

莫里斯·威尔金斯

莫里斯·威尔金斯出生于新西兰，成长于英国，是一位生物物理学家、诺贝尔奖得主，其最著名的成就是有关X射线的研究，帮助测定了DNA的结构。

威尔金斯（1916—2004）曾就读于剑桥大学和伯明翰大学，在第二次世界大战期间参与“曼哈顿计划”（研制原子弹），后于1946年加入伦敦国王学院生物物理学研究小组，在那里使用X射线成像技术研究并收集有关DNA纤维的数据。与罗莎琳德·富兰克林合作研究后，二人陷入了并不愉快的伙伴关系。1962年，威尔金斯与弗朗西斯·克里克和詹姆斯·沃森因DNA结构研究共享了诺贝尔生理学或医学奖。尽管如此，威尔金斯在其中所做的贡献并不为大众充分知晓，后来他为自传取名为《双螺旋背后的第三人》。1970年，威尔金斯成为生物物理学研究小组主任，后成为国王学院的荣誉教授。

使用X射线
拍摄“照片”
51号
耗时60小时

获得政府
10000英镑
拨款用于研究
小儿麻痹病毒

将3000英镑
遗产赠予
同事阿龙·克卢格，
支持其
研究

两度诺贝尔奖得主弗雷德里克·桑格（Frederick Sanger）是一位实验生物化学家，他测定了生命三大基础聚合物［蛋白质、核糖核酸（RNA）、脱氧核糖核酸（DNA）］构成基因成分的序列。其用于测序DNA分子的技术，推动了分子生物学的变革，推动了医学、基因疗法、遗传操作领域新时代的到来。

大事记

博士研究
1943年，因对人体蛋白质组成部分氨基酸的研究被授予博士学位。

诺贝尔奖
1958年，因对胰岛素的化学测序研究获得诺贝尔化学奖。

桑格测序
1977年，发表双脱氧法DNA测序技术，后称“桑格测序”。

再度获奖
1980年，与沃特·吉尔伯特和保罗·伯格因共同完成DNA测序，共享诺贝尔化学奖。

研究中心
1993年，在英国剑桥成立基因组研究中心——维康桑格研究所。

弗雷德里克·桑格于 1918 年生于英国格罗斯特郡，父亲是从事乡野医疗的全科大夫。童年时期，他的哥哥对博物学的兴趣对他有很大的影响，同时受到父亲贵格会信仰的熏陶，对真理、良知、哲学十分憧憬，这些日后潜移默化地影响了他的科学事业。1936 年，桑格进入剑桥大学学习自然科学，其间兴趣转向生物化学，于 1939 年以一等学位毕业。

科研路径

桑格当时决定在高等生物化学领域继续深造。父母在他本科求学期间相继离世，1940 年，他用部分继承的遗产自费攻读了博士学位，研究氨基酸的新陈代谢，聚焦这一构成蛋白质的基础化学成分。第二次世界大战期间，桑格因其贵格会信仰的和平主义倾向被免于服军役，取而代之，让他为政府开展有关土豆氮素吸收的应用研究。1943 年，桑格获得博士学位。

桑格认为可以从实验、研究室的集体研究中受到启发，这样的研究方法也成为他最大的强项。当时，剑桥有一组科学家正在研究蛋白质，桑格加入了他们，在之后的十年间苦心钻研，尝试破译胰岛素的完整氨基酸序列。测序最终于 1955 年完成，此外桑格还揭示了每个蛋白质都拥有独一无二的氨基酸组合和区别于其

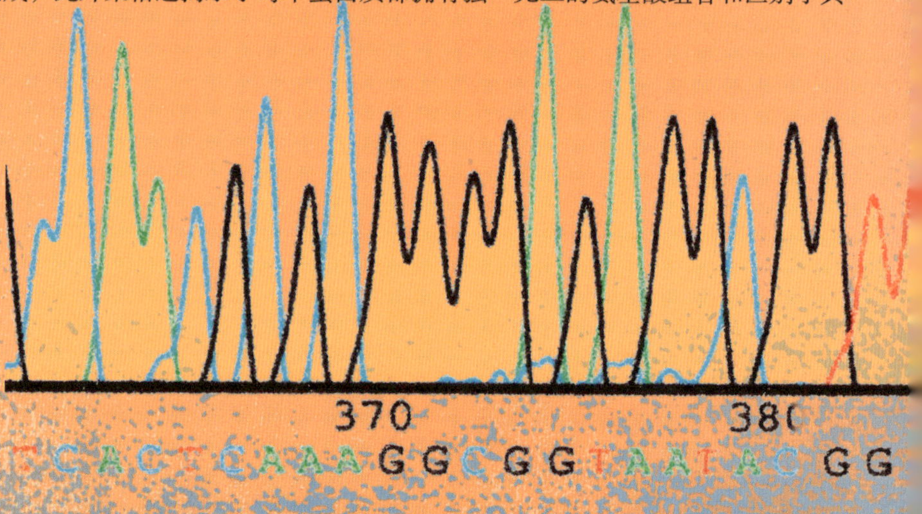

别出心裁的实验家*桑格发明了众多新颖的日常实验技法，如用于操作少量化学物质的微量法。*

弗雷德里克·桑格
1918—2013

两度获得诺贝尔化学奖的第一人

截至1982年共完成48502个DNA碱基对的测序工作

他的3D结构。胰岛素成为首个完成测序的蛋白质，由此蛋白质研究蓬勃发展，为日后发明人造胰岛素治疗糖尿病奠定了基础。

遗传学研究

在1958年因胰岛素研究获得诺贝尔化学奖之后，桑格设立了更宏大的科研目标。1962年，他转入剑桥分子生物学实验室，继抓住其所谓的“测序漏洞”之后，将注意力转移到对人体基因核酸RNA和DNA结构的探索上。

桑格在剑桥的同事弗朗西斯·克里克和詹姆斯·沃森早先已于1953年发现DNA这一包含了指令决定细胞生长和功能的主要化学物质的双螺旋结构，以及可被遗传的基因特性。在此基础上，桑格立志对该结构进一步解读，以揭示DNA特定链条上的碱基，其中每个碱基都携带了独一无二的基因编码。他的研究首先从RNA入手。RNA与DNA相比更小，结构也没那么复杂，是一种转达遗传指令的单链核酸，能够根据DNA中的编码信息合成蛋白质。为此，桑格发明了一种测序方法，使用放射性同位素标记RNA片段，后通过观察片段间的重合区域构建序列。1967年，他完成对大肠杆菌RNA的完整测序。

> 我曾有**20年**的时间得以**从事我想做的工作。**
>
> 弗雷德里克·桑格，2001年

解锁遗传编码

20世纪70年代初，桑格开始转向研究DNA，因其分子较大且拥有双螺旋结构，为测序增加了难度。1977年研究终于有了突破，当时桑格的团队开创性地发明了双脱氧链终止法分离出DNA片段，即使用一种分子抑制剂阻止DNA链的延

伸。由此可将DNA链片段从短到长排列，从而解读碱基序列。凭借这一又快又准的测序方法，桑格于1981年完成首个人类基因组测序——细胞线粒体DNA，为后续对全部人类基因组30亿个碱基对完成测序指明了方向。

***桑格测序法**可以对DNA片段进行分离、克隆、重新附着等操作，以培育经改良基因用于治疗或预防遗传病。*

约翰·萨尔斯顿

英国生物学家约翰·萨尔斯顿是维康桑格研究所基因组研究中心的首位主任，因有关程序性细胞死亡的研究共享2002年诺贝尔奖。

萨尔斯顿（1942—2018）所从事最重要的研究围绕一种直径1毫米（0.03英寸）的线虫——秀丽隐杆线虫。这种线虫的细胞数量特定，因此是用于研究细胞分化、分裂，甚至程序性死亡的理想实验对象。萨尔斯顿推进了对秀丽隐杆线虫的基因测序工作，使之于1988年成为首个完成全部基因组测序的动物。这也直接促成了人类基因组计划（1990—2003），萨尔斯顿对此做出了重要贡献。

理查德·费曼

理查德·费曼（Richard Feynman）是杰出的物理学家，也是循循善诱的导师，他的演绎让晦涩的量子论变得引人入胜甚至生动有趣。费曼有关亚原子的假说标志了物理学和科技发展进入新时代。

大事记

战时研究
1943年，于新墨西哥州洛斯阿拉莫斯，任曼哈顿计划初级物理学家。

事业提升
1950年，任加州理工学院理论物理学教授。

至高荣誉
1954年，获爱因斯坦世界科学奖。该奖项于爱因斯坦仍在世时设立，用以表彰在物理学领域有贡献的人。

畅销的教科书
其在加州理工学院的授课内容经整理著成《费曼物理学讲义》，于1964年出版后畅销。

诺贝尔奖得主
1965年，因量子电动力学研究与另两位科学家共同获得诺贝尔物理学奖。

理查德·费曼生于纽约的立陶宛裔犹太家庭，虽然直到3岁才学会说话，但他对于装置工具的拆解颇有天赋，并展现出超凡的数学才能——高中时已经开始实验自创的数学理论。费曼曾申请常春藤盟校之一的哥伦比亚大学，但因犹太裔招生额度用尽而被拒，于是他进入麻省理工学院学习数学，后转向物理学。在1939年获得学士学位后，费曼参加普林斯顿大学的研究生入学考试，物理学科取得满分，这是前所未有的成绩。1942年，他获得量子力学的博士学位。其间，费曼被邀请参加曼哈顿计划，从事盟国间开展的核武器研究，他对此思索再三，最终由于担心纳粹赢得战争而同意参与计划。

1945年，费曼任康奈尔大学理论物理学教授，开始了他人生最重要的研究——量子电动力学。该学科是20世纪20年代首次被提出的晦涩难懂的量子场论分支，其研究内容是从光子交换的角度描述通过电磁带电粒子的相互作用，即光的能量包，或电磁能量子。但该理论在早期存在严重的数学方面的漏洞，导致其方程会得出无意义的无限答案。

费曼在新墨西哥州洛斯阿拉莫斯国家实验室从事机密炸弹研究，即“曼哈顿计划”。当时他和许多其他参与研究的科学家被安置在实验室现场的拖车板房营地。

我想我可以有把握地说没有人理解量子力学。

理查德·费曼，1964年

量子概率

也许是爱出风头的人都具备的特质，费曼总能找到直观的方法来演绎复杂的理论，而凭借这项才能，他进一步完善了量子电动力学。1948 年，费曼发明了一种后被称为“费曼图”的辅助工具，在此基础上形成了能够避免产生无意义答案的新版理论。这些实用图形直观描绘了电子和光子同时在时间和空间中运动的构想。而且重要的是，费曼图中粒子不仅可以随着时间正向运动，还能逆向运动。

费曼发明的简图实质上是一种数学模型，在其中所有可能事件的概率可以相互累加，相加为零则彼此抵消，使得留下的答案至少在多数情况下均存在现实意义。 如果说量子宇宙是一种奇特的理论，那么量子电动力学也是如此，费曼在其一本畅销书的书名中称为“光和物质的奇妙理论”。

费曼图用直线表示电子，用波浪线表示电子间的光子交换，虽然画出来乍一看像涂鸦，但其实它指代了极其复杂的方程。费曼图至今仍然被粒子物理学家广泛应用，如用于计算坐落于瑞士的大型强子对撞机等粒子加速器所产生事件的可能结果。得益于费曼的贡献，量子电动力学成为物理学领域成功的理论，并被作为包括核能在内的其他基础力理论的范本。

纳米技术和超流体

费曼在物理学的其他关键领域也颇有建树。他提出了“部分子”理论，后经发展形成现代夸克概念；协助引入了纳米技术；从理论上预言了未来的量子计算；解释了氦气冷却至绝对零度可以无黏性（内部摩擦力）流动的原因。1986 年，费曼加入“挑战者号”失事调查团队。“挑战者号”是美国国家航空航天局的太空飞船，在升空数秒后爆炸，造成舱内全部（7 名）航天员丧生。后费曼在一场著名的公开演示中仅用一杯冰水和一只橡皮环便解释了事故发生的原因。

在洛斯阿拉莫斯成为理论部课题组长时年仅24岁

描述粒子相互作用精确至小数点后15位

__费曼图__阐述的是物理学最抽象的概念，看起来却像是不经意间的寥寥几笔。费曼甚至把它印在了自己的黄色房车上作为装饰。恰恰是费曼图的简明彰显了费曼在阐释复杂理论方面的天赋——他在加州理工学院的系列物理课经整理编成了一本教科书，出版后极为畅销。

默里·盖尔曼

集语言、抽象思维、粒子物理学等多领域才华于一身，默里·盖尔曼提出了亚原子粒子分类的现代体制。

1964年，美国博学家盖尔曼（1929—　）提出对不同种亚原子粒子进行分类的模型。他区分了两个主要的粒子类别：物质的构成要素费米子和能量的载体玻色子。为了构建这一模型，盖尔曼发明了一个假想的基础单位，他称之为“夸克”。夸克是一种费米子，可以聚合形成强子（质子和中子）。几年后，粒子加速器分离出了夸克，证实了盖尔曼模型的正确性。盖尔曼于1969年获得诺贝尔物理学奖，其模型成为现今人们所知的“标准模型”。

美国海洋学家亨利·斯托梅尔（Henry Stommel）凭借卓越的学术能力和对海洋的一腔热情，推动了海洋学的发展，使其成为主流的科学研究领域之一。他的研究成果帮助解释了包括墨西哥暖流在内的洋流形成的主要动力。

大事记

流体力学
1948年，完成关键论文《风生洋流的西向强化》。

海水取样
1954年，在百慕大设立海洋生物PANULIRUS研究站，收集了大量珍贵的数据。

著作
1958年，出版著作《湾流》。此前他花费了10年，研究该洋流在世界范围内的活动。

科研间隙
1959年，成为哈佛大学海洋学教授，其间发表了数篇有关热盐效应的早期理论。

国家奖章
1989年，因洋流物理学研究被授予美国国家科学奖章。

亨利·斯托梅尔曾在耶鲁大学学习天文学并任教两年，直到1944年加入伍兹霍尔海洋研究所。后来他还在哈佛大学和麻省理工学院任海洋学教授，最终又在退休前回到伍兹霍尔海洋研究所。

1948年，斯托梅尔发表论文，开创性地阐述了流体力学、地球曲度和科里奥利效应（移动的物体会因为地球自转向一侧发生偏移）是如何共同作用导致时常会在大洋盆地西边界发现更大的洋流。他在论文中以优雅简练的阐述对墨西哥暖流的位置和强度加以解释——“一股有力的暖流北上流至大西洋西侧”，极具斯托梅尔化复杂现象为通俗表达的风格。该论文还开拓了一个全新的研究领域——大洋环流动力学。

斯托梅尔与同事通过对热盐效应（温度和盐度）的研究将上述构想进一步完善，形成更广阔的全球大洋环流理论。当海洋在两极形成冰面后，海水的盐度和密度随之升高，随后向深处下沉，同时将温度更高的海水拖拽在其后，形成一股传送带状的流动海水依次经过世界各个大洋。表层洋流主要由风力驱使，但热盐效应则可引起深海洋流。斯托梅尔之后还指导了两个全球非常成功的大洋活动研究。

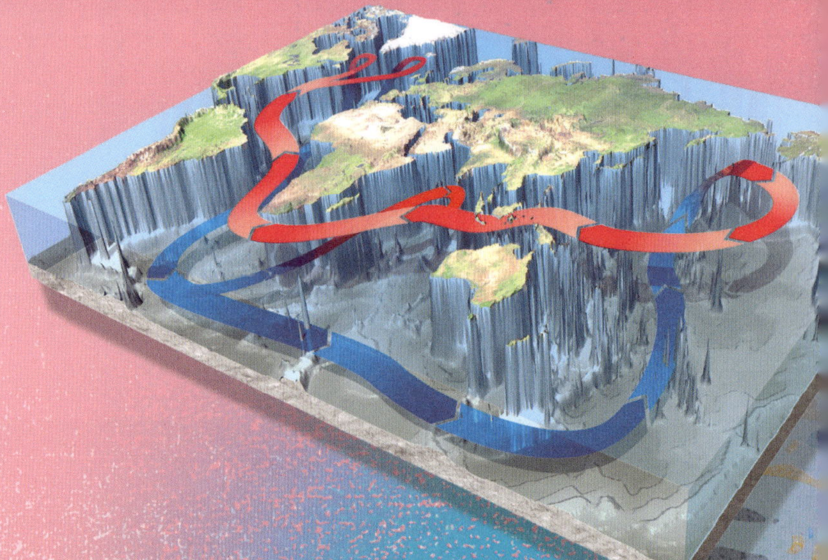

***“大洋传送带”**形成于水体温度和盐度的变化，是斯托梅尔所构想全球大洋环流系统的一部分。*

亨利·斯托梅尔

1920—1992

科学是一次

远航……也**是**

一种人类精神

的表达。

亨利·斯托梅尔，1989年

杨振宁

1922—

大事记

赴美奖学金

1946年，获奖学金离开中国，赴芝加哥大学学习物理学。

粒子理论

1954年，与同事罗伯特·米尔斯提出有关基本粒子的杨-米尔斯理论。

突破性的论文

1956年，发表论文论证宇称守恒定律会失效，并因此于1957年获得诺贝尔奖。

研究主任

1965年，成为纽约州立大学石溪分校理论物理研究所所长。

生于中国的理论物理学家杨振宁，因其有关亚原子衰变的研究，对粒子物理学领域的传统观点质疑，获得诺贝尔物理学奖。

杨振宁从芝加哥大学获得核物理学博士学位后，于1949年转入普林斯顿大学，研究亚原子衰变（一个亚原子粒子转变为多个其他粒子的过程）。当时物理学有一条名为宇称守恒的定律，认为不可能区分粒子相互作用的不同方向。而杨振宁基于研究开始对这一定律产生怀疑。

1956年，在与搭档李政道开展了大量研究之后，二人提出宇称守恒会在特定的，其所谓的“弱”相互作用中失效，如放射衰变。为此他们还构思了一个实验可能能够证实其主张的正确性。该实验后于同年由吴健雄（见253页）成功实施，杨振宁和李政道为此于1957年获得诺贝尔物理学奖。

这些构想并非凭空产生。他们源于自然且真实存在。

杨振宁，1975年

本华·曼德博

1924—2010

生于波兰的法裔数学家本华·曼德博（Benoit Mandelbrot）创立了分形几何，为收集和分析数据提供了新方式。

大事记

噪声规律
1958年，供职于IBM分析噪声污染；1967年，在随机数据中发现了固定规律。

分形几何
创造术语“分形”用于描述不断重复的数学模型；后于1975年提出分形几何理论。

获得认可
一生收获诸多奖项和荣誉，包括1993年的沃尔夫物理学奖和2003年的日本国际奖。

本华·曼德博于1936年移民法国，后从巴黎大学获得数学专业的博士学位。1958年供职于纽约IBM公司，其间产生分形几何的构想，用于在看起来随机或混乱的事物中发现有序的逻辑。这种形式的几何基于重复性模式中发现的对称，适用于海岸线、树皮等诸多自然现象，也可用于数据分析，如经济学中的噪声规律和天气的变化规律。分形几何开创了数据可视化的新方式，自此被广泛运用于包括医学、工程学、宇宙学在内的众多领域，在其中发挥了各种各样的作用，如辅助金融市场分析、地震规律预测和疾病诊断。

***曼德博集合**是一个用一组复杂数字绘制的分形。经计算机渲染后，曼德博集合会呈现出无限重复的形状和图案。*

欧内斯特·麦卡洛克

1926—2011

加拿大人欧内斯特·麦卡洛克（Ernest McCulloch）是一位血液学专家，试图找到白血病的治疗手段。在一次辐射实验中得出异常结果时，麦卡洛克认识到这是一个全新的发现。

欧内斯特·麦卡洛克出生并成长于多伦多，曾在多伦多大学学医，于1948年获得医生资格。在英国伦敦的一家医学研究慈善机构——李斯特研究所供职一段时间之后，麦卡洛克回到多伦多，在日溪医院任病理学研究员。1957年他加入新成立的安大略癌症研究所，该机构是玛格丽特公主医院下辖的研究部门。在那里，麦卡洛克开始了其有关血液形成的主体研究，内容涵盖正常造血和恶性造血，并很快决定与詹姆斯·蒂尔携手合作。二人日后有关干细胞的探索推动了癌症研究和再生医学的崛起。麦卡洛克在其事业生涯中成为加拿大医学研究的关键人物，在多个国家和国际顾问委员会任职。

大事记

部门主任
1957年，任新成立的安大略癌症研究所血液学主任。

重要发表
1963年，与蒂尔和安德鲁·贝克在《自然》杂志联合发表有关干细胞的研究成果。

白血病研究
20世纪70年代，将干细胞研究重点集中在分析人类白血病发病机制上。

国家英雄
2010年，与蒂尔一道被选入加拿大科学和工程名人堂。

麦卡洛克是**“大局观”思想者。**

麦德华，2018年

詹姆斯·蒂尔

1931—

物理学家詹姆斯·蒂尔（James Till）转而接触癌症研究，在探索放射疗法的过程中，与欧内斯特·麦卡洛克一起取得了有关干细胞的重大发现。

詹姆斯·蒂尔成长于加拿大乡村边陲小镇劳埃德明斯特的农业社区，凭借奖学金赴萨斯喀彻温大学学习物理学，毕业后进入耶鲁大学继续深造，1957 年完成生物物理学博士学业。之后蒂尔曾在多伦多大学从事研究员工作，直到被招入安大略癌症研究所，1958 年开始与麦卡洛克共事。

在其职业生涯中，蒂尔的研究兴趣还包括癌症治疗相关的其他领域，包括研究伦理学、患者生活质量，以及互联网在患者权利主张和群体支助中的作用等。

麦卡洛克和蒂尔凭借其各自在细胞生物学和生物物理学领域的专长相互配合，取得了丰硕的研究成果。1961 年

大事记

回到加拿大

1957年，拒绝了成为耶鲁大学助理教授的机会，选择进入多伦多大学工作。

重要论文

1961年，与麦卡洛克发表联名论文《正常鼠骨髓细胞的辐射敏感性》。

领军学者

1969年，成为国家高级别学者理事会——加拿大皇家学会院士。

至高荣誉

2005年，与麦卡洛克共同被授予拉斯克基础医学研究奖。

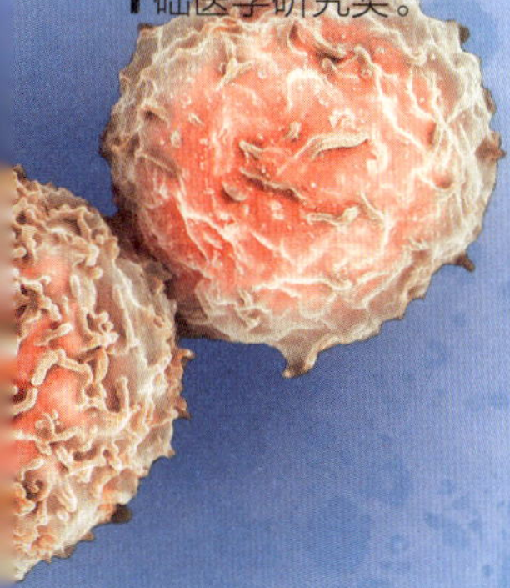

***麦卡洛克和蒂尔**发现人体大多数骨骼中，都存在无特定功能的细胞，名为成人干细胞。它们存在于内部骨髓中，能够发展成为任何种类的血液细胞。*

在研究骨髓细胞时，这两位科学家首次发现了一种特殊类型细胞存在的线索，这种细胞后来被称为干细胞。这些细胞拥有一种特殊的蛋白质可以使其转化为其他特定功能细胞，也可以进行自我更新和增殖分化。

意料之外的进展

这一颠覆性的发现来得颇为偶然，麦卡洛克对此评价称其可作为有关“科学研究中机缘巧合的重要性”的案例分析。麦卡洛克当时对核辐射的医学潜力很感兴趣，想探索其对癌细胞的作用，因此在研究项目中对小鼠进行射线照射。为此，作为医学博士的麦卡洛克需要具备放射专长的物理学家蒂尔的支持。

二人开始检测小鼠骨髓细胞的辐射敏感度，为此他们使用射线照射小鼠，让其存活需依靠移植，后将其骨髓细胞用供体细胞替换。在当时，骨髓移植是新兴的治疗手段，原理是填充关键的造血细胞。但蒂尔和麦卡洛克还将移植组织的供体骨髓也进行不同剂量的射线照射，之后通过监控小鼠对移植组织的反应，他们得以测算经不同剂量辐射后的供体细胞存活量分别有多少，并由此得出小鼠移植获得的活体骨髓细胞数量。

麦卡洛克和蒂尔重复了上述实验操作，但这次在移植完成10天后又对小鼠进行解剖。在一个周日的早晨，麦卡洛克来到实验室评估解剖的组织样本，他惊奇地发现：死亡小鼠的脾上出现了许多小团块。而这些团块或结节的数量和小鼠经移植获得的活体骨髓细胞的细胞数量成固定的比例。

科学中的重大突破常与意料之外的发现相伴。然而意料之外的事情无法被料想。

詹姆斯·蒂尔，2018年

克隆集落

蒂尔和麦卡洛克需要确认这些节结是否每一个都从一个或多个细胞生长而来。为此，蒂尔的博士研究生安德鲁·贝克也加入进来，他们再次对供体细胞进行射线照射，以期创造出标记或痕迹。经照射后的供体细胞中有少数因辐射产生了微小的染色体变异，这些变异的染色体会存在于所有由其生长的新细胞中，从而起到标记的作用。经过对脾上新出现结节的成百上千的细胞进行分离和检测，他们发现每个结节分别对应一个细胞，即它们都是克隆的。蒂尔和麦卡洛克将被克隆的原始细胞称为“集落形成单元”。

更值得注意的是，每个结节的细胞集落都混合了三种类型的血液细胞：红细胞、白细胞和血小板。蒂尔和麦卡洛

山中伸弥

通过对成熟细胞“重编程”，山中得以使其重新变回干细胞。

2006年山中伸弥（1962— ）将24个特定基因注入小鼠成熟皮肤细胞后，使其逆转变回非成熟的干细胞状态。他还提出这些皮肤细胞具备“多功能”，即可形成任何种类的细胞，而此前的观点认为只有胚胎干细胞才有此特性。因其“诱导性多功能干细胞”即IPS细胞相关的研究，2012年山中伸弥被联合授予诺贝尔生理学或医学奖。

克深知这是令人激动的发现，但他们十分谨慎。1961 年，二人将研究结果发表在一篇题目十分低调的论文中——《正常鼠骨髓细胞的辐射敏感性》，但并未引起较大反响。

1963 年蒂尔、麦卡洛克和贝克将进一步研究结果发表在《自然》杂志上，得到了关注。之后他们又陆续发表了更多研究，并明确提出骨髓中存在一种特殊细胞，既能自我繁殖也能形成具有特定功能的其他种类细胞。我们现在知道，在成年人体内干细胞存在于许多器官和组织中；这是人体自愈或受损组织再生的机制。蒂尔、麦卡洛克和贝克的发现代表了生物科学的重要进步，在疾病治疗方面存在巨大潜力。

进行骨髓移植后，对小鼠观察检测10~11天

每个小鼠的脾上结节对应10000个骨髓细胞

干细胞研究加速了骨髓移植的进步

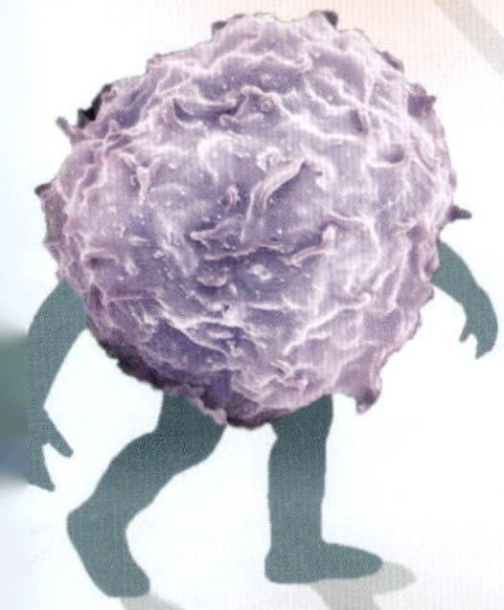

***干细胞会存在**于体内陪伴人一生的各个阶段。胚胎干细胞能够发展形成任何细胞种类。成熟干细胞相比之下功能特定性更强，但近来也有研究认为它们也许比想象的更为灵活。*

屠呦呦

中国药学家屠呦呦于20世纪60年代末，苦心钻研了数千种化合物的抗疟特性后，终于分离出了青蒿素，成为全世界治疗疟疾的主要药物。她的这项发现最终于2015年为她赢得诺贝尔奖。

大事记

从病痛中受到启发
1937年，她在青年时期感染结核病，由此萌生了从事医学研究的想法。

早期研究
1955年，开始第一个从事血吸虫的研究工作，从中获得对寄生虫疾病的看法。

领导团队
1969年，39岁时组建团队寻找抗疟药，此前已对数千种化合物进行了筛查，但都失败了。

古老的智慧
1971年，从一个1600多年历史的药方中得到启发，找到了提取青蒿素的有效途径。

屠呦呦生于中国东部沿海城市宁波。尽管其早年教育因为患结核病中断两年，但屠呦呦还是考上北京大学学习药理学，其间她的导师带领她接触了中草药。1955年，她加入新成立的中国中医科学院，在那里研究用半边莲治疗血吸虫病——一种由在中国多地区普遍分布的寄生虫所引发的感染。

疟疾研究

由单细胞疟原虫寄生虫引发，经雌性疟蚊传播，疟疾曾在中国及其他世界各地呈上升趋势，尽管对此世界卫生组织制订了“全球疟疾消除计划（1955—1968）”，但收效甚微。当时死亡率持续增长，与此同时由于寄生虫对现有药物如氯喹的耐药性也不断加强，使发明新疗法显得愈发迫切。1969年，由于仍未有任何新药物问世，中国政府任命屠呦呦领导机密的“523计划”，在海南岛研究从中国传统医学提取新的抗疟药物。在之后的3个月内，屠呦呦和她的团队搜集了超过2000种存在药用潜力

毫无疑问，中医蕴含丰富的资源。

屠呦呦，2015年

屠呦呦是中国中医科学院的**首席科学家**。该机构位于北京，现为世界卫生组织的传统医学合作中心。

通过**多学科融合**推进研究。

屠呦呦，2015年

的草药、矿物质和动物成分，后对200种植物的380份提取物进行实验，测试其对小鼠体内会引发疟疾的疟原虫寄生虫的致死性。其中有一种提取物（青蒿）起初看起来疗效不错，但与后来的实验结果存在出入。

新的制备工艺

制备中医诸多草药的标准工艺是煎煮，将植物的根部放入水中文火慢炖。

屠呦呦对于该法是否为加工青蒿的正确方式产生疑问，她查阅了诸多文献，包括1600多年前葛洪所著的《肘后备急方》。书中提到“一把青蒿浸入两升水，后拧出汁液直接饮用”。由此，屠呦呦想到草药在煎煮时可能因受热导致活性物质被破坏，且草药在地表以上的部分（叶和枝）而非根部经拧挤可能也存在活性物质。为此，她于1971年重新设计了实验，用水、乙醇、乙醚通过低温方式从枝叶中提取出活性成分。

该方法奏效后，屠呦呦继而分离出活性化合物青蒿素，成功治愈了小鼠感染的疟疾。青蒿素通过破坏寄生虫薄膜组织并干扰其消化宿主血红蛋白杀死疟疾寄生虫。从化学角度分析，青蒿素经证实是一种倍半萜内酯，有别于当时已知的任何抗疟药物所使用的化合物。

大村智

日本生物化学家教授大村智的研究推动了药物阿维菌素的发明。

大村智（1935—　）是日本北里大学的微生物学家。和屠呦呦一样，他的药物研究取材于天然物质如阿维链霉菌。有关其强效抗菌特性的进一步研究最终推动发明了阿维菌素，这是一种用于治疗河盲症和象皮病等众多疾病的关键抗寄生虫药。2015年大村智因其研究获得诺贝尔生理学或医学奖。

进一步成功

屠呦呦团队后展开人类临床研究。1972年7月，她和两位同事提出亲自试药以评估青蒿素的毒性。1973年药物临床试验成功；1986年取得使用许可。

在继续有关青蒿素的研究过程中，屠呦呦合成了一种新的化合物——双氢青蒿素，其药效是青蒿素的十倍有余，因此用这种新化合物只需很小的剂量即可达到同样的效果。1992年，双氢青蒿素获中国卫生部颁发的许可；这种快速起效的青蒿素类药物现在被全球广泛用于治疗疟疾的联合疗法。

2011年屠呦呦荣获拉斯克奖，2015年与同用天然物质研制抗寄生虫药物的大村智和威廉·C. 坎贝尔共同获得诺贝尔生理学或医学奖。她成为首位华人女性诺贝尔奖得主，也是中国在医学领域获得诺贝尔奖的第一人。屠呦呦现今仍在中国中医科学院工作，任首席科学家。

在青蒿素被发现之前，世界各地的科学家共对超过240000种化合物进行了测试

85岁获得诺贝尔奖

青蒿素联合疗法每年治疗的患者数量达1.98亿人

致力于发现一种抗疟疾的药物，屠呦呦拜访了中国很多医生，试验传统的中药疗法。她在3个月时间内，收集了超过2000种药方，包括对屠呦呦的成功发现十分重要的葛洪的青蒿药方。

英国灵长类动物学家珍·古道尔（Jane Goodall），是世界上研究黑猩猩的主要专家，观察它们的习性超过55年，并将其间科学发现带来的收入用于经营其发起的动物福利和保育项目，该项目现在仍在进行中。

大事记

研究黑猩猩
1960年，开始为期6个月的旅行，赴坦桑尼亚了解黑猩猩家族并研究它们的习性。

展示研究成果
1964年，第一次公开演讲介绍了研究结果，为日后成为公众人物埋下伏笔。

成为博士
1965年，从剑桥大学被破格在无本科学位的情况下授予生态学博士学位。

保护黑猩猩物种
1977年，成立珍·古道尔研究所，推动物种相关的研究、教育和黑猩猩保育。

启发教师
1991年，启动“根与芽”计划，培养年轻人成为物种保育领袖。

年仅26岁的珍·古道尔旅行去坦桑尼亚的冈比国家公园，参加为期6个月的项目，研究黑猩猩的习性。肯尼亚考古学家路易斯·利基为她争取了旅行经费，他看到了古道尔的潜力，并早先已于1958年供她去伦敦学习灵长类解剖学和习性。

惺惺相惜

凭借与生俱来的耐心、毅力和共情，古道尔克服了黑猩猩起初对她的排斥，最终得以被其族群接纳。原本6个月的实习项目变成了持续数十年的悉心研究，其间首次揭示了黑猩猩展露出的个性、情感和社会行为。古道尔的关键发现包括黑猩猩是杂食动物，会合作捕猎，还会在族群中挑起战争——其中部分特征先前被认为仅存在于人类群体。在此基础上，古道尔还注意到黑猩猩与人类在诸多方面都存在高度相似，如情绪行为（积极和消极均是）、智力、社会结构和关系建立。

1977年，古道尔成立珍·古道尔研究所，发展至今成为推广动物保育项目的国际组织。古道尔如今也成为黑猩猩及其栖息环境保护的世界领袖。她作为一名奋斗在一个男性主导领域的先锋女性，启发了许多新一代的科学家。

***古道尔观察到**黑猩猩会使用工具，如把树枝折成棍用来采集食物，揭示了大猩猩和人类行为之间的相似性。*

珍·古道尔

1934—

瓦莲京娜·捷列什科娃

1937—

大事记

太空竞赛

1961年，在苏联与美国进行具有政治意味的“太空竞赛”期间，加入苏联太空计划。

女性航天员

1963年，作为首位进入太空的女性而创造历史，此后直到1984年才有第二位女性航天员实现太空飞行。

杰出的事业生涯

1968年，任苏联妇女委员会主席，1974年，成为苏联最高苏维埃主席团成员。

瓦莲京娜·捷列什科娃（Valentina Tereshkova）是苏联航天员和工程师，1963年，成为世界上首位实现太空飞行的女性。

瓦莲京娜·捷列什科娃于16岁离开学校后，进入纺织厂工作并开始接触跳伞。在苏联首次将人类送入太空，并由此赢得与美国“太空竞赛”的初期胜利之后，1961年，捷列什科娃自愿申请参加苏联太空计划。经过16个月的训练，经受了极度隔绝和零重力的环境条件测试之后，捷列什科娃成为首位实现太空飞行的女性航天员。1963年6月16日，她乘坐“东方六号”宇宙飞船升空，后绕地球飞行48圈共计71小时。虽然捷列什科娃此后没有再执行太空飞行任务，但她于1966年被授予苏联英雄荣誉，1977年获得工程学博士学位。

***作为业余跳伞运动员**的经历帮助了捷列什科娃的航天员工作，因为她在返回地球途中按程序需从“东方六号”弹出执行伞降。*

帕特里夏·巴斯

1942—

非裔美国人帕特里夏·巴斯（Patricia Bath），是眼科医学领域的女性先锋、发明家、激光科学家，还是推动全球预防失明取得巨大进展的眼科学家。

帕特里夏·巴斯出生于纽约哈莱姆区，就读于霍华德大学学医，于1968年毕业，成为完成纽约大学眼科住院医实习（研究生医学训练）的首位非洲裔美国人，之后又进入哥伦比亚大学学习角膜移植和人工角膜（将角膜替换为人工角膜的过程）。1974年，她成为加利福尼亚大学洛杉矶分校和查尔斯德鲁医药科学大学外科和眼科的助理教授。作为“视力应是一项基本人权”的激进拥护者，巴斯于1976年联合成立了美国预防失明研究所，并启动“社区眼科”外展服务项目，将基础医疗带入贫困地区。1986年，巴斯发明激光除白内障手术仪，通过激光更精确地进行白内障剥离。巴斯常赴各地演讲，同时继续推动先进眼科技术发展，还在发展中国家为拯救视力从事重要的治疗工作。

大事记

开创先河

1975年，接受任职成为加利福尼亚大学洛杉矶分校眼科研究所的首位女性眼科学家。

重大发明

1986年，完成激光除白内障手术仪，两年后为此获得专利。

培训主任

1983年，成为美国首位设立并指导眼科住院医实习培训项目的女性。

> **视力恢复是最终回报。**
>
> 帕特里夏·巴斯

斯蒂芬·霍金

著名的理论物理学家斯蒂芬·霍金（Stephen Hawking）用数学揭示了“黑洞”的本质，探索宇宙的起源。他还是位才华横溢的科普作家，加深了全世界数百万人对空间—时间、重力和人类在宇宙中地位的理解。

斯蒂芬·威廉·霍金成长于伦敦以北的圣奥尔本斯。1963 年，他在剑桥大学攻读天文学博士学位期间被诊断出患有肌萎缩性脊髓侧索硬化症（一种无法治愈的运动神经元疾病）。1969 年，虽然智力尚未受到影响，但霍金的行动开始受限于轮椅上。1985 年，他失去了说话的能力，从那以后开始通过可由其面部肌肉控制的联结了语音合成器的电脑与人交流。

心胜于物

“黑洞”一词出现在 1967 年，但此前德国物理学家卡尔·史瓦西早在 20 世纪 10 年代便提出黑洞存在的假说。当时有关黑洞的观点认为，在物质被吸入黑洞时会产生 X 射线，1964 年数位天文学家得以在银河恒星形成的区域附近监测到“X 射线双星”，指出那可能是黑洞。

霍金在剑桥时期开始着迷于研究黑洞，因为他觉得基于黑洞，可以窥探到宇宙形成最初的起源。他研读了数学家罗杰·彭罗斯（见300页）的研究，

大事记

撰写博士论文
1966年，完成博士论文《宇宙膨胀的性质》，提出宇宙起源于一个奇点。

黑洞
1970年，在与罗杰·彭罗斯的合作中证明可能存在重力奇点。

关键发现
1974年，用量子理论预言黑洞会散发热，并最终蒸发。

获得荣誉
1979年，成为剑桥大学卢卡斯数学教授，艾萨克·牛顿曾在该职任教。

成果普及
1988年，出版《时间简史》，迅速引发轰动。霍金因此成为科学文化界明星。

***霍金的首本**科学通俗读物，试图让非专业读者接触到关于宇宙过去、现在、未来的理论。其取得了巨大的成功，既创造了商业价值，也产生了非凡的意义，推动了霍金和他的研究成果进入主流社会。*

其证实了如果爱因斯坦的广义相对论正确，则巨星的死亡和瓦解将止于一个“奇点”——在这一点时空的密度达到无限大，体积无限小。对此，霍金在博士毕业论文中提出上述过程可以反向发生，即宇宙有可能起始于一个奇点。他用南极类比宇宙的起点，称“就像南极以南再无他物，要追问宇宙形成之前发生了什么可能是无意义的问题”。

霍金辐射

1972年，在一次与以色列物理学家雅各布·贝肯斯坦的辩论之后，霍金对其黑洞理论加以完善，融入量子力学的诸多定律，即在原子和亚原子粒子层面分析物质和能量的活动。基于量子力学的定律，粒子和反粒子对处于持续的相遇和湮灭。霍金计算出当这一现象发生在视界（黑洞的假设区域）附近，则粒子对中带负电的粒子会落入黑洞，而带正点的粒子则会以辐射方式飘离黑洞边界，即霍金辐射。霍金认为黑洞会在其称为黑洞蒸发的过程，即带负电的粒子掉落其中时，损失能量和质量。经过极漫长的时间，黑洞伴随持续发生的辐射和粒子泄漏，会在最终的爆炸中消失。

1974年霍金发表其计算结果，阐述了宇宙起源和黑洞蒸发的过程。通过结合关于无限大的理论（爱因斯坦的广义相对论）和关于无限小的理

罗杰·彭罗斯

英国数学家和理论物理学家罗杰·彭罗斯以黑洞和大爆炸理论相关的研究著称。

20世纪60年代，彭罗斯（1931— ）在伦敦伯贝克学院先后任应用数学准教授和教授，其间开展了有关黑洞奇点的研究。1969年，他和霍金合作证明黑洞会产生于巨型恒星由引力引发的塌缩，二人合著的论文后由伦敦皇家学会于1970年发表。彭罗斯还发明了扭量理论，后成为量子理论的关键工具；并创造了一种标记黑洞周围时空区域的方法。这种标记法基于所谓的彭罗斯图，可以得出重力作用于接近黑洞的物体的可视化效果。

霍金发现黑洞并不是黑色的，会因量子效应发散热辐射，这成为20世纪物理学最终的发现。其有关霍金辐射的方程起初受到许多同辈科学家的排斥，但现已被广泛接受。

黑洞之奇超出任何科幻作家的想象，但它们作为物质的存在确是**科学事实**。

斯蒂芬·霍金，2008年

论（量子力学），他得出的重要线索推进了现代物理学的一贯追求——用统一的“万物理论”阐释宇宙的本质。

实至名归

1979 年，霍金被任命为剑桥大学卢卡斯数学教授，直至 2009 年。身体的缺陷从未让霍金停止对黑洞的探索，并为此以及其他的物理学贡献，收获了众多奖项和盛誉。他还著有数本科普畅销书，其中《时间简史》的大获成功使他家喻户晓。在生命的最后几年，霍金前往世界各地旅行演讲，向为他着迷的观众介绍他的研究。

计算得出时间、空间、能量、物质均始于一个能量密度点，即一个奇点

《时间简史》持续上榜《星期日泰晤士报》畅销书名录237周

赢得基础物理学特别突破奖，奖金300万美元

乔瑟琳·贝尔·伯奈尔

1943—

大事记

发表研究结果
1967年，观察到脉冲星。1968年，安东尼·休伊什在《自然》杂志一篇文章公开了她的发现。

物理学奖
尽管贝尔本人未获提名，但1974年其导师获得诺贝尔奖。

正式认可
2007年，因对天文学的贡献被晋封为大英帝国的爵士。

乔瑟琳·贝尔·伯奈尔（Jocelyn Bell Burnell）是首位发现脉冲星的科学家，当时她还只是一名年轻的在读研究生。从此，开创了天体物理学一个新的分支。

乔瑟琳·贝尔·伯奈尔生于北爱尔兰贝尔法斯特，在寄宿学校就读期间就展现出了极高的科学天赋，她发现“物理竟如此简单”。青年时期，贝尔下定决心研究天体物理学。

1965 年从格拉斯高大学毕业后，贝尔着手开始撰写剑桥的博士论文，研究闪烁的类星体。在天体物理学准教授安东尼·休伊什的指导下，她帮助设计并建造了大量射电望远镜，用于远眺太空发现观测类星体，一种当时新发现的高能宇宙辐射形式。1967 年 11 月，贝尔的设备监测到意外的信号：由太空一固定点发出的以 1.337 秒间隔规律震动的无线电波。在之后的两个月又从太空的其他位置监测到类似的信号。

贝尔和休伊什得出结论，认为上述发现的无线电波是来自一个快速旋转且高度磁化的中子星的辐射束。由于每次旋转都会发散一股“脉冲”，所以这一全新的恒星类别被命名为“脉冲星”。

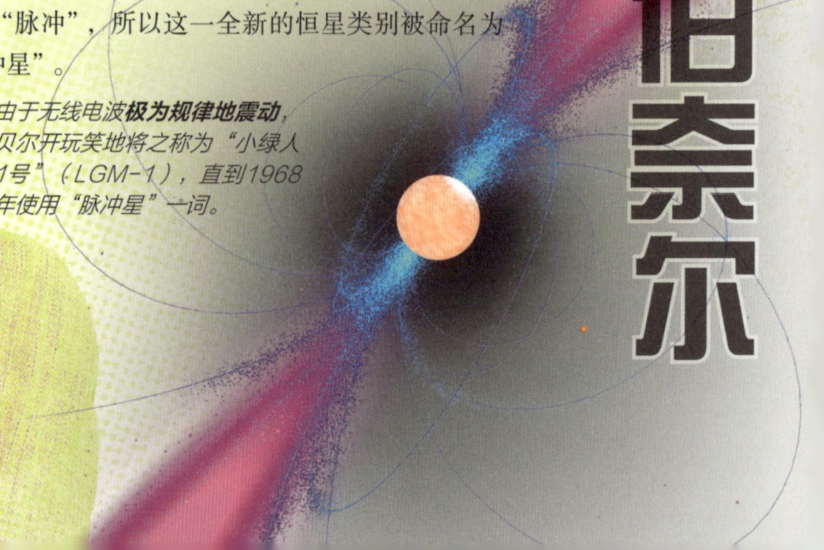

*由于无线电波**极为规律地震动**，贝尔开玩笑地将之称为“小绿人1号”（LGM-1），直到1968年使用“脉冲星”一词。*

大事记

成为研究员
1972年，完成博士学业后受任成为安大略癌症研究所的研究员。

T细胞研究结论
1984年，在《自然》杂志三月刊详细阐述人类T细胞受体的基因编码机制。

基因研究
1988年，通过小鼠实验分离基因功能从事癌症和免疫学研究。

靶向治疗
1999年，发现了一种化学物质可阻断对罕见肿瘤霍奇金淋巴瘤的养分供应。

免疫学家和分子生物学家麦德华发现了作为人体免疫系统一部分的T细胞识别抗原的过程机制，促进了人类对癌细胞的认知。

麦德华 1946 年生于中国南方，父亲是富有的丝绸商人，童年在香港度过。之后随家人搬去美国，就读于威斯康星大学，1968 年在加拿大阿尔伯塔大学获得生物化学博士学位。

麦德华有关 T 细胞（一种胸腺产生的白细胞）的研究指引他解决了一个免疫学长期存在的疑问——T 细胞表面受体的抗原（触发人体免疫反应的物质）识别机制。1983 年麦德华研究取得突破，发现 T 细胞受体用于抗原识别的基因存在独一无二的基因序列和来源。这一发现为免疫系统疾病的研究和治疗开启了新篇章。麦德华继而开始用分子技术进一步理解免疫系统对癌症的反应机制。

我们永远都不能放弃（与癌症）抗争。

麦德华，2011年

麦德华

蒂姆·伯纳斯-李

大事记

早期程序

1980年，写出计算机程序ENQUIRE，用于连接欧洲原子核研究所的学者和他们的项目。

标志性论文

1989年，提交论文《信息管理：一份提议》，提出相连的超文本数据系统构想。

万维网

1991年，在欧洲原子核研究所启动万维网，包括HTML、HTTP和首个浏览器。

受封爵士

2004年，因对全球互联网发展做出的贡献被英国女皇伊丽莎白二世封为爵士。

英国计算机科学家蒂姆·伯纳斯-李（Tim Berners-Lee）发明了万维网，也就是今天通过互联网连接的多媒体图书馆、办公室、购物中心和社交场所。1991年，伯纳斯-李完成搭建，之后将它免费送给了全世界。

蒂姆·伯纳斯-李于1955年出生于伦敦，早年便对计算机产生兴趣。他的父母在英国费伦蒂公司相识，都作为程序员参与了世界首台通用型商业计算机“马克1号”项目。1973年伯纳斯-李进入牛津大学学习物理学，其间用旧电视、几个逻辑闸和一个处理器自制了他的第一台电脑。

毕业后，伯纳斯-李作为软件工程师先后供职于数家英国公司，直到1980年进入欧洲原子核研究所（CERN）任顾问，即现今著名的大型强子对撞机的所在地。正是在那里，他设法解决这家国际性实验室里不同语种雇员间的沟通需求时，伯纳斯-李想到了一个日后改变全世界交流方式的办法。

连接世界

1980年，伯纳斯-李编写了程序ENQUIRE，可以存储信息并跟踪欧洲原子核研究人员和项目间的联系。虽然它只存在于伯纳斯-李的电脑上，但ENQUIRE证明了在互联网上收集的文件可以被任何有电脑的人访问。互联网是一个由电脑组成的物理网络，自1963年诞生以来一直在

蒂姆·伯纳斯-李有关“同等权限浏览海量文献”的愿景早已被实现并超越，然而他对于网络公开、民主的梦想却正在遭受线上环境里愈演愈烈的政治和商业利益的威胁。

稳定增长。互联网的发展得到了学界和美国国防部的大力推崇，但起初对普通公众的开放权限极为有限，甚至没有。1980年，伯纳斯-李离开欧洲原子核研究所，后于1984年以研究员的身份回归。当时欧洲原子核研究所是欧洲最大的互联网节点，为改变这一状况，伯纳斯-李于1989年提出万维网构想，让用户可以使用“浏览器”通过互联网获取信息。

开放权限

伯纳斯-李从一开始就敦促欧洲原子核研究所对全世界免费开放万维网，发布在公共域，而不仅仅是成为专利——这一决定非常慷慨。伯纳斯-李为此放弃了数十亿的盈利机会。伯纳斯-李的第一步计划是在1991年4月30日万维网上线当天，发表一份宣言，包含详细的万维网使用说明，帮助程序员自行建立

万维网不仅**是机器间的连接**，更是**人与人的连接。**

蒂姆·伯纳斯-李，2008年

网站。这份文件作为实际意义上的首个网站，提出了两个大道至简的标准，即HTML（超文本标记语言）和HTTP（超文本传输协议）。其中HTML是网页编码的标准方式，以使网页能够在任何计算机的页面显示；HTTP则是一种语言，让计算机上的网页浏览器能够与以HTML格式存储网站的网页服务器进行沟通。

伯纳斯-李的发明很快得到加速发展，一方面是因为HTML和HTTP的简单，另一方面得益于安全且易于使用的各个网页浏览器。截至20世纪20年代中期，已有数百万人——家庭用户、高校、科学家、政府和商人通过万维网进行互动、创作、销售和消费活动。1994年，伯纳斯-李创建万维网联盟（W3C），继续制定万维网的开放标准。自伯纳斯-李发明万维网伊始，他便一贯主张构建公平、民主和真正意义上“连接世界”的万维网络，从而让政治、社会和经济利益能够惠及地球上的每一个人。

***正是蒂姆·伯纳斯-李发明了万维网**，人们才得以通过邮件沟通，或是足不出户在全球各地经商。*

J.C.R.利克莱德

利克莱德出生于美国密苏里州，是计算机发展的早期拥护者。

利克莱德（1915—1990）1962年起任美国政府高级研究计划署（ARPA）的信息处理主任，是计算机科技背后的早期推动力。星际间计算机网络阿帕网在他的委托下于1963年启动，连接了众多研究用电脑主机。之后数据传输程序于1978年完善，1983年要求强制执行，有效地推动了互联网的建成。

1991年8月6日发布世界上第一个网页

选择不以万维网收取版权费

现今互联网用户超

40亿

HTML
VERB
URI
URI
DECENTRALISED
Concept
Generic doc.
Specific docs
www.w3.org
W3C

也许是我发明了万维网，但它是在你们所有人的帮助下才走到了今天。未来还取决于我们所有人，才能让网络成为我们所希望的那样——为所有人共享。

蒂姆·伯纳斯-李

《万维网的三个挑战》，2017年

◂ 蒂姆·伯纳斯-李与万维网联盟（W3C）的标识合影，1995年。

科学家名录

科学研究变得愈发多元的同时，科学家间的协作也愈发紧密。全球各地的研究者通过合作，共同提升人类在各领域的认知，也拉近了不同学科之间的距离，期望据此发现更宏大、更广阔、更实用的科学理论。

弗雷德·霍伊尔
1915—2001

英国天体物理学家弗雷德·霍伊尔（Fred Hoyle）从事恒星元素起源的研究。他提出假说，认为大部分化学元素都可以通过大型恒星内部，分步骤的核反应产生。霍伊尔还是稳态理论的拥护者，主张在宇宙扩张时，其平均密度会因新物质不断生成而保持固定。他在一场当时风靡一时的电台谈话中，首次提出“大爆炸”一词，用来指代他的主要对手的理论，当时语气十分轻蔑。到了20世纪60年代，稳态理论极大衰落。霍伊尔在晚年对彗星中存在的有机分子颇感兴趣，他认为是这些有机分子将生命带到了地球。

艾琳·内田
1917—2013

加拿大医学遗传学家艾琳·内田（Irene Uchida）推动了有关基因和染色体如何影响健康的研究。她对比了不同遗传条件件和先天性异常情况下的染色体的差别，如先天性心脏病和唐氏综合征，发现该情况下人的细胞内会多出一条染色体（47条而非46条）。她还检测了X射线对染色体的影响。

凯瑟琳·约翰逊
1918—

凯瑟琳·约翰逊（Katherine Johnson），美国数学家，在诸多航天任务的轨迹计算中发挥了关键作用，包括美国进入太空第一人艾伦·谢泼德的数次航天任务，并因此获奖。1953年，她进入美国国家航空航天局的前身——美国国家航空咨询委员会工作，负责为那里的工程师进行人工计算。她帮助计划了1969年“阿波罗11号”登月任务的发射场地和飞行路径，后参加了美国航天器计划。1986年，她从美国航空航天局退休。

伊冯·布里尔
1924—2013

伊冯·布里尔（Yvonne Brill）出生于加拿大温尼伯附近，1945年进入道格拉斯飞行器公司工作，之后发明了一个推进系统，可以让无人航天器持续在静止轨道中飞行。她还参与了气象卫星的推进器研究，以及美国登月计划使用的火箭和“火星观测者”探测器设计。1981—1983年供职于美国国家航空航天局，她主要从事航天器的火箭引擎研发工作。

阿卜杜勒·萨拉姆
1926—1996

阿卜杜勒·萨拉姆（Abdus Salam）出生于巴基斯坦，曾在英国剑桥大学学习数学和物理学。他提出了弱电理论，以此解释了亚原子粒子间弱相互作用的工作机制，以及如何将其与电磁力统一。萨拉姆的理论假定了弱相互作用中信息粒子的存在，并提出在不同的相互作用中会有不同的信息粒子进行交换。该理论于1973年经欧洲原子核研究所（CERN）证实，1979年，萨拉姆与谢尔登·格拉肖、史蒂文·温伯格共同获得诺贝尔物理学奖。

薇拉·鲁宾
1928—2016

20世纪70年代，薇拉·鲁宾（Vera Rubin）发现围绕螺旋星系外围和围绕中心的运行的恒星运动速度相同。这有悖于牛顿的重力定律，并暗示每个星系都存在隐形物质构成的光晕，其引力作用影响了外围的恒星。1970年，鲁宾证实上述研究适用于仙女座星系。截至 1985 年，她已对 60 个螺旋星系开展了验证研究，得出上述结论为普遍现象。鲁宾的研究让许多天文学家确信了暗物质的存在。她一生获奖众多，包括 1993 年被颁赠美国国家科学勋章。

彼得·希格斯

1929—

彼得·希格斯（Peter Higgs）出生于英国纽卡斯尔，曾就读于伦敦国王学院，学习物理学。1960 年，他进入爱丁堡大学工作。希格斯最著名的研究成果是参与提出了解释基础粒子（亚原子粒子）质量来源的理论。根据此理论，这些粒子是通过与场的相互作用获得质量的，这种场被称为希格斯场，弥漫在空间中。希格斯还预言这种场会产生自身种类的粒子，即自此所称的希格斯玻色子。以寻找希格斯玻色子为契机，启动了世界上规模最大的科学项目——欧洲原子核研究所（CERN）的大型强子对撞机（LHC），在那里科学家于 2012 年发现了符合希格斯玻色子预言中特征的粒子。一年后，希格斯与弗朗索瓦·恩格勒因其于 1964 年开展的研究工作共同获得诺贝尔物理学奖。

埃里克·坎德尔

1929—

埃里克·坎德尔（Eric Kandel）于 1929 年出生于维也纳，在反犹太主义盛行期间随家人迁移美国。他对行为的细胞基础颇感兴趣，后去往纽约大学学医，并在 1956 年获得学位。2000 年，他因有关神经元突触（神经接合点）在记忆和学习中发挥作用的研究，与其他两位科学家共同获得诺贝尔生理学或医学奖。通过对海蛞蝓（神经系统简单且细胞较大易于观察）的研究，他帮助阐明了短期和长期记忆的不同机制，并证实该结论同样适用于人类。

马里奥·J.莫利纳

1943—

马里奥·J. 莫利纳（Mario J. Molina）生于墨西哥城，通过学习成为化学工程师。1974 年，他和同事舍伍德·罗兰证实气溶胶、泡沫和制冷剂排放的氯氟碳化物（CFC）会对保护人类免受太阳紫外线辐射的臭氧层产生破坏。这项研究直接促成了对氯氟碳化物使用的禁止或限制，也使莫利纳和罗兰共同获得 1995 年的诺贝尔化学奖。

徐立之

1950—

加拿大医学遗传学家徐立之出生于中国上海，1977 年移居加拿大。他联合发现了导致了囊性纤维化的基因缺陷，这一致命疾病会使人体产生的黏液非常黏稠，尤其会影响肺功能运转。识别出致病基因为后续基于基因修正或替换寻找新的治疗方案奠定了基础。

梅·卡萝·杰米森

1956—

作为首位实现太空飞行的非裔美国女性，梅·卡萝·杰米森（Mae Carol Jemison）于 1992 年乘“奋进号”航天飞机进入轨道。1981 年，杰米森从医学院毕业，后作为医疗官员参加和平工作团赴西非执行任务。1985 年，她申请进入美国太空总署，1987 年，从超过 2000 名申请人中被选为 15 名候选人之一接受航天员训练。杰米森是其航天活动中的科学任务专家，在航天飞机内进行的两个骨细胞研究实验中担任联合研究员。

唐娜·斯特里克兰

1959—

加拿大光学物理学家唐娜·斯特里克兰（Donna Strickland），为波长最短、强度最大的激光脉冲的发现奠定了基础。1985 年，她与法国人热拉尔·穆鲁发明了名为啁啾脉波放大（CPA）的技术，二人为此获得 2018 年的诺贝尔物理学奖。1997 年，斯特里克兰成为滑铁卢大学物理学和天文学院助理教授，现今在带领超快机关研究团队。CPA 有诸多应用，包括用于激光眼科手术和部分癌症疗法。

卡罗尔·格雷德

1961—

美国分子生物学家卡罗尔·格雷德（Carol Greider）的大部分研究是关于端粒和端粒酶，其中端粒即出现在染色体末端的 DNA 片段，对于细胞寿命具有重要的作用。2009 年，格雷德与分子生物学家伊丽莎白·布莱克本和杰克·绍斯塔克共同获得诺贝尔生理学或医学奖。她发现通过抑制癌细胞中的端粒可以减缓肿瘤生长速度，这为抗癌药物研发提供了新的潜在思路。

致谢

Dorling Kindersley would like to thank the following: Gillian Andrews for additional design assistance, Chauney Dunford for additional editorial assistance, Jacqueline Street-Elkayam for additional pre-production assistance, and:

Indexer: Helen Peters
Proofreader: Steph Lewis
Jackets Editorial Coordinator: Priyanka Sharma
Managing Jackets Editor: Saloni Singh

PICTURE CREDITS

The publisher would like to thank the following for their kind permission to reproduce their photographs:

(Key: a-above; b-below/bottom; c-centre; f-far; l-left; r-right; t-top)

1 Alamy Stock Photo: Science History Images (c). **2 Alamy Stock Photo:** Pictorial Press Ltd. **8 Alamy Stock Photo:** colaimages. **10 Alamy Stock Photo:** Pictorial Press Ltd. **11 Alamy Stock Photo:** INTERFOTO (b). **12 Dreamstime.com:** Fortton (bc). **12-13 Dreamstime.com:** David Carillet (bc). **13 123RF.com:** dimitriosp (c/Statues); Viktoriya Sukhanova (b). **Dreamstime.com:** Ruslan Gilmanshin (c). **Wellcome Collection http://creativecommons.org/licenses/by/4.0/:** (tc). **14 Dreamstime.com:** Nickolayv (br). **15 Alamy Stock Photo:** Peter Horree. **16 123RF.com:** Sergey Buzuevskiy / Aquarius83men (br); Panagiotis Karapanagiotis (br/Statue). **Alamy Stock Photo:** The Picture Art Collection (crb/Tremoctopus). **Dreamstime.com:** Markus Gann / Magann (cr/Sun); Skallapendra (tc); Torian Dixon / Mrincredible (cr); Yury Shirokov (crb). **17 123RF.com:** Kichigin Aleksandr (cr); darkbird (c, cb); milkos (br). **Alamy Stock Photo:** age fotostock (bc). **Dorling Kindersley:** Steve Teague (clb). **Dreamstime.com:** Evgeny Drobzhev (Background). **18 Alamy Stock Photo:** colaimages. **20 123RF.com:** kubais (br). **21 123RF.com:** Ilya Akinshin (b); wektorygrafika (br). **Alamy Stock Photo:** Interfoto (tc); World History Archive (c). **Dreamstime.com:** Vtorous / VaS (cr). **22 Dreamstime.com:** Awcnz62 (b). **Getty Images:** Science & Society Picture Library (br). **23 Alamy Stock Photo:** Historic Collection. **24 Alamy Stock Photo:** Science History Images. **25 Alamy Stock Photo:** Science History Images (b). **26 123RF.com:** Sebastian Kaulitzki (cr). **Dreamstime.com:** Ljubisa Sujica (cl); Vadymvdrobot (r). **Wellcome Collection http://creativecommons.org/licenses/by/4.0/:** (cra). **26-27 Dreamstime.com:** Norbert Buchholz (cb). **27 Dreamstime.com:** Anolis01 (cl); Igor Zakharevich (bl). **Getty Images:** Jumpstart Studios (clb). **Wellcome Collection http://creativecommons.org/licenses/by/4.0/:** (cr). **28 Getty Images:** DeAgostini. **30-31 Alamy Stock Photo:** Classic Collection 3 (tc). **30 Dorling Kindersley:** Whipple Museum of History of Science, Cambridge (br). **31 Alamy Stock Photo:** History and Art Collection. **32 Dreamstime.com:** Anna Lurye (crb). **33 123RF.com:** dbelashova (clb); nikolae (cra); kchung (cl); Ljubisa Sujica (cl/Head); skarintut (c). **Alamy Stock Photo:** The Picture Art Collection (bc). **Dreamstime.com:** Denis Barbulat (cra/Icons). **Library of Congress, Washington, D.C.:** (tc). **34 123RF.com:** Pitchayarat Chootai / pitchayarat2514 (br/Book). **Dreamstime.com:** Nikolai Grigoriev (bl). **Getty Images:** DEA / A. CASTIGLIONI / De Agostini (br). **35 Getty Images:** Chris Bradley. **36 123RF.com:** Alexandr Blinov (tr). **37 akg-images:** Heritage Images (bc). **Dreamstime.com:** Zatletic (bl). **40 Dreamstime.com:** Georgios Kollidas / Georgios. **42-43 Fotolia:** HP Photo (tc). **42 Dreamstime.com:** Georgios Kollidas. **44 Alamy Stock Photo:** Granger Historical Picture Archive (cb). **Wellcome Collection http://creativecommons.org/licenses/by/4.0/:** (cr). **44-45 Dreamstime.com:** Yanta (b). **45 Wellcome Collection http://creativecommons.org/licenses/by/4.0/:** (cl, cb). **46-47 123RF.com:** Illia Balla / noirion (bc). **46 akg-images:** Bilwissedition (br). **47 123RF.com:** Lukasz Janyst. **48 Wellcome Collection http://creativecommons.org/licenses/by/4.0/:** (crb). **49 123RF.com:** nikolae (br). **Dreamstime.com:** Torian Dixon / Mrincredible. **50 Dreamstime.com:** Georgios Kollidas / Georgios. **51 Wellcome Collection http://creativecommons.org/licenses/by/4.0/:** (bl). **52-53 Dreamstime.com:** Clearviewstock (b). **52 123RF.com:** Krzysztof Kruz (cb). **iStockphoto.com:** ZU_09 (bl). **53 Alamy Stock Photo:** Chronicle (tr). **Dreamstime.com:** Mexrix (c); Patrimonio Designs Limited / Patrimonio (bc); Rainledy (crb). **55 Alamy Stock Photo:** National Geographic Image Collection. **56 Wellcome Collection http://creativecommons.org/licenses/by/4.0/.** **57 Getty Images:** Oxford Science Archive / Print Collector / Hulton Archive (bl). **58 Wellcome Collection http://creativecommons.org/licenses/by/4.0/:** (tc). **59 Dreamstime.com:** Markus Gann / Magann (cb); Torian Dixon / Mrincredible; Natthawut Punyosaeng / Aopsan (t). **60 Wellcome Collection http://creativecommons.org/licenses/by/4.0/.** **61 Wellcome Collection http://creativecommons.org/licenses/by/4.0/:** (bl). **64 Wellcome Collection http://creativecommons.org/licenses/by/4.0/.** **66 Bridgeman Images:** Private Collection / © Look and Learn. **67 Alamy Stock Photo:** Science History Images (bl). **68 Library of Congress, Washington, D.C.:** Tissandier Collection (cb). **69 Alamy Stock Photo:** World History Archive (tc). **Dorling Kindersley:** The National Railway Museum, York / Science Museum Group (c). **Dreamstime.com:** Andrii Zhezhera (ca). **70 Alamy Stock Photo:** Science History Images (r). **71 Alamy Stock Photo:** Colport. **Dorling Kindersley:** COPPOLA STUDIOS (tl). **72-73 Dorling Kindersley:** The Science Museum, London (bc). **73 Alamy Stock Photo:** Pictorial Press Ltd (tc). **Dreamstime.com:** Nerthuz (ca); Topvectorstock (cra). **Wellcome Collection http://creativecommons.org/licenses/by/4.0/:** (crb). **74 Alamy Stock Photo:** Photo 12. **76 Dreamstime.com:** Georgios Kollidas / Georgios. **77 Alamy Stock Photo:** World History Archive (bl). **78 Wellcome Collection http://creativecommons.org/licenses/by/4.0/:** (crb). **79 123RF.com:** Hong Li (br); Georgios Kollidas (bl). **Dreamstime.com:** Torian Dixon / Mrincredible (cb). **81 Alamy Stock Photo:** Chronicle. **82 Alamy Stock Photo:** Ian Dagnall. **82-83 akg-images:** Erich Lessing (bc). **84 Alamy Stock Photo:** Classic Image (ca); Ian Dagnall (bl). **Dreamstime.com:** Dave Bredeson (crb/Key); Anna Velichkovsky (crb). **Getty Images:** Apic / Retired (br). **85 123RF.com:** Kittisak Taramas (crb). **Dreamstime.com:** Ulkass (t); Anna Velichkovsky (tc). **86 123RF.com:** Tamara Kulikova (br). **Wellcome Collection http://creativecommons.org/licenses/by/4.0/:** (br/Plants). **87 Wellcome Collection http://creativecommons.org/licenses/by/4.0/.** **88 Dreamstime.com:** Amador García Sarduy / Loverpower (crb). **Wellcome Collection http://creativecommons.org/licenses/by/4.0/:** (cr). **89 123RF.com:** nikolae (cr); Andrejs Pidjass / NejroN (ca); nrey (clb); rasslava (cl). **Dreamstime.com:** Nadezhda Khvatova (cr/leaves). **Wellcome Collection http://creativecommons.org/licenses/by/4.0/:** (cb). **90 Alamy Stock Photo:** The Natural History Museum. **92 Alamy Stock Photo:** The Print Collector. **93 Alamy Stock Photo:** The Natural History Museum (bl). **94 Library of Congress, Washington, D.C.:** (br). **95 iStockphoto.com:** denisk0. **96 Dreamstime.com:** AWesleyFloyd (crb). **97 Dreamstime.com:** Novi Elysa (cra); Jktu21 (Background). **Wellcome Collection http://creativecommons.org/licenses/by/4.0/:** (l, crb). **98 Alamy Stock Photo:** Science History Images. **99 Dreamstime.com:** Luisa Vallon Fumi (br). **100 Wellcome Collection http://creativecommons.org/licenses/by/4.0/.** **101 Alamy Stock Photo:** INTERFOTO (bl). **102-103 Dreamstime.com:** Taras Kulyk (b). **103 123RF.com:** lightvisionftb (cl). **Dreamstime.com:** Soleilc (crb). **Wellcome Collection http://creativecommons.org/licenses/by/4.0/:** (tr). **104 Wellcome Collection http://creativecommons.org/licenses/by/4.0/.** **104-105 Alamy Stock Photo:** Granger Historical Picture Archive (bc). **106 Wellcome Collection http://creativecommons.org/licenses/by/4.0/:** (br). **107 Alamy Stock Photo:** The Print Collector. **108 123RF.com:** Gerard Koudenburg (br); Sviatlana Zykava (cr). **Alamy Stock Photo:** Science History Images (cl/Edward). **Dreamstime.com:** Mohdhaka (cl). **Science Photo Library:** Dr Klaus Boller (cr/TEM). **109 Wellcome Collection http://creativecommons.org/licenses/by/4.0/:** (tr). **110 123RF.com:** Georgios Kollidas. **111 Science Photo Library:** Emilio Segre Visual Archives / American Institute Of Physics (cb). **112 123RF.com:** bakai (clb). **Wellcome Collection http://creativecommons.org/licenses/by/4.0/:** (tc). **113 Alamy Stock Photo:** The Picture Art Collection (l/Symbols on Balloons, br). **Wellcome Collection http://creativecommons.org/licenses/by/4.0/:** (r). **114 Wellcome Collection http://creativecommons.org/licenses/by/4.0/.** **115 Getty Images:** Boyer / Roger Viollet (br). **116 123RF.com:** Marguerite Voisey (bc). **117 Alamy Stock Photo:** Dotted Zebra (bl, br). **Library of Congress, Washington, D.C.:** James W. Black, (tr). **120 Dreamstime.com:** Georgios Kollidas. **122 Dreamstime.com:** Georgios Kollidas. **123 Wellcome Collection http://creativecommons.org/licenses/by/4.0/:** (bl). **124 Library of Congress, Washington, D.C.:** Brady-Handy Collection (tc). **124-125 Dreamstime.com:** Bozhdb (cb). **125 123RF.com:** aleksanderdn (cb). **Dreamstime.com:** Michael Beer (cb/Hair dryer); Andres Rodriguez / Andresr (crb); Pixelgnome (clb); Dannyphoto80 (tc); Kevynbj (cb/Desk Fan); Pioneer111 (crb/oven); Valentyna Chukhlyebova. **126 Wellcome Collection http://creativecommons.org/licenses/by/4.0/.** **127 Alamy Stock Photo:** Granger Historical Picture Archive (crb). **Getty Images:** Science & Society Picture Library (b). **128 Dorling Kindersley:** The Science Museum (bl). **Dreamstime.com:** Ratz Attila (c). **Wellcome Collection http://creativecommons.org/licenses/by/4.0/:** (ca). **128-129 Dreamstime.com:** Alexander Limbach (t). **129 Dreamstime.com:** Davooda (cr); Razvan Ionut Dragomirescu / Twindesigner (tc). **Wellcome Collection http://creativecommons.org/licenses/by/4.0/:** (cb). **130 Dorling Kindersley:** The Science Museum (bl). **131 Alamy Stock Photo:** Balfore Archive Images (l). **132 Alamy Stock Photo:** Pictorial Press Ltd. **133 Alamy Stock Photo:** INTERFOTO (bl). **134 Wellcome Collection http://creativecommons.org/licenses/by/4.0/:** Barraud (br). **135 123RF.com:** Brandon Alms / macropixel (ca); Andrey Pavlov (c); Csak Istvan. **Dreamstime.com:** Linnette Engler (ca/Yellow-faced Grassquit). **Getty Images:** Science & Society Picture Library (br, clb, c/Small Tree Finches, cl/Ground

Finch, ca/Warbler Finches). **Wellcome Collection http://creativecommons.org/licenses/by/4.0/:** Sims (tr). **136 akg-images**. **138 Alamy Stock Photo:** The Print Collector. **139 Alamy Stock Photo:** North Wind Picture Archives (bc). **141 Getty Images:** Oxford Science Archive / Print Collector (Background). **Wellcome Collection http://creativecommons.org/licenses/by/4.0/**. **142 Alamy Stock Photo:** The History Collection (cb); Profimedia.CZ a.s. (br). **142-143 123RF.com:** Andrey Bodrov (cb). **143 Alamy Stock Photo:** gameover. **Getty Images:** Sheila Terry / Science Photo Library (c). **144 Wellcome Collection http://creativecommons.org/licenses/by/4.0/:** (br). **145 Alamy Stock Photo:** Pictorial Press Ltd. **146 Wellcome Collection http://creativecommons.org/licenses/by/4.0/:** (cb). **147 Alamy Stock Photo:** Science History Images (cla); World History Archive (cl). **Dorling Kindersley:** Science Museum, London (bc). **Dreamstime.com:** Max776 (Background); Leigh Prather (c); Peterguess (cb). **Wellcome Collection http://creativecommons.org/licenses/by/4.0/:** (clb). **148 Getty Images:** Science & Society Picture Library (br). **149 Dreamstime.com:** Nicku. **150-151 Science Photo Library:** Carlos Clarivan. **150 Alamy Stock Photo:** colaimages (cb). **152 Alamy Stock Photo:** The History Collection. **153 Alamy Stock Photo:** INTERFOTO (br). **154 123RF.com:** Mr_Vector (bl). **154-155 123RF.com:** Patrick Marcel Pelz. **155 Alamy Stock Photo:** Science History Images (tr). **Dreamstime.com:** Dmitriy Melnikov / Dgm007 (cr). **157 Alamy Stock Photo:** Science History Images. **158 Dreamstime.com:** Georgios Kollidas. **159 Alamy Stock Photo:** Historical Images Archive (b). **162 Alamy Stock Photo:** IanDagnall Computing. **164-165 Alamy Stock Photo:** Science History Images (bc). **165 Wellcome Collection http://creativecommons.org/licenses/by/4.0/**. **166 123RF.com:** nikolae (cla). **Dreamstime.com:** Sabuhi Novruzov (cl); Vvcephei (cb); Ksenia Palimski (bc); Texelart (br). **Wellcome Collection http://creativecommons.org/licenses/by/4.0/:** (crb). **167 Alamy Stock Photo:** Pictorial Press Ltd (cl). **Dreamstime.com:** Andrey Kiselev (bl). **Wellcome Collection http://creativecommons.org/licenses/by/4.0/:** (cr). **168 Science Photo Library:** Emilio Segre Visual Archives / American Institute Of Physics (br). **169 Alamy Stock Photo:** Science History Images. **170 123RF.com:** Andriy Popov (crb). **Alamy Stock Photo:** Science History Images (cb). **Getty Images:** Augenstein / ullstein bild (cr). **170-171 123RF.com:** Nadezhda Alkimovich (c/Light); Liubou Yasiukovich (c). **171 123RF.com:** Dashadima (bl). **173 Getty Images:** Ullstein bild. **174-175 Science Photo Library:** American Philosophical Society (bc). **175 123RF.com:** Polesnoy (Background). **Getty Images:** Heritage Images / Hulton Archive. **176 Alamy Stock Photo:** World History Archive. **177 Getty Images:** Universal History Archive (bl). **178 Science Photo Library:** American Philosophical Society (br). **179 Alamy Stock Photo:** Pictorial Press Ltd. **180 Alamy Stock Photo:** Science History Images (cb). **181 123RF.com:** 3ddock (b); Aleksś (cl, c). **Dreamstime.com:** Rauf Aliyev (crb); Studiophotomh (cra). **182 Alamy Stock Photo:** IanDagnall Computing. **183 Wellcome Collection http://creativecommons.org/licenses/by/4.0/:** (bl). **184 Dreamstime.com:** Max776 (b). **Library of Congress, Washington, D.C.:** (tc). **185 123RF.com:** Belchonock (clb); iconmama (crb); Stepan Popov (b). **Alamy Stock Photo:** IanDagnall Computing (c); World History Archive (cl). **Dorling Kindersley:** Mark Cavaanagh (b/Radiation). **Dreamstime.com:** Bidouze St?phane (cb). **186 Alamy Stock Photo:** Science History Images (br). **187 Alamy Stock Photo:** GL Archive. **188 Dreamstime.com:** Destina156 (c). **Getty Images:** De Agostini / G. Cigolini (tr). **189 Alamy Stock Photo:** Archive Pics (tc). **190 Science Photo Library:** Prof. Peter Fowler. **192 Alamy Stock Photo:** Interfoto. **193 Getty Images:** Duane Howell / The Denver Post (bl). **194 akg-images:** (br). **195 Getty Images:** ullstein bild. **196 Alamy Stock Photo:** Science History Images (cb). **Dreamstime.com:** Fotyma (br). **Getty Images:** Bettmann (cl). **197 Alamy Stock Photo:** Christine Whitehead (c). **Dorling Kindersley:** Lego / Lucasfilm (cb/Explosion). **Dreamstime.com:** Andreus (cb/fission); Daseaford (bl); Geografika (cb). **198 Alamy Stock Photo:** Sputnik. **199 Getty Images:** Keystone-France / Gamma-Keystone (bc). **200 123RF.com:** Hans Christiansson (cb). **Alamy Stock Photo:** Science History Images (tc). **Getty Images:** Keystone-France / Gamma-Keystone (c). **202 Alamy Stock Photo:** Granger Historical Picture Archive. **204 Alamy Stock Photo:** Science History Images. **205 akg-images:** (bl). **206 akg-images:** Philip Hood / De Agostini Picture Lib. (tc/Cynognathus, ca). **Alamy Stock Photo:** Universal Images Group North America LLC / DeAgostini (c). **206-207 Colorado Plateau Geosystems Inc:** Paleogeography Globe Derived from an original map produced by Colorado Plateau Geosystems Inc. **207 Alamy Stock Photo:** Granger Historical Picture Archive (crb). **Dorling Kindersley:** Natural History Museum, London (ca, cla, ca/skull). **210 Alamy Stock Photo:** Granger Historical Picture Archive. **212 Alamy Stock Photo:** Nordicphotos (bc). **212-213 Alamy Stock Photo:** Keystone Press. **214-215 Dreamstime.com:** Kao Studio (c). **215 123RF.com:** Costasz (b). **Alamy Stock Photo:** The Print Collector (tc). **Dorling Kindersley:** Ahmad Firdaus Ismail (c). **Dreamstime.com:** Renaud Philippe (cr). **216 Alamy Stock Photo:** Flhc 61. **217 Science Photo Library:** Emilio Segre Visual Archives / American Institute Of Physics (bl). **218 Alamy Stock Photo:** Keystone Pictures Usa / Zumapress.com (br). **219 Getty Images:** Bettmann. **220 Alamy Stock Photo:** Rbm Vintage Images. **221 Alamy Stock Photo:** ClassicStock (bc). **222 Alamy Stock Photo:** Granger Historical Picture Archive (cb). **Dorling Kindersley:** Andrey Alyukhin (tl). **Dreamstime.com:** Richard Thomas (tc, tr). **222-223 Science Photo Library:** Take 27 Ltd. **223 Dreamstime.com:** Richard Thomas (tl). **224 Wellcome Collection http://creativecommons.org/licenses/by/4.0/**. **225 Alamy Stock Photo:** Walter Oleksy. **226 Science Photo Library:** Hagley Museum And Archive. **227 Alamy Stock Photo:** Heritage Image Partnership Ltd (bl). **228 Getty Images:** Francis Miller / The Life Picture Collection. **229 Science Photo Library:** American Philosophical Society (bl); Science Source (br). **230 Alamy Stock Photo:** INTERFOTO. **231 Getty Images:** Nina Leen / The Life Picture Collection (b). **232 Getty Images:** Corbis (bc). **232-233 Alamy Stock Photo:** Science History Images (bc). **233 Alamy Stock Photo:** Everett Collection Inc. **234-235 Dorling Kindersley:** Bethany Dawn (b/background). **234 123RF.com:** 3drenderings (bc); Sabri Deniz Kizil / jackrust (cl, crb/crane); Onur kocamaz (clb, cb/Construction Worker , crb/construction worker); Ranko Bojanovic (bl); Dmitry Kalinovsky (crb). **Dorling Kindersley:** Francesca Yorke / Bradbury Science Museum, Los Alamos (cb/Fat Man). **Dreamstime.com:** Dmitry Kalinovsky / Kadmy (cb). **235 Getty Images:** Fritz Goro / The Life Picture Collection (bl); Keystone-France / Gamma-Keystone (tr). **236-237 Getty Images:** Bettmann (bc). **237 Getty Images:** Bettmann. **238 Alamy Stock Photo:** Science History Images. **239 Alamy Stock Photo:** John Dambik (bl). **240 Alamy Stock Photo:** Science History Images (cb). **241 Alamy Stock Photo:** Science History Images (tr). **242 Alamy Stock Photo:** Science History Images (br). **243 Dorling Kindersley:** (Background). **Getty Images:** Library Of Congress / Interim Archives. **244 Getty Images:** The Asahi Shimbun. **245 Getty Images:** The Asahi Shimbun (bl). **246 Science Photo Library:** Emilio Segre Visual Archives (bl). **247 Getty Images:** Keystone / Hulton Archive. **248 123RF.com:** samum (tr). **Dreamstime.com:** Geografika (bc). **248-249 123RF.com:** sergpet (b). **249 123RF.com:** iconmama (crb). **Dorling Kindersley:** Lego / Lucasfilm (bl). **Dreamstime.com:** Taiga (t/background). **Getty Images:** Universal History Archive / Uig (tc). **250 Alamy Stock Photo:** Science Photo Library (br). **Dreamstime.com:** Chris Dorney (bl). **251 Getty Images:** Bettmann. **252 123RF.com:** mopic (crb). **Alamy Stock Photo:** Keystone Press (bl). **253 Getty Images:** Gjon Mili / The Life Picture Collection. **254-255 Dreamstime.com:** Lance Bellers (bc). **255 Alamy Stock Photo:** Granger Historical Picture Archive; Ken Hawkins (Background). **256 Alamy Stock Photo:** Ken Hawkins (Background). **Dorling Kindersley:** Imperial War Museum, London (clb). **Getty Images:** Sspl (br). **257 Alamy Stock Photo:** Granger Historical Picture Archive (cr). **258 Getty Images:** Photo 12 / Uig (tc). **262 Alamy Stock Photo:** Pictorial Press Ltd. **264 Getty Images:** Bettmann (bl). **264-265 Getty Images:** Sspl (bc/Background). **265 Getty Images:** Bettmann (br). **267 Getty Images:** Salk Institute For Biological Studies (tc). **269 Science Photo Library:** A. Barrington Brown, © Gonville & Caius College. **270 Alamy Stock Photo:** Pictorial Press Ltd. **270-271 Bridgeman Images:** Private Collection (bc). **272 Alamy Stock Photo:** Science History Images. **273 123RF.com:** Sviatlana Sheina (br). **Dorling Kindersley:** Yulia Drozdova / incomible (cra). **Getty Images:** George Silk / The Life Picture Collection (cb). **274 Alamy Stock Photo:** Martin Shields (b). **275 Alamy Stock Photo:** World History Archive. **276 123RF.com:** iconmama (cl). **Dreamstime.com:** Teresa Kenney (bl). **277 Dreamstime.com:** Teresa Kenney. **Getty Images:** Ferdaus Shamim / Sygma (tr). **278 Getty Images:** Photo 12 / Uig. **279 Getty Images:** Corbis (b). **280 Dreamstime.com:** Fuzzbones (r). **Getty Images:** Joe Munroe / Hulton Archive (cra). **281 Alamy Stock Photo:** Keystone Press (crb). **Dreamstime.com:** Mastaka (cla). **283 Woods Hole Oceanographic Institute**. **284 Getty Images:** Robert W. Kelley. **285 Getty Images:** Laguna Design (cb); Roger Ressmeyer / Corbis / Vcg (cl). **286 Rex by Shutterstock:** Peter Foley / EPA / Shutterstock. **287 Rex by Shutterstock:** Peter Foley / EPA / Shutterstock (br). **Science Photo Library:** Dennis Kunkel Microscopy (clb). **288-289 Dreamstime.com:** Wektorygrafika (b). **289 123RF.com:** eladora (clb); Milosh Kojadinovich (l). **Getty Images:** Ramin Talaie / Corbis (tc). **Science Photo Library:** Dennis Kunkel Microscopy (clb/SEM). **290 Getty Images:** VCG. **291 Getty Images:** STR / AFP (bc). **292 123RF.com:** charmboyz (Background); Wavebreak Media Ltd (bc); photo5963 (bl). **Alamy Stock Photo:** Xinhua (cl). **Wellcome Collection http://creativecommons.org/licenses/by/4.0/:** (cr). **293 Getty Images:** The Asahi Shimbun (tc). **294 Dreamstime.com:** Norma Cornes (bc). **Getty Images:** Dlillc / Corbis / Vcg (br). **295 Alamy Stock Photo:** Francis Specker. **296 Alamy Stock Photo:** Itar-Tass News Agency (br). **Dreamstime.com:** Fmua (bl). **297 Getty Images:** Jemal Countess. **298 Alamy Stock Photo:** Danita Delimont. **298-299 123RF.com:** Illia Balla / noirion (bc). **299 Alamy Stock Photo:** sjbooks (bl). **300 Alamy Stock Photo:** Science History Images (cb). **300-301 Dreamstime.com:** Torian Dixon / Mrincredible (tc); Peter Jurik / Pitris; Vitalyedush (c); Natthawut Punyosaeng / Aopsan (background). **301 Dreamstime.com:** Elena Stebakova (crb). **302 Alamy Stock Photo:** Stocktrek Images, Inc (br). **Getty Images:** Colin McPherson / Corbis (bl). **303 Getty Images:** Jonathan Wong / South China Morning Post. **304 Alamy Stock Photo:** Wenn Rights Ltd. **305 Science Photo Library:** Cern (br). **306 Alamy Stock Photo:** Wenn Rights Ltd (cb/head). **Dreamstime.com:** Photoeuphoria / Jaimie Duplass (cb). **307 123RF.com:** Kirill Cherezov (t). **Getty Images:** Philip Preston / The Boston Globe (crb). **308 Science Photo Library:** Sam Ogden

All other images © Dorling Kindersley
For further information see: www.dkimages.com

DK